알기 쉽게 배우는

# 정  통
# 명리학

# 격국용신

① 

김형근 지음

맑은샘

# 책을 내면서

『정통 명리학 Ⅰ 개론』 기초 편에 이어 『정통 명리학 격국용신 ①』 십격과 용신 편을 내게 되었다. 이 책은 십격과 용신에 대해 고전들을 근거하여 실제 명조들을 하나하나 설명하면서 엮었다.

칠요(七曜)[日·月과 木·火·土·金·水星]는 태양계를 이루고, 오대양 육대주는 지구의 주류를 이루며, 백두대간은 한반도의 맥을 이루는 것과 같이, 격국용신은 명리학의 근간(根幹)을 이룬다. 본 책은 송대 서자평의 『명통부』와 서대승의 『연해자평』에서부터 나타난 격국용신을, 명대 만민영의 『삼명통회』와 장신봉의 『명리정종』, 그리고 격국용신이 본격적으로 기술된 청대 진소암의 『명리약언』과 심효첨의 『자평진전』과 임철초의 『적천수천미』, 중화민국 서락오의 『자평진전평주』, 『자평수언』, 『궁통보감』과 위천리의 『정선명리약언』, 『팔자제요』 등의 원문을 반영하여 체계적으로 펼친 책이다.

본 책은 격국용신을 좀 더 체계화하고, 고전에서 등장하는 명조와 실제 명조를 대입하여 알기 쉽게 수록함으로써, 명리학의 근간인 격국용신이 어렵게 여겨져 등한시되는 것에 대한 안타까운 마음을 해소하고 명리학을 좀 더 학술화하는 것을 궁극적 목표로 삼는다.

그리고 본 책은 격국용신에 관련된 책으로 그와 관련된 내용에 치중하였고, 외격과 간명에 관한 통변은 향후 다루기로 한다.

향후 계속 이어질 더 나은 책들을 기대하면서….

2021년 5월 22일 토요일
원각전통문화연구원 원장 김형근 철학박사

# 정통 명리학 [격국용신]과 산야의 야생화

컴퓨터와 스마트폰으로 무엇이든 검색하여 습득하는 시대의 도래로 정통 명리학의 지식 또한, 함께 공유해야 함은 시대가 요구하는 새로운 질서입니다.

김형근 철학박사께서 알기 쉽게 배우는 『정통 명리학 격국용신 ①』책을 발간한다는 기쁜 소식을 듣고 무한한 응원의 메시지를 보내드립니다.

알기 쉽게 배우는 『정통 명리학 격국용신 ①』은 Ⅰ이 '서론', Ⅱ가 '격국용신의 개관', Ⅲ이 '식상격', Ⅳ가 '재성격', Ⅴ가 '관성격', Ⅵ이 '인성격', Ⅶ이 '녹겁격과 양인격'이라는 주제로 펼쳐지니 앞날에 무한한 광명과 성공이 있기를 축복하는 바입니다.

명리학(命理學)은 사람이 태어난 연(年)·월(月)·일(日)·시(時)의 네 간지(干支), 곧 사주(四柱)에 근거하여 사람의 길흉화복(吉凶禍福)을 알아보는 학문입니다.

제자인 김형근 박사께서는 명리학의 근간을 이루는 격국용신을 고전에 바탕을 둬 좀 더 학술화하고 다시 체계화해서 현대적으로 쉽게 재구성했습니다.

지금 지구상에는 코로나 19의 출현으로 방역, 마스크 착용, 손 소독, 집합금지 등 일상의 많은 변화를 요구하고 있으며, 앞으로도 이러한 유사 바이러스의 출현은 빈발할 것입니다.

산야에 핀 야생화가 어떻게 피어나는가 보십시오. 때로는 비바람이 몰아치고, 때로는 치열한 약육강식의 경쟁 속에서 꿋꿋이 살아남아 결국 한 송이 들꽃을 피우고 맙니다. 인간도 마찬가지로 바이러스의 출현에 대비한 일상의 변화를 받아들이고 꿋꿋이 살아남아야 하는 절체절명의 순간에 놓여 있습니다.

이 책이 독자들께서 자연을 사랑하며 자연과 함께 살아가는 계기가 되어 모두 행복한 삶으로 가득 찼으면 좋겠습니다. 또한, 『정통 명리학 격국용신 ①』 책을 발간한 김형근 박사께 행운과 행복이 함께하기를 기원합니다.

2021년 5월 말

박상구(건축학 박사, 영남대학교 환경설계학과 겸임교수)

# 정통 명리학 [격국용신]의 발간을 축하하며

『정통 명리학 격국용신 ①』편을 발간하시느라 수고하신 원각전통문화연구원장 김형근 박사님에게 감사와 격려의 말씀을 드립니다.

삼라만상의 생성과 소멸 과정이 정해져 있는 것을 운명이라고 합니다. 사람의 운명인 길흉화복을 분석하고 예지하는 방법으로는 주역(周易), 육임(六壬), 관상(觀相), 신점(神占) 등 다양한 방법이 있으나, 명리학은 그 사람이 태어난 연·월·일·시의 간지 여덟 글자를 기준으로 자연의 이치와 우주의 원리에 따른 음양과 오행의 생극제화(生剋制化)를 살펴 그 사람의 성격과 적성, 부귀와 빈천, 진로와 길흉화복 등 여러 가지를 판단하는 학문입니다.

명리학은 수천 년의 역사를 갖고 있습니다. 당·송·명대를 거쳐 『연해자평』과 『삼명통회』, 『자평진전』 등에 의해 학문적으로 체계화되었고, 왕실과 소수의 귀족 사이에서만 유통되는 비밀 학문이었기에 외국으로 쉽게 반출되지 않았습니다. 우리나라에는 고려와 조선 시대를 거쳐 지식인들에게 유입되었으며, 과거[命課學]를 통해 전문기술직으로 진출하는 등 많은 발전이 있었습니다. 그러나 일제 강점기에 민족의 정체성 말살과 민족정기 억압정책으로 인해 다른 학문과 함께 지하로 숨어들게 되면서 단순한 점술(占術) 행위로 전락 되었다고 합니다. 현대에 들어와 명리학을 비롯한 전통학문이 대학교 및 대학원의 정규과정으로 교육이 시작되면서 새로운 발전을 하게 되었음에도, 학술적인 근거를 제시하면서 체계적으로 정리하여 알기 쉽게 저술한 출판물은 많지 않은 실정입니다.

이러한 상황에서 오랜 기간 명리학과 풍수지리학을 연구하고 강의를 해오시던 김형근 박사님이 본 책을 출간하게 되었습니다. 2019년에 발행된 정통 명리학에서는 개론을, 이번에 간행되는 편에서는 격국과 용신에 대한 전문적인 내용을 위주로 편찬하면서, 두 편 모두 춘추전국시대부터 연구되어 온 음양오행을 토대로 한(漢) 대『회남자』와『춘추번로』와 한 대 이후『오행대의』와『연해자평』,『삼명통회』,『궁통보감』,『명리정종』,『자평진전』,『자평수언』등의 고전에서 발췌한 원문을 학술적 근거로 제시하였습니다. 이로 인해 명리학을 전문적으로 연구하는 사람뿐만 아니라 처음 접하는 사람들도 명리학의 이론 전개에 대한 근거를 확실하게 알게 됨으로써 보다 폭넓은 이해가 가능하게 되었습니다. 특히, 저와 같이 학문을 연구하는 사람들에게는 명리학에 대한 학술적 근거를 재확인할 수 있게 되었다고 여겨집니다. 이어지는 다음 편에서도 좋은 내용이 수록되기를 기대해 봅니다.

사람들은 자신의 삶이 고달프고 힘들 때 신(神)을 찾아 자신의 삶과 운명이 앞으로 어떻게 전개될 것인가를 많이 물어보고 이에 순종하는 것 같습니다. 사람들이 이 책을 읽은 후 자신의 운명에 순종하는 삶에 그치지 않고, 적극적으로 활용하여 더 나은 삶을 개척하고 영위하는 데 도움이 되길 바랍니다. 그리고 김형근 박사님의 명리학에 대한 고절한 이해가 독자님들에게 전달되고, 이후 동양철학의 명맥을 이어줄 후학들에게 좋은 초석이 되길 바랍니다. 감사합니다.

2021년 5월 29일
유병우(철학박사, 형산아카데미 학술위원)

# 목차

# I 서론(緖論)

본 책에서는 앞서 편찬된『정통 명리학Ⅰ 개론』과 함께 학문적 근거를 최대한 제시하면서 여러 실제 명조를 활용하여 격(格)과 용신(用神)에 대해 논하고자 한다.

이 책의 주요소는 격과 용신의 활용이다.

격국은 명조(命造) 내에서 월령(月令)의 힘을 받아 투출(透出)[천간에 나와 있는] 되었거나, 지지(地支)가 삼합(三合) 또는 국(局)을 이룬 신(神)[오행]이 사주 전체에 큰 영향을 미친다는 이론에 근거한 것이다.

격에 대해 정확하게 기술(記述)되어 있는 청대[1] 심효첨의『자평진전』에 길·흉신격에 대해 다음과 같이 나타난다. "재관인식(財官印食)은 사길신(四吉神)이다. 그러나 그것을 씀이 마땅하지 않으면 〈성격(成格) 된〉 격을 파괴할 수 있다."[2]

그리고 "살상효인(煞傷梟刃)은 사흉신(四凶神)이다. 그러나 그것을 실행함이 마땅함을 얻으면 〈길한〉 격을 이룰 수 있다"[3]고 하였다.

다시 말해 네 개의 길신인 식재관인으로 구성된 격은 생부를 원칙으로 하고, 네 개의 흉신인 살상효인으로 구성된 격은 그 행함이 마땅치 않음으로 인해 길하지 않으니 극제를 원칙으로 해야 한다는 것이다.

또 이를 역주한 서락오는 "관살, 재성, 인성, 식상 등은 오행이 상생하고 상

---

1 필자가 본 책에서 설명하고자 하는 내용대로 중국 역사를 간단하게 정리하면 다음과 같다. 요(堯)→순(舜)→하(夏)→은(殷)→주(周)→춘추(春秋)→전국(戰國)→진(秦)→전한(前漢)→후한(後漢)→위(魏)[삼국시대]→진(晉)→남·북조(南·北朝)→수(隨)→당(唐)→송(宋)→금(金)→원(元)→명(明)→청(淸)→중화민국(中華民國)→중화인민공화국(中華人民共和國)

2 沈孝瞻,『子平眞詮』「論四吉神能破格」: "財官印食, 四吉神也, 然用之不當, 亦能破格."

3 沈孝瞻,『子平眞詮』「論四凶神能成格」: "殺傷梟刃, 四凶神也, 然施之得宜, 亦能成格."

극하는 현상을 지칭하는 대명사이다. 생극의 복잡함을 간단한 술어로 표현한 것이며, 강함과 유함의 배합을 가리키는 뜻도 있다. 명칭은 비록 정과 편으로 나누어져 있지만, 일간의 수요에 부합하면 길한 것이고 수요에 부합하지 않으면 흉한 것이다. 성격이 되느냐, 파격이 되느냐는 이러한 희기에 달려 있는 것이지 명칭(名稱)에 달려 있는 것은 아니다."[4]라고 하여, 길신과 흉신은 각 배합에 따라 다르게 간명해야 하고, 일간의 상황에 따라 희기를 논하여 길흉을 판단해야 함을 말하고 있다.

이처럼 길신과 흉신을, 각각 생부[순용(順用)]와 극제[역용(逆用)] 해주는 오행을 『자평진전』에서는 상신(相神)[5]이라 한다. 앞서 저술된 진소암의 『명리약언』에도 상신과 억부(抑扶)에 대해 용신으로 표현하면서 강조하였다. 임철초의 『적천수천미』에도 억부용신이 강조되어 있고, 이후 상신과 억부로 부족한 용신은 조후(調候), 병약(病弱), 통관(通關) 등으로 더욱 다양화 되었으며, 희(喜)·용(用)·기(忌)·구(仇)·한신(閑神)으로 구별하기도 한다.

격국용신에 대한 기록을 시대별로 보면 다음과 같다.

송대 초 서자평의 『명통부』와 그가 주석(註釋)한 『낙록자삼명소식부주』, 『옥조신응진경』 등에 월지(月支)의 중요성과 격국에 대한 언급이 나타나 있고, 자평의 이론을 이어받은 서대승의 『연해자평』에는 격국과 종격(從格)에 대해 더욱 발전된 양상으로 나타난다.

명대 만민영의 『삼명통회』는 명대 이전의 여러 이론을 집대성하여 엮어 놓았다. 장신봉의 『명리정종』은 『연해자평』의 격국과 용신론과는 구별된 내용이

---

4  徐樂吾, 『子平眞詮評註』 「論四吉神能破格」: "官煞財印食傷乃五行生剋之代名詞, 以簡馭繁, 並寓剛柔相配之義, 故有偏正名稱, 無所謂吉凶也, 合於我之需要, 卽謂之吉, 不合需要, 卽謂之凶, 成格破格, 系乎喜忌, 不在名稱也."

5  상신(相神)은 청대 심효첨의 『자평진전』에 구체적으로 언급되어 있다. "월령에서 이미 용신을 얻었다면 다른 자리에 또한 반드시 상신이 있다. 군주에게 재상이 있는 것처럼 나의 용신을 보좌하는 것이 상신이다. 요약해서 말하면, 무릇 모든 격국의 격이 이 한 글자에 힘입어서 성격(成格) 되는 것은, 모두 이 상신 한 글자 때문이다."(「論相神緊要」: "月令旣得用神, 則別位亦必有相, 若君之有相, 輔我用神者是也, …, 要而言之, 凡全局之格, 賴此一字而成者, 均謂之相也.")

나타난다. 『난강망』에서 이름이 바뀐 『궁통보감』에는 계절과 기후 등에 초점을 두어 조후용신을 강조하였다.

청대 이르러 진소암의 『명리약언』에는 격국과 억부용신에 대한 구체적 내용이 나타나고 있으며, 심효첨의 『자평진전』에는 사길신과 사흉신의 격을 구별하여 순용과 역용의 이치에 대해 설명하고 있다. 임철초의 『적천수천미』에는 억부용신과 종격에 대해 구체적으로 기술되어 있다.

중화민국 서락오의 『자평수언』에는 용신을 전왕용신, 억부, 조후, 병약, 통관 용신으로 구별하여 기술하였다.

이처럼 격국용신은 송대 서자평과 서대승에 의해 두각을 나타내었고, 명대 만민영과 장신봉 등을 거쳐 청대 진소암, 심효첨, 임철초, 원수산 등에 의해 격국용신이 확립되었으며, 중화민국에 들어서서 서락오와 위천리 등에 의해 완연하게 발전하여 현재에 이르고 있다고 본다.

격국에 대한 내용은 일간(日干) 위주의 신법 명리학이 성립된 송대 서대승의 『연해자평』[6]에서부터 나타난다. 다만, 당대 이전까지는 연주(年柱)를 기준한 고법 명리학인 신살론과 당사주가 유행하였었고, 송대 이후부터 지금까지도 신법 명리학에서 일정 부분 사용하고 있음을 주지(主知)하여야 한다.

송대 서자평[7]의 학설과 일간 위주의 간명에 대해 기술되어 있는 내용은 다음과 같다. "무릇 여덟 글자를 배열하여 간명할 때는 일간을 명조로 한다. 年은 근(根)[뿌리]으로 조상의 재산이 되고 세운(世運)의 성쇠를 알고, 月은 묘(苗)[싹]로서 부모가 되고 음덕(蔭德)이 있고 없음을 알고, 일간은 자기 자신이

---

6 『연해자평』은 중국 송대 서대승이 저술한 것으로 전해지는 서적으로, 서자평이 체계화한 자평법(子平法)의 명리학 이론을 계승하여 저술한 『연해(淵海)』를 근간으로 명대(明代) 당금지(唐錦池)가 편찬한 것으로 알려져 있다.

7 자는 자평(子平)이고 이름은 거이(居易)이다. 중국 명리학을 집대성하여 체계화한 인물로 송대 초기의 인물로 추정되고 있다. 지금의 강소성 동해현 사람으로 태화(太華)의 서쪽 당봉동(棠峰洞)에 은거하였으며, 음양오행(陰陽五行)에 능통하여 오늘날까지 명리학의 기초로 쓰이는 자평법을 창안한 인물이다.

며, 日支는 처첩(妻妾)이고 처첩의 현숙(賢淑)을 알고, 時는 화실(花實)[꽃과 열매]로 자식이고 자식의 향(向)하고 귀의(歸依)하는 바를 안다."[8] 또 "송대(宋代)에 이르러 자평[서자평]의 학설이 있었는데, 일간을 취하여 주로 삼고, 年은 근[뿌리]이고, 月은 묘[싹]이고, 日은 화[꽃]이고, 時는 과[열매]로 삼고, 생왕사절휴인제화(生旺死絶休囚制化)로써 인생의 휴구(休咎)를 결정했는데, 그 이치가 필연적이므로 다시 무슨 의혹이 있겠는가?"[9] 하였다.

본 책은 청대 이후 나타난 명리학 서적을 중심으로 격국용신에 대해 구체적으로 논하고, 억부용신과 조후용신 등의 쓰임에 대해서도 실제 명조를 대입하여 순차적으로 이끌어 나가고자 한다.

이어 나오는 글을 쉽게 이해하기 위해 명리학의 역사를 정리하면 다음과 같다.

---

8  徐大升,『淵海子平』「論看命入式」: "凡看命排下八字, 以日干爲主, 取年爲根, 爲上祖財産, 知世運之盛衰, 取月爲苗爲父母, 則知親廬之有無, 日干爲己身, 日支爲妻妾, 則知妻妾之賢淑, 時爲花實, 爲子息, 方知嗣續之所歸."

9  徐大升,『淵海子平』「論日爲主」: "予嘗觀唐書所載, 有李虛中者, 取人所生年月日時干支生剋, 論命之貴賤壽夭之說, 己詳之矣, 至於宋時, 方有子平之說, 取日干爲主, 以年爲根, 以月爲苗, 以日爲花, 以時爲果, 以生旺死絶休囚制化, 決人生休咎, 其理必然矣, 復有何疑哉."

<표 1> 명리학의 역사

| 순번 | 시대 | 년도 | 편찬자 | 제목 |
|---|---|---|---|---|
| 1 | 주대(周代) | B.C. 4C | 귀곡자(鬼谷子) | 납음오행(納音五行) 창제(創製) |
| 2 | | | 낙록자(珞碌子) | 『삼명소식부(三命消息賦)』 |
| 3 | 전국(戰国) | B.C. 305 | 추연(鄒衍) | 음양오행설(陰陽五行説) 제창(提唱) |
| 4 | 한대(漢代) | B.C. 179 | 유안(劉安) | 『회남자(淮南子)』 |
| 5 | | B.C. 179 | 동중서(董仲舒) | 『춘추번로(春秋繁露)』 |
| 6 | | 276년 | 곽박(郭璞) | 『옥조신응진경(玉照神応真経)』 |
| 7 | 수대(隋代) | 581년 | 소길(蕭吉) | 『오행대의(五行大義)』 |
| 8 | 당대(唐代) | 762년 | 이허중(李虛中) | 『이허중명서(李虛中命書)』 |
| 9 | 송대(宋代) | 10C | 서자평(徐子平) | 『명통부(明通賦)』 |
| 10 | | 1162년 | 서대승(徐大升) | 『연해자평(淵海子平)』 |
| 11 | 명대(明代) | 1368년 | 유백온(劉伯温) | 『적천수(適天髓)』 |
| 12 | | 1578년 | 만민영(萬民英) | 『삼명통회(三命通会)』 |
| 13 | | 1609년 | 장신봉(張神峯) | 『명리정종(命理正宗)』 |
| 14 | | ? | ? | 『난강망(欄江網)』 |
| 15 | 청대(清代) | 1637년 | 진소암(陳素菴) | 『명리약언(命理約言)』 |
| 16 | | 1658년 | | 『적천수집요(適天髓輯要)』 |
| 17 | | 1739년 | 심효첨(沈孝瞻) | 『자평진전(子平真詮)』 |
| 18 | | 19C | 임철초(任鉄樵) | 『적천수천미(適天髓闡微)』 |
| 19 | | 1881년 | 원수산(袁樹珊) | 『명리탐원(命理探源)』 |
| 20 | 중화민국 (中華民国) | 1933년 | 위천리(韋千里) | 『정선명리약언(精選命理約言)』 |
| 21 | | 1935년 | 서락오(徐樂吾) | 『적천수징의(適天髓徴義)』 |
| 22 | | 1936년 | | 『자평진전평주(子平真詮評註)』 |
| 23 | | 1937년 | | 『궁통보감평주(窮通宝鑑評註)』 |
| 24 | | 1938년 | | 『자평수언(子平粹言)』 |
| 25 | | 1946년 | 위천리(韋千里) | 『팔자제요(八字提要)』 |

# Ⅱ 격국용신(格局用神)의 개관(槪觀)

본 장은 개론 편에서 나타낸 장간(藏干), 즉 월률분야(月律分野)와 인원용사(人元用事)를 활용하여 격국용신에 대해 알아보고자 한다.

먼저 '격국' 단어에 대해 구별할 필요가 있다. '격'이란 일간과 월령과의 관계에서 이루어진다. 월령의 힘을 받은 천간이 사주 전체에 영향을 미치는 가치나 품격 또는 천성이나 성격을 의미하며 통상적으로 열 개의 격[十格]으로 구분한다.

여기에서 십격은 시대에 따라 용어에 다소 차이가 있다.

송대『연해자평』과 명대『삼명통회』와『명리정종』에서부터 여러 격이 등장한다.

청대 이후 등장한『자평진전』에는 재성격과 정관격과 인성격과 식신격, 칠살격과 상관격과 녹겁격과 양인격으로 나누었고,『자평수언』에는 정관격, 편관격, 정편재격, 정편인격, 식상격, 녹인격[건록격·양인격]으로 나누었으며, 이보다 먼저 집필된『명리약언』에는 정관격, 편관격, 정편인격, 정편재격, 식신격, 상관격, 비겁록인격으로 구별하기도 하였다.

그러나 근본적으로 분석해 보면, 결국 식신격, 재성격, 정관격, 정인격과 상관격, 편관격, 편인격, 녹겁격, 양인격으로 나누어졌다고 할 수 있으며, 본 책에서는 현대에서 사용되는 식·재[정재·편재]·관·인격과 살[편관]·상·효[편인]·인[양인]격, 그리고 녹겁격[건록·겁재]으로 나누어 격과 용신을 설명하기로 한다.

'국(局)'이란 사주 전체에 영향을 미치는 지지(地支) 오행이 三合 또는 方合 등이 되어 화(化) 하는[오행이 바뀌는] 것을 말한다. 즉 월령의 힘을 받아 정해진 것을 '격'이라 하고, 지지가 회합(會合)하여 정해진 것을 '국'이라 한다.

결국, 지지의 근기(根氣)에 의한 격과 지지에 의해 정해진 국이므로 통상적으로 격국이라 이름한다.

정해진 격국이 길격이면 마땅히 상생하거나 도와주어야[生扶] 하고 흉격이면 제어하거나 化 되어야[剋制] 성격(成格) 되는데, 이 과정 전체를 격국용신이라 한다.

이어 격국은 내격과 외격으로 구분할 수 있다. 내격은 위에서 말한 것처럼 통상적으로 십격으로 구분하고, 외격은 사주 전체가 하나 또는 두 개의 오행으로 만들어져 그 전체를 격으로 보는 것을 말한다.

여기에서 격국이 중요한 이유와 고저(高低)에 대해 『자평진전』에 나타나 있는 내용으로 대변해 보자. "팔자에 이미 용신이 있다면 반드시 격국이 있고, 격국이 있으면 반드시 〈그 격이〉 높고 낮음이 있다. 지극히 귀한 것에서부터 지극히 천한 것에 이르기까지, 만 가지로 같지 않음이 있고, 그 변화는 천 가지 모습이니, 어찌 말로 전할 수 있겠는가? 그러나 그 이치의 큰 줄거리는 또한 유정(有情)[10]과 무정(無情)[11], 그리고 유력(有力)[12]과 무력(無力)[13]의 사이에 있을 뿐이다"[14]고 하여, 격국의 중요성에 대해 밝히고 있다.

먼저 격국용신을 운용하기 위해서는 장간과 십신의 상생·상극 작용에 대해 자세히 알아야 한다. 개론 편에서 언급하였듯이, 천간과 지지와 장간의 역할을 잘 살펴야 한다. 『적천수천미』에는 천간과 지지와 장간을 삼원(三元)이라 하고, 이 이치를 벗어나지 않는 것을 만법의 종(宗)이다[15]고 하였다. 즉 명리

---

10 유정은 사주에서 형성된 격이 길신이면 생부하고, 격이 흉신이면 극제하는 등의 경우를 말하는 것으로, 사주를 길하게 만드는 것 등을 의미한다.

11 무정은 사주에서 형성된 격이 길신이지만 생부하지 못하고, 격이 흉신이면 극제하지 못하는 등의 경우를 말하는 것으로, 사주를 길하게 하지 못하는 것 등을 의미한다.

12 유력은 일간 또는 길신이 힘이 있어 파격되지 않는 상태 또는 상황 등을 의미한다.

13 무력은 일간 또는 길신이 힘이 없어 파격될 위기에 있는 상태 또는 상황 등을 의미한다.

14 沈孝瞻,『子平眞詮』「論用神格局高低」: "八字旣有用神, 必有格局, 有格局必有高低, …, 由極貴而至極賤, 萬有不齊, 其變千狀, 豈可言傳, 然其理之大綱, 亦在有情無情, 有力無力之間而已."

15 任鐵樵,『適天髓闡微』「天道」: "干爲天元, 支爲地元, 支中所藏爲人元, 人之禀命, 萬有不齊, 總不越此三元之理, 所謂萬法宗也." 참조.

학에서 만법의 종인 삼원[천간, 지지, 장간]을 정확히 알고자 하면, 천간과 그 속에 실려 있는 것과 지지의 공력을 보고, 명(命)에서 천지인 삼원의 이치를 모두 근본으로 삼아야 한다[16]고 하였다.

여기에서 삼원은 천원, 지원, 인원을 말하고, 천원은 천간, 지원은 지지, 인원은 장간을 일컫는다. 천간은 명의 근간이 되고, 춘하추동[지지 월령]의 때와 장간에 따라 다양한 변화가 생기기 때문에 심도 있게 공부하여야 한다.[17]

16  任鐵樵,『適天髓闡微』「天道」: "欲識三元萬法宗, 先觀帝載與神功, …, 命中, 天地人三元之理, 悉本於此."

17  김형근,『정통 명리학 Ⅰ 개론』, 맑은샘, 2019, 94쪽.

## 1. 장간(藏干)

〈표 2〉 월률분야와 관장일수(管掌日数)

| 월(月) | | 장간 | 관장일수 | | |
|---|---|---|---|---|---|
| | | | 여기(余気) | 중기(中気) | 정기(正気) |
| 양의 계절 | 봄 [春] | 寅月 | 戊 七日 二分半 (7.25일) | 丙 七日 二分半 (7.25일) | 甲 十六日 三分半 (16.35일) |
| | | 卯月 | 甲 十日 五分半 (10.55일) | | 乙 二十日 六分半 (20.65일) 癸 · 長生 |
| | | 辰月 | 乙 九日 三分 (9.3일) | 癸 三日 一分 (3.1일) | 戊 十八日 六分 (18.6일) |
| | 여름 [夏] | 巳月 | 戊 五日 一分半 (5.15일) | 庚 九日 三分 (9.3일) | 丙 十六日 五分 (16.5일) |
| | | 午月 | 丙 十日 三分半 (10.35일) | 己 十日 三分半 (9.35일) | 丁 十日 三分半 (11.35일) 乙 · 長生 |
| | | 未月 | 丁 九日 三分 (9.3일) | 乙 三日 二分 (3.2일) | 己 十八日 六分 (18.6일) |
| 음의 계절 | 가을 [秋] | 申月 | 己 七日 一分半 戊 三日 一分半 (10.3일) | 壬 三日 一分半 (3.15일) | 庚 十七日 六分 (17.6일) |
| | | 酉月 | 庚 十日 五分半 (10.55일) | | 辛 二十日 七分半 (20.75일) 丁己 · 長生 |
| | | 戌月 | 辛 九日 三分 (9.3일) | 丁 三日 二分 (3.2일) | 戊 十八日 六分 (18.6일) |
| | 겨울 [冬] | 亥月 | 戊 七日 二分半 (7.25일) | 甲 五日 分半 (5.15일) | 壬 十八日 六分 (18.6일) |
| | | 子月 | 壬 十日 五分 (10.5일) | | 癸 二十日 七分 (20.7일) 辛 · 長生 |
| | | 丑月 | 癸 九日 三分 (9.3일) | 辛 三日 一分 (3.1일) | 己 十八日 六分 (18.6일) |

출처: 『연해자평』 참조

장간은 월령에서 사용하는 월률분야(月律分野)와 日·時·年에서 사용되는 인원용사(人元用事)로 구분된다.

〈표 3〉 인원용사(人元用事)

| 지지 | 장간 구성요소[18] | | |
|---|---|---|---|
| 子 | | | 癸 |
| 丑 | 癸 | 辛 | 己 |
| 寅 | 戊 | 丙 | 甲 |
| 卯 | | | 乙 |
| 辰 | 乙 | 癸 | 戊 |
| 巳 | 戊 | 庚 | 丙 |
| 午 | | 己 | 丁 |
| 未 | 丁 | 乙 | 己 |
| 申 | 戊 | 壬 | 庚 |
| 酉 | | | 辛 |
| 戌 | 辛 | 丁 | 戊 |
| 亥 | | 甲 | 壬 |

출처: 『연해자평』 지지장둔가(地支藏遁歌) 참조

때에 따라 월률분야와 인원용사를 혼돈하여 같이 사용하는 경우가 많다. 따라서 혼돈함이 없기 위해 송대『연해자평』에 있는 월률분야지도와 인원용사를 각각 〈표 2〉와 〈표 3〉으로 나타내었다.

---

18   徐大升, 『淵海子平』 「又地支藏遁歌」: "子宮癸水在其中, 丑癸辛金己土同, 寅宮甲木兼丙戊, 卯宮乙木獨相逢, 辰藏乙戊三分癸, 巳中庚金丙戊叢, 午宮丁火幷己土, 未宮乙己丁其宗, 申位庚金壬水戊, 酉宮辛字獨豊隆, 戌宮辛金乃丁戊, 亥藏壬甲是眞蹤." 및 徐大升(沈載烈 옮김), 『淵海子平精解』, 明文堂, 1994, 94-95쪽 참조.

이처럼 장간을 구성요소와 월률분야로 나누어 격국용신에 활용하여야 한다.

격국을 운용하기 위해서는 먼저 지지 내에 숨겨져 있는 천간[藏干]을 보아야 한다. 개론에서 이미 설명한 바와 같이 송대『연해자평』에서부터 장간이 집중적[19]으로 사용된 것을 알 수 있고, 장간은 三合과 십이운성과도 밀접한 관계임을 기술한 바 있다.

천간은 모든 것을 주관하므로 근기, 즉 장간에 월령을 얻거나 통근(通根)하여 그 뿌리가 있음을 우선시한다. 월령을 얻거나 통근 된 천간에 의해 일간의 희기(喜忌)를 논한 후, 용신으로 하여금 그 격이 선하면 더욱 선하게 이끌어야 하고, 선하지 않은 격은 선하게 이끌어 나가는 것이 곧 격국용신의 의미이다.

지지는 근본적으로 천간의 근기가 되는 것으로, 지지 내 암장 된 천간이 운용될 수 있도록 그 쓰임을 기다리고 있다. 장간은 쓰임이 있을 때 그 역할이 최대치에 이르게 되고, 그 쓰임이 없다면 향후 그 쓰임을 기다리다가 운용된다.

이러한 내용을『자평진전』에서도 찾을 수 있다. "명(命) 중의 기뻐하는 것과 꺼리는 것은 비록 지지와 천간에 모두 있지만, 천간은 하늘을 주관하므로 동(動)하여 행함이 있고, 지지는 땅을 주관하므로 정(靜)하여 쓰임을 기다린다. 또 천간은 한 가지를 주로 하지만 지지는 많은 것을 간직하니, 복이 되고 화가 됨이, 어찌 다르지 않을 수 있겠는가?"[20] 하여, 천간과 지지의 쓰임에 대해 구체적으로 기술되어 있다.

〈표 2〉에 나타낸 월률분야, 즉 천간의 월령 근기 유무에 대해『명리약언』에 "구서에 12달의 지지 장간 중에 여러 천간이 있다고 하였는데, 근본을 미루어 논한다면 寅과 卯는 다만 甲乙木 뿐이고, 巳와 午는 다만 丙丁火 뿐이고, 申

---

19  김형근,『정통 명리학 Ⅰ 개론』, 맑은샘, 2019, 106-111쪽.

20  沈孝瞻,『子平眞詮』「論喜忌干支有別」: "命中喜忌, 雖支干俱有, 而干主天, 動而有為, 支主地, 靜以待用, 且干主一而支藏多, 為福為禍, 安得不殊."

과 酉는 庚辛金 뿐이고, 亥와 子는 다만 壬癸水 뿐이고, 辰戌丑未는 다만 戊己土 뿐이다. 또 亥 중에 甲木이 있고, 寅 중에 丙이 있고, 巳 중에 庚이 있고, 申에 壬이 있는 것은 다 木火金水의 장생지이기 때문이다. 未 중에 乙이 있고, 戌 중에 丁이 있고, 丑 중에 辛이 있고, 辰 중에 癸가 있는 것은 다 木火金水의 묘지(墓地)이기 때문이다. 辰 중에 다시 乙이 있고, 未에 또 丁이 있고, 戌 중에 또 辛이 있고, 丑 중에 또 癸가 있는 것은 다 木火金水의 여기이기 때문이며, 寅과 巳 중에 또 戊가 있고, 午 중에 또 己가 있는 것은 다 土가 火의 母를 따라 생왕하기 때문이다"[21]고 하였다.

이러한 내용을 〈그림 1〉과 같이 나타낼 수 있다.

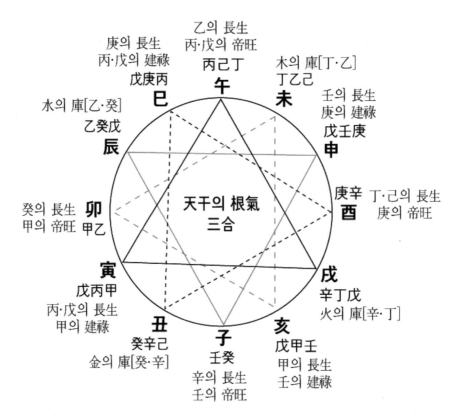

〈그림 1〉 천간의 월령 근기

寅·申·巳·亥月은 각 오행이 왕성해지는 달이며, 다음 계절이 시작하는 달이기도 하다.

寅月은 양간 세 개가 감추어져 있으며, 甲木의 건록이 된다. 다음 계절인 丙火와 戊土의 장생이 되며, 이로 인해 寅午戌 三合 火局 근기의 시작이 된다.

巳月 역시 양간 세 개가 감추어져 있으며, 丙火의 건록이다. 다음 계절인 庚金의 장생이 되며, 이로 인한 巳酉丑 三合 金局 근기의 시작이 된다.

申月 역시 양간 세 개가 감추어져 있으며, 庚金의 건록이 된다. 다음 계절인 壬水의 장생이 되며, 이로 인해 申子辰 三合 水局 근기의 시작이 된다.

亥月 역시 양간 세 개가 감추어져 있으며, 壬水의 건록이 된다. 다음 계절인 甲木의 장생이 되며, 이로 인해 亥卯未 三合 木局 근기의 시작이 된다.

子·午·卯·酉月은 각 오행의 왕절에 해당하는 달이며, 해당하는 오행이 각각 감추어져 있다.

卯月은 같은 오행인 甲·乙이 감추어져 있으므로 甲木의 제왕이 되고, 전 계절 음간 癸水의 장생이 된다.

午月은 같은 오행인 丙·己·丁이 감추어져 있으므로 丙火와 戊土의 제왕이 되고, 전 계절 음간 乙木의 장생이 된다.

酉月은 같은 오행인 庚·辛이 감추어져 있으므로 庚金의 제왕이 되고, 전 계절 丁火와 己土의 장생이 된다.

子月은 같은 오행인 壬·癸가 감추어져 있으므로 壬水의 제왕이 되고, 전 계절 음간 辛金의 장생이 된다.

---

21  陳素菴, 『命理約言』 「看月令法二」: "舊書十二月支中所藏諸干, …, 推本論之, 寅卯只是甲乙木, 巳午只是丙丁火, 申酉只是庚辛金, 亥子只是壬癸水, 辰戌丑未只是戊己土, 若亥有甲, 寅有丙, 巳有庚, 申有壬, 蓋木火金水生地之故, 未有乙, 戌有丁, 丑有辛, 辰有癸, 蓋木火金水墓地之故, 辰又有乙, 未又有丁, 戌又有辛, 丑又有癸, 蓋木火金水餘氣之故, 寅巳又有戊, 午又有己, 蓋土隋火母生旺之故."

辰·戌·丑·未月은 잡기(雜氣)라고도 한다. 잡기라는 것은, 다른 지지에 비해 여러 개의 기운을 가지고 있어 붙여진 이름이다. 『자평진전』에 "사고(四庫)는 충기(衝氣)인데 어떻게 해서 그것을 잡기라고 하는가? 그 간직하고 있는 것이 많아서 용신이 하나가 아니기 때문에 그것을 잡기라고 한다. 예컨대, 辰은 본주로서 戊土를 간직하고 있는데, 또 水의 창고가 되고 乙木의 여기로 하여 세 가지가 함께 있으니, 어느 것에서 용신을 취할 것인가? 그러나 매우 쉽다. 천간에 투출하고 지지에서 회합하면, 그 중의 맑은 것을 취해서 쓰는 것이니, 혼잡하면서도 혼잡하지 않은 것이다"[22]고 하여, 네 개의 창고는 그 기가 길신에 해당하는 것을 적절히 쓸 수 있는 이점과 다양성, 그리고 여러 기가 감추어져 있음에 대해 나타내고 있다.

辰·戌·丑·未月은 현 계절과 다음 계절의 완충 역할을 하고, 현 계절이 퇴기(退期)하는 달이며, 앞 계절의 고(庫)·묘(墓)·장(葬)이 된다.

辰月은 木의 마지막 근기가 되고, 앞 계절 三合 申子辰 水局의 마지막 근기와 묘(墓)가 된다.

未月은 火의 마지막 근기가 되고, 앞 계절 三合 亥卯未 木局의 마지막 근기와 묘가 된다.

戌月은 金의 마지막 근기가 되고, 앞 계절 三合 寅午戌 火局의 마지막 근기와 묘가 된다.

丑月은 水의 마지막 근기가 되고, 앞 계절 三合 巳酉丑 金局의 마지막 근기와 묘가 된다.

한편, 격국을 삼는 천간의 근기는 월령 내 각 장간이 사령하는 관장일수와

---

22  沈孝瞻, 『子平眞詮』 「論雜氣如何取用」: "四墓者, 衝氣也, 何以謂之雜氣, 以其所藏者多, 用神不一, 故謂之雜氣也, 如辰本藏戊, 而又爲水庫, 爲乙餘氣, 三者俱有, 於何取用, 然而甚易也, 透干會支, 取其淸者用之, 雜而不雜也."

는 관련이 없다.

그리고 천간의 근기에 대해『정통 명리학 Ⅰ 개론』「장간」과「십이운성」에서 이미 기술한 바와 같이, 전한대(前漢代, B.C. 202~A.D. 8) 유안(劉安, B.C. 179~122)의『회남자』「천문훈」에 그 시원이 나타남을 제시하였다.

木은 亥에서 태어나 卯에서 장성(壯盛)하고 未에서 죽으니, 삼진(三辰)이 다 木이다.[23]

火는 寅에서 태어나 午에서 장성하고 戌에서 죽으니, 삼진이 다 火이다.[24]

土는 午에서 태어나 戌에서 장성하고 寅에서 죽으니, 삼진이 다 土이다.[25]

金은 巳에서 태어나 酉에서 장성하고 丑에서 죽으니, 삼진이 다 金이다.[26]

水는 申에서 태어나 子에서 장성하고 辰에서 죽으니, 삼진이 다 水이다.[27]

이처럼 각 천간의 근기가 三合과 십이운성과의 연관성을 알 수 있으며, 십이운성의 중요성을 다시 한번 확인할 수 있다.

근기 중 월령의 힘을 받는다는 것은 격국을 삼는 천간 모두에게 해당되며, 『회남자』와『명리약언』을 토대로 근기를 나타내면 다음과 같다.

甲과 乙은 亥와 卯와 未 三合에 그 근기가 있고, 木의 계절인 寅과 辰에서도 그 월령을 취한다.

丙과 丁은 寅과 午와 戌 三合에 그 근기가 있고, 火의 계절인 巳와 未에서도 그 월령을 취한다.

戊와 己는 역시 午와 戌과 寅 三合에 그 근기가 있고, 火의 계절인 巳와 未에서도 그 월령을 취하는 것으로 보며, 辰과 丑에도 근기가 있어 그 월령을

---

23  劉安,『淮南子』「天文訓」: "木生于亥, 壯于卯, 死于未, 三辰皆木也."

24  劉安,『淮南子』「天文訓」: "火生于寅, 壯于午, 死于戌, 三辰皆火也."

25  劉安,『淮南子』「天文訓」: "土生于午, 壯于戌, 死于寅, 三辰皆土也."

26  劉安,『淮南子』「天文訓」: "金生于巳, 壯于酉, 死于丑, 三辰皆金也."

27  劉安,『淮南子』「天文訓」: "水生于申, 壯于子, 死于辰, 三辰皆水也."

취할 수 있으나 母의 주체인 丙火가 있으면 더욱 긴(緊)하다. 그리고 위『회남자』에서 '土는 午에서 태어났고 土를 午·戌·寅과 연결시켜 모두 火이다'[28]고 하였으므로 土는 火에 준한다. 즉 土가 申月과 亥月에 戌가 있지만, 火가 申·亥月이 각각 휴(休)와 사(死)가 되니 土 또한 그 근기가 희박하여 母인 午의 제왕 丙火를 요한다. 丙火 또한 申月과 亥月에는 녹겁을 요하게 된다.

庚과 辛은 巳와 酉와 丑 三合에 그 근기가 있고, 金의 계절인 申과 酉에서도 그 월령을 취한다.

壬과 癸는 申과 子와 辰 三合에 그 근기가 있고, 水의 계절인 亥와 丑에서도 그 월령을 취한다.

이러한 내용은 서락오의『자평진전평주』에도 기술되어 있다. 즉, "甲과 乙은 모두 木이고 하늘의 기이다. 甲은 양에 응하는 기로서 그 기세를 뻗치는 속성이 있고, 乙은 생기로서 온갖 초목의 싹과 같다. 甲과 乙은 유행하는 기로서 하늘에서 운행한다고 하면, 寅과 卯는 시령(時令)의 순서이니 땅에 존재한다고 이른다. 이런 연고로 寅과 卯는 甲과 乙의 뿌리가 되고, 亥와 未와 辰은 모두 甲과 乙의 뿌리가 된다"[29]고 하여, 천간의 근기에 대해 정확하게 기술하고 있다.

이와 같은 내용들을 정리하여 나타내면 〈표 4〉와 같다.

---

28 『정통 명리학 Ⅰ 개론』「십이운성」에서 "전한대『회남자』에서부터 이미 土를 火의 계절인 계하(季夏)로 구별하였음을 알 수 있었고, 수대『오행대의』에서도 '火는 土의 모(母)가 된다'("火是其母. 母子不同葬.") 하였고, 이어 송대『연해자평』에서는 현재 십이운성에서 사용하고 있는 '음양순역생왕사절지도'에서 火·土 동궁으로 나타나게 된다"고 밝힌 바 있다.

29 徐樂吾,『子平眞詮評註』: "甲乙皆木, 同爲在天之氣, 甲爲陽和初轉, 其勢方張, 乙爲和煦生氣, …, 甲乙爲流行之氣, 故云存乎天, 寅卯爲時令之序, 故云存乎地, …, 故甲乙同以寅卯爲根, 而亥未辰皆其根也."

<표 4> 천간의 근기

| 근기<br>천간 | 월령 | | | | |
|---|---|---|---|---|---|
| 甲 · 乙 木 | 亥(甲) | 卯(甲 · 乙) | 未(乙) | 寅(甲) | 辰(乙) |
| 丙 · 丁 火 | 寅(甲) | 午(丙 · 丁) | 戌(丁) | 巳(丙) | 未(丁) |
| 戊 · 己 土 | 寅(戊) | 午(己) | 戌(戊) | 巳(戊) | 未(己), 辰(戊) · 丑(己) |
| 庚 · 辛 金 | 巳(庚) | 酉(庚 · 辛) | 丑(辛) | 申(庚) | 戌(辛) |
| 壬 · 癸 水 | 申(壬) | 子(壬 · 癸) | 辰(癸) | 亥(壬) | 丑(癸) |

## 2. 십신(十神)의 생극(生剋)과 일간(日干)의 왕상휴수사(旺相休囚死)

### 1) 십신의 상생과 상극

용신에 있어 십신의 상생과 상극에 대해 잘 이해하면 더욱 편리하다.

〈그림 2〉 십신 생극도

일간(日干)이 생(生) 하는 것은 식상(食傷)[식신과 상관]이 되고, 식상이 生 하는 것은 재성(財星)[정재와 편재]이고, 재성이 生 하는 것은 관성(官星)[정관과 편관]이 되며, 관성이 生 하는 것은 인성(印星)[정인과 편인]이 되며, 인성이 生 하는 것은 일간[비겁]이 된다.

일간이 극(剋) 하는 것은 재성[정재와 편재]이 되고, 재성이 剋 하는 것은 인성[정인과 편인]이 되며, 인성이 剋 하는 것은 식상[식신과 상관]이 되며, 식상이 剋 하는 것은 관성[정관과 편관]이 되며, 관성이 剋 하는 것은 일간[비겁]이 된다.

## 2) 일간의 강왕쇠약(强旺衰弱)

격국을 삼을 때, 주의할 점 중 하나는 일간의 강왕쇠약을 살펴야 한다.

길격인 식신격, 재격, 정관격이라 하더라도 일간이 약하여 그 격을 다스리지 못한다면 격이 낮아지게 되며, 정인격이라 하더라도 그 정인의 힘이 일간의 힘을 너무 제압하여 살(煞)이 될 때는 파격이 될 수도 있다.

그리고 흉격인 편관격, 상관격, 편인격, 양인격이 상신의 활약으로 억제되었다 하더라도 일간이 너무 쇠약하게 되면 그 역시 격이 낮아진다.

이러한 일간의 강약과 왕쇠는 계절과 각 지지에 있는 근기와 관계된다.

개론에서 수대『오행대의』와 명대『삼명통회』에서 나타낸 왕상휴수사를 정리하여 나타낸 것은 〈표 5〉와 같다.

〈표 5〉 오행의 왕상휴수사

| 간지 \ 사계 | 春<br>[寅卯] | 夏<br>[巳午] | 未月<br>[辰戌丑未] | 秋<br>[申酉] | 冬<br>[亥子] |
|---|---|---|---|---|---|
| 甲乙, 寅卯 | 旺[녹왕] | 休[식상] | 囚[재성) | 死[관성] | 相[인성] |
| 丙丁, 巳午 | 相[인성] | 旺[녹왕] | 休[식상] | 囚[재성] | 死[관성] |
| 戊己, 辰戌丑未 | 死[관성] | 相[인성] | 旺[녹왕] | 休[식상] | 囚[재성] |
| 庚辛, 申酉 | 囚[재성] | 死[관성] | 相[印星] | 旺[녹왕] | 休[식상] |
| 壬癸, 亥子 | 休[식상] | 囚[재성] | 死[관성] | 相[인성] | 旺[녹왕] |

출처: 『오행대의』와 『삼명통회』 참조

『삼명통회』에 나타난 각 오행의 왕상휴수사[30]를 구체적으로 다시 기술하면, 각 오행이 본기를 받으면 왕(旺)[王]이라 하였고, 상생과 상극의 원리로 계절과 왕상휴수사를 설명하고 있으며, 앞서 설명한 월령의 근기와도 깊은 관계가 있다.

성덕(盛德)한 오행이 시령(時令)을 타는 것을 왕(旺)이라 하니, 봄에 목기(木氣)가 왕성(旺盛)한 것과 같다. 목기가 왕성하면 화기(火氣)를 生 하니 火는 바로 木의 자식이 된다.[31]

여름에는 火가 왕하다. 火가 土를 生 하면 곧 土가 상(相)이 되고, 木이 火를 生 하면 곧 木이 휴(休)이며, 水가 火를 剋 하면 곧 水가 수(囚)이고, 火가 金을 剋 하면 곧 金이 사(死)이다.[32]

未月[6월]에는 土가 왕하다. 土가 金을 生 하면 곧 金이 상이 되고, 火가 土를 生 하면 곧 火가 휴이며, 木이 土를 剋 하면 木이 수이고, 土가 水를 剋 하면 곧 水가 사이다.[33]

가을에는 金이 왕하다. 金이 水를 生 하면 곧 水가 상이고, 土가 金을 生 하면 곧 土가 휴이며, 火가 金을 剋 하면 곧 火가 수이고, 金이 木을 剋 하면 곧 木이 사이다.[34]

겨울에는 水가 왕하다. 水가 木을 生 하면 곧 木이 상이고, 金이 水를 生 하

---

30  왕상휴수사는 이미 전한대 『회남자』에서도 언급되어 있으며, 수대 『오행대의』에 기술된 왕상휴수사는 다음과 같다. "春에는 甲乙寅卯가 왕하고, 丙丁巳午는 상하며, 壬癸亥子는 휴하고, 庚辛申酉는 수하며, 戊己辰戌丑未는 사하게 된다. 夏에는 丙丁巳午는 왕하고, 戊己辰戌丑未는 상하며, 甲乙寅卯는 휴하고, 壬癸亥子는 수하며, 庚辛申酉는 사하게 된다. 未月에는 戊己辰戌丑未는 왕하고, 庚辛申酉는 상하며, 丙丁巳午는 휴하며, 甲乙寅卯는 수하며, 壬癸亥子는 사하게 된다. 秋에는 庚辛申酉는 왕하고, 壬癸亥子는 상하며, 戊己辰戌丑未는 휴하고, 丙丁巳午는 수하며, 甲乙寅卯는 사하게 된다. 冬에는 壬癸亥子는 왕하고, 甲乙寅卯는 상하며, 庚辛申酉는 휴하며, 戊己辰戌丑未는 수하며, 丙丁巳午는 사하게 된다."(『五行大義』: "春則甲乙寅卯王, 丙丁巳午相, 壬癸亥子休, 庚辛申酉囚, 戊己辰戌丑未死, 夏則丙丁巳午王, 戊己辰戌丑未相, 甲乙寅卯休, 壬癸亥子囚, 庚辛申酉死, 六月則戊己辰戌丑未王, 庚辛申酉相, 丙丁巳午休, 甲乙寅卯囚, 壬癸亥子死, 秋則庚辛申酉王, 壬癸亥子相, 戊己辰戌丑未休, 丙丁巳午囚, 甲乙寅卯死, 冬則壬癸亥子王, 甲乙寅卯相, 庚辛申酉休, 戊己辰戌丑未囚, 丙丁巳午死."

31  萬民英, 『三命通會』「論五行旺相休囚死並寄生十二宮」: "盛德乘時曰旺, 如春木旺, 旺則生火, 火乃木之子."

32  萬民英, 『三命通會』「論五行旺相休囚死並寄生十二宮」: "夏火旺火, 生土則土相, 木生火則木休, 水剋火則水囚, 火剋金則金死."

33  萬民英, 『三命通會』「論五行旺相休囚死並寄生十二宮」: "六月土旺, 土生金則金相, 火生土則火休, 木剋土則木囚, 土剋水則水死."

34  萬民英, 『三命通會』「論五行旺相休囚死並寄生十二宮」: "秋金旺, 金生水則水相, 土生金則土休, 火剋金則火囚, 金剋木則木死."

면 곧 金이 휴이며, 土가 水을 剋 하면 곧 土가 수이고, 水가 火를 剋 하면 곧 火가 사이다.[35]

개론에서도 밝힌 바와 같이, 未月은 통상적으로 辰·戌·丑과 같은 土로 보고 있다.

그리고 火와 土는 동궁(同宮)이므로 戊己土에 있어서는 未月과 辰·戌·丑月은 일부 구별이 필요함을 인지하여 간명하여야 한다.

일간이 녹왕에 이르면 신강의 근기가 되고, 상에 이르면 신왕의 근기가 되며, 휴에 이르면 쇠의 근기가 되며, 수사에 이르면 약의 근기가 되는 것으로 본다.

그러나 무엇보다 중요한 것은 일간이 계절의 월령을 얻었다 하더라도 무조건 대입하여 간명하지 말아야 하며, 다른 간지의 충극(沖剋)이 다하면 쇠약해질 수 있음을 역시 인지하여야 한다. 월령의 힘을 얻었을 경우, 통근한 다른 천간 들에 의해 剋이 심할 경우 쇠약해질 수 있고, 월령의 힘을 얻지 못했을 경우라도 통근과 생부로 강왕해 질 수 있으므로, 여러 경우를 살펴 간명하여야 한다.

---

35 萬民英, 『三命通會』 「論五行旺相休囚死並寄生十二宮」: "冬水旺, 水生木則木相, 金生水則金休, 土剋水則土囚, 水剋火則火死."

## 3. 격국용신 운용법

격국용신에 대해서는 송대부터 『명통부』와 『연해자평』 등에서 이미 나타나고 있지만, 격국용신을 구체적으로 운용하는 방법은 명대 『삼명통회』와 『명리정종』 등을 거쳐, 청대 『명리약언』, 『자평진전』, 『적천수천미』, 『자평수언』 등에서 순차적으로 체계화되면서 발달된 형태로 나타난다.

이 중 『연해자평』과 『삼명통회』에서의 격국용신은 격국 자체를 용신으로 하고 있다.

『자평진전』에는 "팔자의 용신은 오로지 월령에서만 구한다. 일간으로써 월령의 지지에 짝 지우면, 生하고 剋함이 같지 아니하니, 격국이 거기에서 나누어진다"[36]고 하였다. 이 내용에 대해 서락오는 『자평수언』에, "『자평진전』에서, …, 〈이처럼〉 오로지 월령에서 구한다는 것은 월령의 기운을 살피고, 마땅함과 꺼림이 점쳐서 격국이 나누어진 다음에 용신을 정할 수 있다는 말이다. 〈송대 서자평의〉 『명통부』에서 '월지를 우선으로 사계절로 나눠 오행의 변화에 대해 알 수 있다'라고 하였다. 〈오행의〉 변화에 대해 잘 안다는 것은 월령에서 용신을 추측하고 아울러 월령의 지지가 곧 용신이 아님을 알 수 있다"[37]고 하여, 월령에 의해 격국이 만들어지고 용신을 정해야 한다는 것이 구체적으로 나타나 있다.

여기에서 중요한 것은, 앞서 언급된 격국을 성격 시키기 위한 상신과 격국 자체의 용신을 분리하여 설명하고 있다는 점이다.

그리고 『자평진전』과 『자평수언』 등에서 설명하고 있는 격은 월령 자체를 삼

---

36  沈孝瞻, 『子平眞詮』 「論用神」: "八字用神專求月令, 以日干配月令地支, 而生剋不同, 格局分焉."

37  徐樂吾, 『子平粹言』 「體性」: "子平眞詮曰, …, 專求月令者, 言察月令之氣, 而占其宜忌, 格局分而後, 可以定用神, 明通賦云, 以月支爲首, 分四時而提起五行消息, 言提起言消息可見從月令, 推測用神, 並非月令之支, 卽是用神."

는 것을 알 수 있으며, 월령의 본기가 아닌 여기나 중기에 투출된 神이 있다면 이것을 변격(變格)으로 명명(命名)하면서, 투출된 다른 神으로 격을 삼는다고 하였다.

변격에 대해 『자평진전』에 "월령에 감추어져 있는 것이 한가지가 아니어서 용신은 마침내 변화가 있다. 예컨대, 寅을 논한다면, 甲木이 본래 주인이 되니, 군(郡)에 지부(知府)[38]가 있는 것과 같고, 丙火는 장생이니 군에 동지(同知)가 있는 것과 같고, 戊土 또한 장생이니 군에 통판(通判)이 있는 것과 같다. 가령 寅月이 월지가 되는데, 甲木이 투출하지 않고 丙火가 투출한다면, 이는 바로 지부가 군을 다스리지 않고 동지가 주인이 될 수 있는 것과 같다. 이것이 변화하는 것이다. 변화하여 선(善)하게 되면 그 격이 더욱 좋아지고, 변화하여 선하지 않게 되면 그 격은 마침내 파격(破格)이 된다."[39]라고 하였다.

무엇을 변화하여 선하게 한다고 하는가? 예컨대, 辛金이 寅月에 生 한 경우에, 丙火를 만나면 정재격을 변화시켜 정관격이 된다. 壬水가 戌月에 生 한 경우에, 辛金을 만나면 칠살격을 변화시켜 인성격이 된다. 癸水가 寅月에 生 한 경우에, 甲木을 감추고 丙火가 투출하거나, 午와 회합(會合)하고 戌과 회합하면 상관격을 변화시켜 재성격이 된다. 설령 정관[戊土]이 투출한다 해도 재가 왕하여 관을 生 하는 것으로 논해야 하고, 상관이 관을 보는 것으로 하지 않는다. 乙木이 寅月에 生 함에 戊土가 투출하여 재성이 되는데 午와 회합하고 戌과 회합하면 월령의 겁재가 변하여 식상으로 된다. 이와 같은 유형은 다 헤아릴 수가 없는데 모두 변화하여 올바르게[선(善)] 되는 것이다[40]고 하여, 변격에 대한 설명과 변격이 된 격이 선함이 되거나 파격이 되는 것까지 언급하고 있

---

38  여기에서 나타나는 지부(知府), 동지(同知), 통판(通判)은 관직명을 나타낸 것으로, 심효첨은 寅月 장간인 戊·丙·甲을 관직에 비유하여 설명하고 있다.

39  沈孝瞻, 『子平眞詮』 「論用神變化」: "然月令所藏不一, 而用神遂有變化, …, 卽以寅論, 甲爲本主, 如郡之有府, 丙其長生, 如郡之有同知, 戊亦長生, 如郡之有通判, 假使寅月爲提, 不透甲而透丙, 則如知府不臨郡, 而同知得以作主, 此變化之由也, …, 變之而善, 其格愈美, 之不善, 其格遂壞."

다. 다시 말해, 월령의 본기 대신 투출된 천간을 격으로 삼는데 이것을 변격이라 하고, 변화한 격이 사주 전체를 다스리며, 또한 변격이 순행과 역행으로 진행하면 역시 선하다 하였다.

또한 겸격(兼格)에 대해서도 기술되어 있다. 겸격은 격국의 근을 삼는 월령에서 본기와 중기·여기에서 투출된 천간이 두세 개가 겸하여 있으면 〈지지의 三合까지 포함하여〉 이를 다 사용할 수 있고, 이름하여 겸격으로 칭하며, 겸격 또한 역시 반드시 상호 유정해야 한다.

겸격과 투출에 대한 내용을 『자평진전』을 통해 반영해보면, "무엇을 투간(透干)이라 하는가? 예컨대, 甲木이 辰月에 生 함에, 戊土가 투출하면 편재로 쓰고, 癸水가 투출하면 정인으로 쓰고, 乙木이 투출하면 월겁(月劫)으로 쓰는 것이 이것이다. 하나가 투출하면 하나를 쓰고, 겸하여 투출하면 겸하여 쓴다. 투출하고 또 〈지지에서〉 회합하면, 투출한 것과 회합한 것을 겸하여 쓴다. 그 합하여 유정한 것은 길하고, 합하여 무정한 것은 곧 길하지 않다"[41]고 하였다.

한편, 『명리약언』에는 투출된 천간을 격으로 삼는 것에 대해 더욱 구체적으로 기술되어 있다. "가령 월지(月支)의 본기가 천간에 투출한 경우에 寅에서 甲이 투출했거나, 午에서 丁이 투출했으면 곧 그것을 취하여 격으로 삼는데, 정관·식신·편재·편인 등은 마땅히 그것을 生 하거나 그것을 부조해야 하고, 편관·상관 등은 마땅히 그것을 억제하거나 인화해야 하며, 만약 본기가 투출하지 않고 剋을 당하면 寅의 경우에는 甲을 쓰지 않고 소장된 丙과 戊를 쓰며, 午의 경우에는 丁을 쓰지 않고 소장된 己를 쓰는데 만약 소장된 神[오행]이 투

---

40  沈孝瞻, 『子平眞詮』 「論用神變化」: "何謂變之而善, 如辛生寅月, 逢丙而化財爲官, 壬生戌月逢辛而化殺爲印, 癸生寅月, 藏甲透丙, 會午會戌, 則化傷爲財, 卽使透官, 可作財旺生官論, 不作傷官見官論也, 乙生寅月, 透戊爲財, 會午會戌, 則月劫化爲食傷, 如此之類, 不可勝數, 皆變之善者也."

41  沈孝瞻, 『子平眞詮』 「論雜氣如何取用」: "何謂透干, 如甲生辰月, 透戊則用偏財, 透癸則用正印, 透乙則用月劫是也, …, 一透則一用, 兼透則兼用, 透而又會, 則透與會並用, 其合而有情者吉, 其合而無情者則不吉."

출하지 않고 剋을 당하면 월지를 쓰지 않고 다른 간지 중에 세력이 왕성한 것을 써서 격으로 삼는다. 또 건록과 양인과 비겁 등은 천간에 있거나 지지에 있음을 논할 것 없이 모두 격을 취하지 않고 다만 일간의 보조로 삼는 데 쓸 뿐이다."[42]라고 하였다.

또 이르기를, "만약 월령의 지지에 장간이 혹 두 개의 천간이나 세 개의 천간인데, 그 쓰임을 취하는 법은 가령 甲이 寅月에 生 한 경우에는 먼저 甲木을 논하고 다음에 丙火와 戊土를 논하는 것이니, 혹 寅이 손괴(損壞)되어 기가 없으면 丙이나 戊를 취하고, 혹 寅이 비록 손상이 없더라도 丙이나 戊 중에 하나가 천간에 투출하여 상을 이룬 것이 있으면 또한 그것을 취하는데, 그렇지 않고서는 甲을 버리고 丙·戊를 쓰는 경우가 없는 것이니, 나머지 지지도 이와 같다."[43]라고 하였다.

그리고 "격국은 먼저 월령을 담당하는 것을 취하고, 다음에 세력을 얻은 것을 취한다"[44]고 하였다.

『명리약언』의 내용 들을 정리하면, 투출된 천간을 격으로 삼고, 길신격은 생부(生扶) 해야 하며, 흉신격은 극제(剋制) 해야 함을 강조하고 있다. 월령 寅의 정기(正氣)인 甲이 투출되었다 하더라도 무기(無氣)[손괴 포함] 하게 되면 중기(中氣)인 丙이나 여기(餘氣)인 戊로 격을 삼는다고 하였으며, 월지에서 투출된 천간 두세 개가 모두 무기하다면, 다른 주(柱)에서 투출되어 유기(有氣)한 천간을 격으로 삼아야 한다고 하였다.

---

42  陳素菴, 『命理約言』「看命總法」: "如月支本氣透於天干, 寅透甲, 午透丁, 即取爲格, 係正官, 食神, 偏財, 偏印, 則宜生之助之, 係偏官, 傷官, 則宜制之化之, 若本氣未透遭剋, 則寅不用甲, 而用所藏之丙戊, 午不用丁, 而用所藏之己, 若所藏之神, 又不透遭剋則不用月支, 而用別干支之勢盛力旺者爲格, 基祿刃比劫, 無論在干在支, 均不以取格, 但用爲日干之助耳."

43  陳素菴, 『命理約言』「看月令法一」: "若令支所藏, 或二神, 或三神, 其取用之法, 如甲生寅月, 先論甲木, 次論丙火戊土, 或寅字損壞無氣, 則取丙戊, 或寅字雖無損傷, 而丙戊中有一透干成象者, 則亦取之, 否則無舍甲而用丙戊者, 餘支皆然."

44  陳素菴, 『命理約言』「看月令法」: "格局先取當令, 次取得勢."

현대 사회는 사람과 일의 방식, 직업의 다양성 등에 있어 매우 복잡한 양상을 보이는 것에 비해, 월령 또는 월령에서 투출된 천간 만으로 격국을 운용하기에는 복잡한 양상을 따라잡을 수 없다고 본다. 따라서 본 책에서는 실제 명조에서 격국용신을 월령을 기본으로 운용하되, 장간에서 투출된 두세 개 천간의 기가 모두 손괴되었을 경우 다른 柱를 충분히 살펴 격으로 삼도록 한다.

그리고 월령의 본기에서 변형되어 투출된 천간 자체를 또한 격으로 삼는다. 예를 들면, 본기는 상관이라 할지라도 투출된 천간이 식신이라면, 상관격 대신 식신격으로 삼는다. 그 이유는 투출된 천간으로 길흉이 더해지거나 바뀌기 때문이다.

결국, 위 내용들을 모두 간추리면, 격국은 월지가 중심이 된다는 결론이고, 격을 삼은 천간이 일간과의 관계에서 길격이면 상생하거나 도와주어야 하고, 흉격이면 제어하거나 化 하게 해야 한다는 것이다. 이것은 다시 말해, 사길신에 해당하는 식신격과 재격과 정관격과 정인격은 순용, 즉 생부(生扶) 해주어야 하고, 사흉신에 해당하는 상관격과 칠살격[편관격]과 편인격[효신]과 양인격은 역용, 즉 극제(剋制) 해주거나 化 해서 길하게 만드는 것이 격국용신의 원리가 된다.

그러나 격국을 삼을 때 주의할 점은, 각 천간들이 통근하였다 하더라도 혹은 생부와 극제가 잘 이루어져 성격 되었다 하더라도, 刑·沖·破·害를 만나는 것은 꺼리기 때문에 잘 살펴야 한다. 刑·沖·破·害에 대해서『자평진전』에는 "용신은 오로지 월령에서 찾으니 사주로서 월령에 짝 지우면 반드시 성격과 패격[파격]이 있다. 무엇을 성격이라 하는가? 예컨대, 정관격이 재성과 인성을 만나고, 또한 刑·沖·破·害가 없으면 정관격이 이루어진다"[45]고 하여, 격국에 있어 刑·沖·破·害를 꺼림과 파격됨을 정관격을 예를 들어 말하고 있다.

이즈음에서 사고인 辰·戌·丑·未의 刑沖에 대해서도 짚고 넘어가 보자.

사고는 곧 같은 土끼리의 刑冲[붕충(朋冲)]이기 때문에, 해당하는 천간이 같은 土일 경우에는 성격에 크게 구애받지 않는다. 그렇다고 같은 土라 할지라도 刑冲이 있어야 꼭 성격 되는 것은 아니다. 그리고 성격 되었다 하더라도 천간이 같은 土가 아니라면 사고인 辰戌丑未의 刑冲에 의해 그 격이 선하지 않게 된다.

이러한 내용을 『자평진전』을 통해 나타내면 다음과 같다. "'辰戌丑未는 刑冲을 가장 좋아하고, 재와 관이 입고(入庫)했을 때에는 冲 하지 않으면 열리지 않는다.' 이 설은 비록 세간의 책에서는 대단하게 칭찬하고 있지만, 자평선생[서자평]의 명조에는 이러한 내용[46]이 없다. 무릇 잡기가 천간에 투출하고 지지에서 회합하면, 어찌 매우 아름답지 않겠는가, 〈그러니〉 또 어찌 刑冲이 수고롭게 하겠는가? 가령 甲木이 辰月에 生 하였는데, 戊土가 투출하면 어찌 편재가 아니겠는가, 申子와 회합하면 어찌 인수가 아니겠는가? 만약 戊土가 투출하지 않고 곧 辰戌이 서로 冲 한다면, 재격은 오히려 그다지 맑지 않게 된다. 壬水가 투출하여 인성격이 되는 경우는 辰과 戌이 相冲 한다면, 장차 인성에 누를 끼칠 것이다.[47]

재관이 土에 속하는데 冲 하면 창고[庫]가 열린다는 것은, 예컨대 甲木이 戊土의 편재를 쓰는데 辰戌이 冲 하며, 壬水가 己土의 정관을 쓰는데 丑未가 冲 하는 유형이 이것이다. 그러나 결국은 戊己의 천간으로써 용신을 맑게 하고, 천간에 이미 투출하니, 설령 冲 하지 않아도 또한 격이 이루어진다. 재관이 水

---

45  沈孝瞻, 『子平眞詮』 「論用神成敗救應」: "用神專尋月令, 以四柱配之, 必有成敗, 何謂成, 如官逢財印, 又無刑衝破害, 官格成也."

46  서자평의 『명통부』에는 "관의 고와 재의 고는 冲하여 열면, 작위가 주어지고 녹이 성하지만, 막혀서 닫히면 재물이 빈궁하다"고 하여, 개고(開庫)에 대한 언급이 일부 나타나 있다.("官庫財庫, 衝開則榮封爵祿, 塞閉則貧乏資財.")

47  沈孝瞻, 『子平眞詮』 「論墓庫刑冲之說」: "辰戌丑未, 最喜刑冲, 財官入庫, 不冲不發, 此說雖俗書盛稱之, 然子平先生造命, 無是說也, 夫雜氣透干會支, 豈不甚美, 又何勞刑冲乎, 假如甲生辰月, 戊土透, 豈非偏財, 申子會豈非印綬, 若戊土不透, 即辰戌相冲, 財格猶不甚清也, 至於透壬爲印, 辰戌相冲, 將以累印, 謂之冲開印庫可乎."

가 되는 경우는 沖 하면 도리어 누가 된다.[48]

예컨대, 己土가 辰月에 生 하고 壬水가 투출하여 정재가 될 경우, 戌土가 沖 하면 겁재가 동하니, 무슨 유익함이 있겠는가? 丁火가 辰月에 生 하고 壬水가 투출하여 정관이 될 경우, 戌土가 沖 하면 정관을 손상하게 되니, 어찌 해로움이 없을 수 있겠는가? 그것을 沖을 만나서 壬水의 재고와 관고가 열린다고 말할 수 있겠는가?[49]

丁火가 辰月에 生 하고 壬水 정관이 천간에 투출하면, 창고 안의 壬水가 천간에 투출했다고[干頭] 생각하지 않고, 도리어 투출[干頭]된 壬이 辰을 만나 고로 들어갔다고 생각하여, 戌土로 辰土를 沖 하기를 구하고, 그 정관의 손상됨을 돌아보지 않는다. 다시 웃을 만한 일이 있으니, 일주가 사고(四庫)에 임하면, 身이 고에 앉아 통근했다고 생각하지 않고, 身이 고에 들어갔다고 생각하여, 沖으로 해소되기를 구한다. 여러 가지 잘못된 이론이 사람으로 하여금 귀를 가리게 하고 있다"[50]고 하여, 朋沖[四庫의 沖]은 격국을 삼을 때 오히려 재와 관이 손상되고, 朋沖이 일어나지 않아도 격을 삼을 수 있는 것에 대해 설명하고 있으며, 격국에서의 朋沖과 간명에서의 朋沖은 같은 의미가 아님으로 해석할 수 있다.

이러한 여러 연유를 거쳐, 격을 삼고 난 뒤 용신 운영의 중요성에 대해『명리약언』에 "용신이 파괴됨이 없으면 길하고 부조가 있으면 더욱 길하며, 용신이

---

48  沈孝瞻,『子平眞詮』「論墓庫刑沖之說」: "財官屬土, 沖則庫啟, 如甲用戊財而辰戌沖, 壬用己官而丑未沖之類是也, 然終以戊己干頭爲淸用, 干旣透, 卽不沖而亦得也, 至於財官爲水, 沖則反累."

49  沈孝瞻,『子平眞詮』「論墓庫刑沖之說」: "如己生辰月, 壬透爲財, 戌沖則劫動, 何益之有, 丁生辰月, 透壬爲官, 戌沖則傷官, 豈能無害, 其可謂之逢沖而壬水之財庫官庫開乎."

50  沈孝瞻,『子平眞詮』「論墓庫刑沖之說」: "如丁生辰月, 壬官透干, 不以爲庫內之壬, 干頭透出, 而反爲干頭之壬, 逢辰入庫, 求戌以沖土, 不顧其官之傷, 更有可笑者, …, 日臨四庫不以爲身坐庫根, 而以爲身主入庫, 求沖以解, 種種謬論, 令人掩耳."

손상됨이 있으면 흉하고 구원함이 없으면 더욱 흉하다. 명은 몸에 비유되고 용신은 몸의 정신에 비유되니, 정신이 넉넉하면 몸이 왕성하고 정신이 적으면 몸이 쇠약하며, 정신이 오래 보존되면 몸이 살고 정신이 허물어지면 몸이 죽는 것이니, 명을 본다는 것은 용신을 보는 것일 뿐이다"[51]고 하여, 격국과 용신을 정신과 육체가 하나이듯 그 원리가 같은 곳에 있음을 말하고 있으며, 격국용신의 중요성에 대해 설명하고 있다. 그리고 길격에 생부가 되면 더욱 귀하고, 흉격에 극제가 없으면 더욱 흉하니, 반드시 생부와 극제의 역할이 필요하다는 것을 말하고 있다.

다시 말해, 본체가 있는 뒤에 작용이 있는 것이니, 일주와 육신은 본체이고, 일주와 육신을 부조하거나 억제하는 것은 용신인데, 만일 일주나 육신이 혹 강하여 억제할 수 없거나, 혹 너무 쇠하여 부조할 수 없거나, 혹은 산만하여 차례가 없거나, 서로 다투어 안정되지 않았다면, 이것은 본체가 우선으로 이루어지지 않은 것이니, 용신의 작용이 되지 못한다. 그렇게 되면 하등의 명이 됨이 틀림없을 것이다[52]고 하여, 용신의 역할을 다시 한번 강조하고 있다.

상생과 상극의 원리로 순화하는 것이 부족할 경우 필요한 것이 억부용신이고 이어 계절에 따라 부조해 주는 것이 조후용신이다. 즉 눌러서 제압하거나 마땅히 도와주어야 할 것을 도와주는 오행을 억부용신이라 하고, 계절의 변화에 따라 한랭(寒冷)한 사주는 따뜻하게 해주고 고갈(枯渴)된 사주는 윤습(潤濕)하게 해주는 등을 조후용신이라 한다. 그리고 사주의 유통에 필요한 통관용신, 병이 되는 오행을 치료해주는 약용신, 사주 전체가 한두 개의 오행으로 된

---

51  陳素菴, 『命理約言』 「看用神法」: "用神無破爲吉, 有助則更吉, 用神有損爲凶, 無救則更凶, 命譬之身, 用神譬之身之精神, 精神厚則身旺, 精神薄則身衰, 精神長存則身生, 精神壞盡則身死, 看命者, 看用神而已矣."

52  陳素菴, 『命理約言』 「看用神法」: "抑更有說焉, 有體以後有用, 日主六神體也, 扶抑日主六神者, 用也, 苟日主六神, 或强不可制, 或衰不堪扶, 或散漫無倫, 或戰爭不定, 是則體先不成, 用於何有, 其爲下命決矣."

종격(從格)에서의 용신인 전왕용신 등으로 다양하게 사용된다. 이 같은 내용은 격국용신을 활용하면서 일부 논하기로 하자.

유정(有情)과 무정(無情)에 대해 정확하게 알 필요가 있다. 한마디로 정리하면, 유정은 격국용신이 올바르게 운영되는 순행 또는 역용의 여러 변화를 통틀어 유정하다고 표현하며, 무정은 격국용신이 올바르게 운영되기 위한 순용과 역용이 되지 않아 파격되는 여러 형태를 통틀어 무정하다고 표현한다.

이를 『자평진전』을 통해 들여다보자. "무엇을 유정이라고 하는가? 따름으로써 서로 이루는 것이 이것이다. 예컨대, 甲木이 辰月에 生 하고 癸水가 투출하여 인수격이 되는데, 또 子와 申이 회합하여 水局을 이루면, 인수격이 혼잡하지 않고 맑으니, 이것은 투간과 지지가 회합하여 유정한 것이 된다. 또 예컨대, 丙火가 辰月에 生 하고 癸水가 투출하여 정관격이 되는데, 다시 또 乙木을 만나서 인성격이 이루어지면, 정관과 인성이 상생하고, 인성이 또 辰土 속의 장간 〈정관인 癸水를 극제 하는, 혹은 향후 운에서 정관을 극제 할 수 있는 근기가 되는〉 戊土를 제거하여 정관을 맑게 할 수 있으니, 이것은 두 장간이 함께 투출한 것이, 合하여 유정한 것이다. 또 예컨대, 甲木이 丑月에 生 하고 辛金이 투출하여 정관격이 되는데, 혹 巳와 酉가 회합하여 金局을 이루고, 다시 또 己土 재성이 투출하여 정관을 生 하면, 이것을 두 장간이 함께 투출한 것과 지지가 회합하여 유정한 것이 된다."[53]

무엇을 무정이라고 하는가? 거슬러서 서로 배반하는 것이 이것이다. 예컨대, 壬水가 未月에 生 하고, 己土가 투출하여 정관격이 되는데, 지지에서 亥와 卯가 회합하여 상관의 局을 이루면, 이것은 투출한 정관과 지지가 회합하

---

53  陳素菴, 「命理約言」 「看用神法」: "抑更有說焉, 有體以後有用, 日主六神體也, 扶抑日主六神者, 用也, 苟日主六神, 或强不可制, 或衰不堪扶, 或散漫無倫, 或戰爭不定, 是則體先不成, 用於何有, 其爲下命決矣."

여 무정한 것이 된다. 또 예컨대, 甲木이 辰月에 生 하고, 戊土가 투출하여 편재격이 되는데, 또 혹 壬水나 癸水가 투출하여 인수격이 되는 경우, 〈정인〉 癸水가 투출하면 戊와 癸가 합을 이루어, 재와 인 둘 다 잃게 되고, 壬水가 투출하면 재와 인이 둘 다 손상하게 되고, 또 재를 탐함으로써 인성을 파괴한다. 이것은 두 장간이 함께 투출한 것이, 합하여 무정한 것이다. 또 예컨대, 甲木이 戌月에 生 하고 辛金이 투출하여 정관격이 되는데, 또 丁火가 투출하여 상관이 되고, 월지가 또 寅과 午가 회합하여 상관의 局을 이루면, 이것은 두 장간이 함께 투출한 것과 지지가 회합하여 무정한 것이다.[54]

결국, 길신격은 상부해야 하고 흉신격은 극제 되어야 유정하다는 원칙이 성립되고, 투간 된 격국이 유정하더라도 다시 흉신으로 인해 무정하게 됨을 잘 살펴야 한다. 그리고 격국용신이 유정하다 할지라도, 장간에서 잠재되어 무정하게 만드는 神이 향후 운에 의해 투출됨을 미리 유정한 神이 투출되어 방비한다면 이 격국용신은 최상이라 할 수 있다.


이처럼 격국용신이 온전하게 운용되는 유정한 것을 성격(成格)이라 하고, 온전하게 운용되지 못하여 무정한 것을 파격(破格)되었다고 표현한다. 성격 되기 위해 필요한 각각의 神에 대해 구체적으로 기술되어 있는『명리약언』과 『자평진전』과『자평진전평주』와『자평수언』등을 중심으로 정리하여 나가기로 한다.

---

54  沈孝瞻,『子平眞詮』「論雜氣如何取用」: "何謂有情, 順而相成者是也, 如甲生辰月, 透癸爲印, 而又會子會申以成局, 印綬之格, 淸而不雜, 是透干與會支, 合而有情也, 又如丙生辰月, 透癸爲官, 而又逢乙以爲印, 官與印相生, 而印又能去辰中暗土以淸官, 是兩干並透, 合而情也, 又如甲生戌月, 辛透爲官, 或巳酉會成金局, 而又透己財以生官, 是兩干並透與會支, 合而有情也."

# Ⅲ 식상격(食傷格)

식신격과 상관격은 사주 내에서, 내가 生 하는 것이 강한 세력을 가짐으로 인해 이루어진 격으로, 사주의 모든 부분을 식상이 주재하게 된다.

재성에 의해 化 하거나 설기가 심한 것을 인성으로 生 해주면, 그 성향이 식상을 활용한 재성과 인성이 활용된 식상의 성향으로 각각 나타나게 된다. 그리고 일간이 강함을 충족하게 되면 식상격의 성향이 그대로 나타나는 경향이 있다. 다만 식신격은 식신의 성향이 최대치에 이르게 되고, 상관격은 반드시 재성 또는 인성 등에 의해 성격 되어야, 각각 그 선한 기운들이 더욱 선하게 된다.

현대 사회에서는 식신격과 상관격의 그대로의 성향도 다른 격에 비해 우수하지만, 재성 또는 인성을 같이 활용하게 되면 그 성향이 더 다양화되고 높아지므로, 솔선수범으로 인해 윗사람에게는 인정을 받게 되고 아랫사람에게는 모범의 성향으로 존경받게 되며, 재성과 인성을 같이 활용하게 되면 최상의 양상으로 나타나게 된다.

이 중 식신격은 길신이고, 상관격은 흉신이다. 따라서 식신격은 생부 해야 하고, 상관격은 극제 하거나 化 해야 그 격이 이루어지고[成格], 각각 생부 해주고 극제 해주는 것이 상신, 즉 현대적 용신이 된다.

용신이 되는 경우는 여러 형태가 있지만, 식신격은 인성이나 재성이 생부 해주니 인성과 재성이 용신이 될 성향이 강하고, 상관격은 인성으로 상관을 눌러주고 재성으로 그 기운을 길성으로 변화시키니 역시 인성과 재성이 용신이 될 성향이 강해진다. 따라서 식신격과 상관격은 전혀 다른 성향이지만, 인성과 재성을 용신으로 함에 있어서는 그 성향이 비슷하게 나타나기도 한다.

『자평수언』에는 식상격에 대해 "식신과 상관은 하나의 동일한 격이니, 대체로 관살과 동일하다. 가벼운 것은 식신이고 무거운 것은 상관이니, 식신은 생조 해서 왕성해야 하고, 상관은 제재해서 눌러야 한다. 식신은 하나만 있어야 하니, 이중삼중으로 있다면 상관으로 논한다. 상관인데 하나만 있다면 그 쓰임은 또한 식신과 같다. 여섯 개의 격에서 식상을 동일하게 용신으로 하는 것은 이를테면 온통 비겁인데 하나의 식신이나 상관이 있다면, 바로 하나 있는 것을 용신으로 하니, 하나의 것을 하나의 용신으로 한 것이라고 명명하는 것은 친근한 것이다"[55]고 하여, 식신격과 상관격을 근본적인 성향을 동일시하면서, 각각 생부와 극제가 필요함과 식신과 상관이 각각 한 개씩 투출 하는 것이 바람직하나 식신이 이중삼중으로 있으면 상관격으로 논한다고 하였다. 그리고 일간이 강하면 식신이나 상관이 용신 됨이 선하게 되는 것에 대해서도 언급하고 있다.

---

55  徐樂吾, 「子平粹言」 「體性」: "食神傷官, 同爲一格, 大致與官煞同, 輕者爲食神, 重者爲傷官, 食神宜其生旺, 傷官宜其裁抑, 食神只宜單見其一, 若二三重見, 以傷官論, 傷官而僅見其一, 其用亦同食神, 六格之中, 惟食傷有單用者, 如滿槃比劫, 單見一食或傷官, 卽用此一神, 名一神一用, 最爲親切."

## 1. 식신격(食神格)

### 1) 식신의 기본 의미

『연해자평』에는 "식신은 음식을 잘 먹고, 신체는 풍후(豐厚)하고 노래 부르는 것을 좋아한다"[56] 하였고, "재물이 풍족하고 의식이 넉넉하며 복부가 관대할 뿐만 아니라 체구 또한 비대하고 유유자적한 생활을 한다. 자식 복도 있고 수명 또한 길다"[57]고 하여, 식신의 기본 성향이 기술되어 있다.

『삼명통회』에는 "'一'이 없으면 '二'가 없는 것처럼 생아자(生我者)와 아생자(我生者)가 있으니, 일간이 生 함은 자손이 있다는 뜻으로 식신이라 한다. 식신이란 벌레가 물건을 먹어서 상하게 하는 이치와 같다. 벌레가 먹이를 먹으면 포만감을 얻고 사람이 얻으면[먹으면] 물건을 더 얻어 이익이 되는데, 먹히는 것은 손해다. 자식을 완성시키고 조화를 이룸은 양육함을 의미한다. 즉 사람은 자식을 양육함이 부모의 도리를 다하는 것이다. 이에 식신이라 한다"[58] 하여, 역시 식신의 이로움과 기본 성향에 대해 나타내고 있다.

『명리약언』에 "양이 양으로부터 생육 되고 음이 음으로부터 육성되는 것이니, 비유하자면 자식이 어버이에 의지하여 생육 되는 것과 같고 어버이가 자식과 녹을 먹는 것과 같다. 甲이 丙과 巳를 만나는 것이며, 寅 중의 丙도 생육 된다. 乙이 丁과 午를 만나는 것이며, 未·戌 속에도 丁이 잠복해 있다. 기세가 있으면 재관을 감하지 않고 격을 이루면 수복을 겸할 수 있으며, 〈식신이〉 살성과 서로 만나면 도적의 불꽃을 갑자기 쇠퇴시키고, 일주가 손상당하면 어머니의 원수를 갚을 수 있다"[59]고 하여, 암장되어 있는 식신도 같이 구별해야 함

---

56  徐大升, 『淵海子平』 「論食神」: "食神善能飲食, 體厚而喜謳歌."

57  徐大升, 『淵海子平』 「論食神」: "主人財厚食豐, 腹量寬洪, 肌體肥大, 優遊自足, 有子息, 有壽考."

58  萬民英, 『三命通會』 「論食神」: "其理通一無二, 故曰印綬, 我生者有子孫之義, 故立名食子致養父母之道也, 故曰神."

과 칠살의 칠살 역할에 대해 구체적으로 잘 설명하고 있다.

식신의 심리적 특성은, "내가 도와주면서 배척하면서[아생차아척(我生且我斥)] 표현을 하지만, 자신을 염두에 두지 않으며, 참여하지만 서열에 신경 쓰지 않으며, 연출은 하지만 잘난 체하지 않는다. 주면서도 주는 것을 염두에 두지 않으며, 자애롭고 집착함이 없이 최선을 다한다. 이용하겠다는 계략 없이 인류와 작은 동물을 돌보는 마음 상태와 늘 유유자적할 수 있는 심리와 물질과 자아 둘 다를 잊을 수 있는 심리상태를 말한다. 식신은 칠살을 剋 하기 때문에 독재와 냉혹함을 싫어하고 강박관념을 가지고 어떤 일을 추진하는 것도 싫어한다. 의식의 흐름이 넓으며 언어능력이 유창하고, 감상능력과 예술 표현능력이 있다. 또한, 일간이 육체적 자아가 될 때의 식신의 함의는 육체적 자아가 生을 하지만 生 함을 받은 것과 육체적 자아와는 친밀하지 않다."[60]

식신격이 성격 되면 기본 성향은 다음과 같다.

언어능력과 문예에 능하고 의식주가 풍부하며, 예의범절이 있고 명랑하며, 대체로 유순하고 순수하며, 관대하고, 대인관계가 원만하며, 속이 깊어 마음을 다른 사람에게 쉽게 노출하지 않고, 논리적으로 표현하고 일관된 행동을 보이며, 식도락을 즐기고, 수명과 관계가 있으며, 매사에 차분하고 침착하며, 안정적이고 보수적이며, 긍정적이고 미래지향적인 특징이 나타난다.

식신격이 인성을 用하면 식신을 기본으로 한 인성의 성향이 같이 나타나고, 재성으로 用하면 식신을 기본으로 한 재성의 성향이 돋보이게 나타난다.

---

59  陳素庵,『命理約言』「食神賦」: "陽自陽生, 陰從陰育, 譬人子賴親以生, 猶人親食子之祿, 甲逢丙巳兮, 寅位丙生, 乙逢丁兮, 未戌丁伏, 有氣兮, 不減財官, 成格兮, 可見壽福, 殺星相遇, 寇焰頓衰, 日主受傷, 母仇能復."

60  何建忠,『八字心理推命學』「十星的含義」: "食神的含義即爲, 我生且我斥, 表現但不在乎自己的表現,參于, 但不計名次, 表演但沒有出風頭的意味, 付予但不計較自己的付予, 有愛心, 有無執戀的投注力, 能無心機的關懷人類, 小動物, 常能, 悠然見南山, 物我兩忘, 因爲食神可以剋七殺, 而七殺爲暴躁, 專制, 意志, 嚴苛, 故而食神亦可爲不喜獨裁, 不喜嚴苛, 悠遊自然, 不喜自己强迫作某事. 食神也有廣大意識流動, 也有很好的語文流暢力, 更有很好的欣賞性及藝術表達性, …, 肉體我所生及所生的與我關係並不密切."

식신격이 制煞하면, 식신을 기본으로 하지만 관성의 성향이 같이 나고, 편인을 用하면 식신의 성향과 예술적 성향이 뛰어나게 된다.

식신격이 겨울에 관살을 用하면, 식신의 성향과 관성의 성향이 같이 나타나 높은 관직에 오르는 수가 많다.

식신격이 성격 되었다 하더라도, 일간이 쇠약하면 그 기능이 일부 저하되며, 대범하지 못하여 때를 놓치는 수도 있으며, 때로는 우유부단할 때도 있다.

그러나 무엇보다 식신이 중하거나 범하게 되거나 파격이 되어 일간에 문제가 생기면, 부지런하지만 절제하지 못하고, 괴팍해지며, 나서기를 좋아하고, 멋 부리기가 심하며, 용두사미가 되며, 허풍이 심하며, 행동보다 말이 앞서고, 자기 고집을 지극히 내세우며, 감정 기복이 심하고, 부모의 부재 등으로 인해 의식주가 부족하고 유년에는 젖이 부족하고 거짓말을 잘하며, 여자는 화류계에 종사할 수 있다.

효신에 의해 탈식(奪食) 되면 부정적인 성향이 나타남이 『연해자평』에 기술되어 있다. "어떤 일을 함에 있어 나아가고 물러남에 후회하고, 게을러서 시작은 있고 끝은 없다. 재의 근원은 여러 번 성공하고 여러 번 패하며, 용도도 기울어졌고 신체도 왜소하다. 담력은 겁쟁이고 마음만 다급해서 무릇 일의 성공이 없다"[61] 하여, 탈식 되면 부정적임을 알 수 있다.

木火 식신격은 명랑하고 인물이 좋다.

火土 식신격은 정직하고 착한 편이다.

土金 식신격은 의리가 있고, 재주가 많다.

金水 식신격은 학문이 우수하며, 두뇌 회전이 빠르고, 재주가 있다.

---

61 何建忠, 『八字心理推命學』 「十星的含義」: "食神的含義卽爲, 我生且我斥, 表現但不在乎自己的表現,參于, 但不計名次, 表演但沒有出風頭的意味, 付予但不計較自己的付予, 有愛心, 有無執戀的投注力, 能無心機的關懷人類, 小動物, 常能, 悠然見南山, 物我兩忘, 因爲食神可以剋七殺, 而七殺爲暴躁, 專制, 意志, 嚴苛, 故而食神亦可爲不喜獨裁, 不喜嚴苛, 悠遊自然, 不喜自己强迫作某事. 食神也有廣大意識流動, 也有很好的語文流暢力, 更有很好的欣賞性及藝術表達性, …, 肉體我所生及所生的與我關係並不密切."

水木 식신격은 대나무처럼 성질이 곧고 정직하다.

### 2) 식신의 육친 의미

남자에게 식신의 육친은 손자, 장모, 사위, 증조부가 되고, 여자에게는 자식, 증조부가 된다.

식신격이 성격 되면 해당하는 육친과의 관계에도 큰 영향을 받을 수 있으나, 파격 또는 刑沖破害를 접하게 되면 해당하는 육친의 나쁜 영향이 나타나기도 하고 부정적으로 작용하는 수가 많다.

현대적 의미에서는 제자와 부하 등을 의미하기도 한다.

### 3) 식신격의 성패(成敗)

| 時柱 | 日柱 | 月柱 | 年柱 | 乾命 |
|---|---|---|---|---|
| **辛** | **丁** | **己** | **己** | |
| **丑** | **未** | **巳** | **未** | |
| 癸<br>辛<br>己 | 丁<br>乙<br>己 | 戊<br>庚<br>丙 | 丁<br>乙<br>己 | |

위 명조는 丁火 일간이, 식신 己土가 月과 年에 상관을 변격하여 투출하였고, 식신이 월령과 모든 柱에 통근하여 강하게 되었다.

辛金 편재도 월령을 얻고 時에 통근하니 모든 겸격이 길신이 되어 안정되어 있다.

식신의 강함과 편재로 인해 일간의 설기가 심하여 쇠약함이 근심이 되나, 일간이 왕상휴수사 중 왕지(旺支)에 生 하였으며 局을 이루어 통근하니 신강하다.

食神生財가 일간의 녹왕으로 설기로 인한 근심이 없으며, 흉성 상관도 선하여졌다.

따라서 겸격인 식신격과 정재격이 化 하게 되니 食神生財로 손색이 없고, 록을 用하여 성격 되었다.

향후 운에서 칠살 癸水가 時에 의해 투출 되더라도, 월령의 힘을 얻어 이미 성격된 己土가 食神制煞하니 두려움이 없게 되어 더욱 선하게 된다.

송대 『연해자평』에는 "丁 일간이 己土가 식신이 되는데, 丑과 巳가 합하여 金局이 되고 재성으로 변했으며, 또한 身이 약하지 않음을 기뻐한다. 관이 있으면 역시 수명이 길다"[62]고 하였다.

명대 『삼명통회』에는 식신격에 대해, "식신이 왕성하면 칠살은 식신에게 제어를 당하여 감히 재앙을 일으키지 못한다. 재는 식신의 生을 받아야 넉넉하게 채워지게 되니 마르지 않게 된다. 식신은 수성(壽星)이 되고, 또 벼슬의 별이라는 좋은 이름도 있다. 이 격은 일주와 식신이 함께 생왕 하여야 하고 沖破가 없어야 한다. 〈식신격이 성격 되면〉 주인은 재물이 두텁고 식량이 풍부하고, 복이 많고, 체격이 비대하고, 유유자적하고, 자식이 있고, 수명이 길다. 사주에서 재와 식신이 月에 그 상이 있으면 조부의 사업이 풍성하고, 日이나 時에 있으면 처복이 있다"[63]고 하였다. 길신격인 식신격에 대한 극찬과 함께 일간이 두려워하는 칠살의 칠살인 식신이 왕성해야 함을 다시 한번 강조하고 있다.

청대 『명리약언』에는 "구서(舊書)에 식신은 다만 일위(一位)만 필요하다고 했는데 이것은 매우 옳지 않으니, 가령 甲日이 丙을 만나고 다시 또 巳를 만나거

---

62  徐大升, 『淵海子平』 「論食神」: "女己未己巳丁未辛丑, 丁見己爲食神, 有一丑巳合金局得之爲財, 又喜身不弱, 所以有官亦有壽也."

63  萬民英, 『三命通會』 「論食神」: "食神旺相, 殺被食制, 不敢爲禍, 財被食生, 充裕不竭, 故食神一名壽星, 一名爵星, 良有以也, 此格要日主食神俱生旺, 無衝破, 主人財厚食豊, 福量寬弘, 肥體肥大, 優遊自足, 有子息, 有壽考, 四柱見財食在歲月上, 祖父蔭業豊隆, 在日時, 妻男獲福."

나, 乙日이 丁을 만나고 다시 또 午를 만나면 더욱 아름답게 되는데, 가령 甲日이 혹 두 개의 丙을 만나거나 두 개의 巳를 만나며, 乙日이 혹 두 개의 丁을 만나거나 두 개의 午를 만나더라도 무슨 장애가 있겠는가? 염려할 것은 일주가 쇠약하여 그것을 감당할 수 없는 것일 뿐이므로, 먼저 일주의 강약을 보는 것이 중요하니, 일주와 식신이 모두 왕하면 귀격이 될 수 있다"**64**고 하여, 일간이 신왕하고 식신 또한 통근하면 귀격이 됨을 말하고 있다.

또, "자식이 있어도 없는 것과 같은 것은 공망에 앉아 있기 때문이며, 자식이 다시 또 자식을 낳으면 비로소 아름다운 局을 이루게 된다"**65**고 하여, 식신이 공망이 되어 자식이 없다 하더라도 자식의 자식인 재성을 生 하게 되면 미국(美局)을 이룬다고 함으로 재의 소중함을 말하고 있다.

청대『자평진전』에는 "식신은 본래 설기에 속하지만, 정재를 生 할 수 있기에 그것을 좋아하는 것이다. 그러므로 食神生財는 좋은 격이다. 재성은 뿌리가 있어야 하고, 편재와 정재가 중첩하여 나올 필요는 없다. 예컨대 身이 강하고 식신이 왕성한데 재성이 투출하면 크게 귀한 격이다"**66**고 하여, 식신격에 재성이 강하게 되면 더욱 중함을 말하고 있으며, 정편재 혼잡은 반기지 않음도 말하고 있다.

그러면서 다음 명조들로 부연하고 있다.

64  陳素庵,『命理約言』「看食神法」: "舊云只要一位, 此甚不然, 假令甲日得丙, 而又見巳, 乙日得丁, 而又見午, 斯爲更美, 卽甲日或遇兩丙, 或遇兩巳, 乙日或遇兩丁, 或遇兩午, 亦有何礙, 所慮者, 日主衰弱, 不能任之耳, 故先看日主强弱爲要, 身食兩旺, 可爲貴格."

65  陳素庵,『命理約言』「食神賦」: "子如無子, 緣坐空鄕. 兒又生兒, 方成美局."

66  沈孝瞻,『子平眞詮』「論食神」: "食神, 本屬洩氣, 以其能生正財, 所以喜之, 故食神生財, 美格也, 財要有根, 不必偏正疊出, 如身强食旺而財透, 大貴之格."

| 時柱 | 日柱 | 月柱 | 年柱 | 乾命 |
|:---:|:---:|:---:|:---:|:---:|
| 癸 | 癸 | 癸 | 丁 | |
| 丑 | 亥 | 卯 | 未 | |
| 癸<br>辛<br>己 | 甲<br>壬 | 甲<br>乙 | 丁<br>乙<br>己 | |

위 명조는 癸水 일간이, 亥卯未 三合 木局이 되어 식신이 강한 양승상의 명이다.

식신의 강함으로 인해 설기가 심하니 일간의 강왕을 요한다. 일간이 마침 自坐하고 時에 통근하였으며, 月과 時에 비견까지 양투하니 강한 식신의 설기를 감당할 수 있다.

丁火 편재도 年에 통근하고 三合이 生財하니 식신과 재성이 다 안정되어 있다.

따라서 癸水 일간이 三合 식신격의 설기를 감당할 수 있고, 재성이 투출하여 用하니 食神用財格으로 성격 되었으며, 식신격이 순행하여 재성을 用하여 化하니 食神生財로 더할 나위 없이 선하게 되었다.

향후 운에서 칠살 己土가 오면 식신이 투출되지 않아 선하지 않음이 도래하게 되고, 정관 戊土가 오면 비견과 合去 하니 신약 하게 되어 역시 선하지 않음이 도래한다.

그리고 겁재 壬水가 오면 재성과 合去 하여 분탈[群劫爭財]을 조심해야 하고, 무엇보다 파격이 되어 역시 선함이 없어지게 된다.

| 時柱 | 日柱 | 月柱 | 年柱 | 乾 |
|:---:|:---:|:---:|:---:|:---:|
| **庚** | **戊** | **壬** | **己** | **命** |
| **申** | **子** | **申** | **未** | |
| 戊<br>壬<br>庚 | <br>癸 | 己戊<br>壬<br>庚 | 丁<br>乙<br>己 | |

위 명조는 戊土 일간이, 時에 庚金이 월령의 본기를 득하고 自坐하여 투출하니 강한 식신격이 된 사각로의 명이다.

그리고 재성 壬水가 월령을 얻고 局의 근기를 가져 재성이 강하니, 식신격과 편재격 겸격이다.

일간은 녹근하고 年과 時에 통근하였으며, 年에 월겁변격(月劫變格) 하였다.

식신격과 편재격은 食神生財로 서로 생부하니 食神用財格으로 성격 하였다.

그러나 향후 운에서 丁火가 오면 재성 壬水와 合去하여 파격되니 선함이 없어지게 된다.

| 時柱 | 日柱 | 月柱 | 年柱 | 乾 |
|:---:|:---:|:---:|:---:|:---:|
| **癸** | **戊** | **庚** | **戊** | **命** |
| **亥** | **寅** | **申** | **戌** | |
| 甲<br>壬 | 戊<br>丙<br>甲 | 己戊<br>壬<br>庚 | 辛<br>丁<br>戊 | |

위 명조는 戊土 일간이, 월령 본기인 庚金이 투출하고, 年에 통근하여 강한

식신격이다.

재성 癸水도 월령을 얻어 時에 투출하여 自坐하니 변격된 강한 정재 겸격이다.

식신격을 기본 성향으로 정재격과 서로 길신으로 생부하여 食神生財되니 食神用財格으로 성격 하였다.

일간이 月과 日과 年에 통근하였으나 食神生財의 설기가 심해 쇠약하게 되니, 年에 戊土 비견이 큰 도움이 되고 있다.

月에 문창이 식신과 동주(同柱)하고, 日에도 장생이 있음으로 인해 부친의 영향으로, 공부[음악]에 더욱 매진하여 재성이 취득되니 크게 부하게 된다. 비견 戊土 형제들도 대다수 음악으로 성공한다.

여기에서 月과 日은 각각 年과 時에서 合 해주므로 명조는 沖이 일어나지 않지만, 해당하는 육친과 궁은 타격이 있는 것으로 간명한다.

식신은 곧 움직임과 같다. 비견 戊土가 신왕의 도움은 되나, 年에서 도와주니 내가 움직여야 하는 번거로움은 감수해야 하고, 식신을 본인이 움직여 時에 재성을 나의 것으로 만들게 된다.

乙丑 대운에 비견을 剋 하고 식신이 合去 하니 위태롭고, 丑戌이 刑破되면서 기존 寅申의 합이 풀려 沖 하게 되니 모든 지지가 刑沖破害되었다. 결국, 식신을 沖破하는 이 운을 잘 견디지 못하고 死한 명조이다.

| 時柱 | 日柱 | 月柱 | 年柱 | 乾命 |
|------|------|------|------|------|
| **壬** | **戊** | **戊** | **庚** | |
| **戌** | **申** | **寅** | **戌** | |
| 辛<br>丁<br>戊 | 戊<br>壬<br>庚 | 戊<br>丙<br>甲 | 辛<br>丁<br>戊 | |

위 명조는 戊土 일간이, 장생지를 얻었고 年과 日과 時에도 통근하고 월겁변격이 되니 강왕의 근기가 된다.

年에 庚金은 年과 日과 時에 통근하고, 時에 壬水는 日에 통근하여 역시 근기가 있으므로, 식신과 편재가 왕하다.

일간이 강왕하고, 식신과 편재가 생부하여 食神生財하니 명조가 선하게 되었다.

月에 戊土가 年에 식신을 대변하여 움직여 주고, 時에 재성을 생부 해줌으로 인해 큰 도움이 되고 있다.

장생과 문창을 고루 가지고 있어 어렸을 때부터 공부에 두각을 나타냈고, 年에 식신이 선하니 선대의 영향이 컸다고 본다.

여기에서도 寅申은 先合後沖으로 인해 당장은 沖이 일어나지 않지만, 해당하는 육친과 궁은 타격이 있어 자식의 근심이 있다.

丙戌 대운에 월령과 戌에 통근한 丙火가 식신 庚金과 재성 壬水를 위태롭게 하니 파격되었고, 戌이 寅申의 합을 沖으로 변화시켜 더욱 위험한데, 丙寅年에 재차 丙火가 와 식신 수명과 寅이 寅申의 沖을 더 위태롭게 해 결국 死하게 되었다.

| 時柱 | 日柱 | 月柱 | 年柱 | 乾命 |
|------|------|------|------|------|
| 癸 | 乙 | 乙 | 丁 | |
| 未 | 未 | 巳 | 丑 | |
| 丁<br>乙<br>己 | 丁<br>乙<br>己 | 戊<br>庚<br>丙 | 癸<br>辛<br>己 | |

위 명조는 乙木이, 식신 丁火가 월령을 얻은 상관 대신 투출된 식신격이고, 局을 이루고 있다.

時에 癸水는 여름에 약하나 다행히 年에 통근하였다.

일간은 日과 時에 통근하고 月에 비견이 투출되었고, 癸水 인성의 도움이 있어 신왕함의 근기를 가지게 된다.

무엇보다, 투출된 식신격과 인성이 서로 구별되어 있어 효신이 탈식하지[偏印倒食] 않으며, 여름의 木이 水를 用하여 조후용신이 되니[夏木用印] 食神用印格으로 성격 되었다.

丙火 상관이 丁火 식신격으로 투출 되었으므로, 일부 상관의 성향이 나타남을 재성으로 설기시키고 인성으로 생부 해주면 더욱 길하고 선하게 됨은 일부 아쉽다.

1937년생으로, 영화배우로 데뷔하였다가 16대 국회의원을 했으며, 丙申(81) 대운 戊戌年(2018) 82세에 용신이 合去 되고 火氣가 충만하니 폐암으로 사망하였다.


『자평진전』에 "인수가 와서 탈식하는데, 재성이 투출하여 해소시키면 또한 부귀함이 있으니 반드시 그 전체 局의 형세에 따라서 판단해야 한다"[67]고 기술하고 있다.

『명리약언』에 "대체로 식신은 귀함을 취하지만 반드시 재성이 근원에 통하는 지를 보아야 하며, 식신격이 손상당함에 이르러서는 모두 효신의 방자한 독(毒) 때문이다"[68]고 하여, 탈식의 흉을 꼬집어 말하고 있다.

또, "식신이 있어도 재를 만나지 않으면 먼지 국물이나 흙으로 만든 밥과 무엇이 다르겠는가? 식신을 쓸 때 갑자기 효신을 만나게 되면 바로 팔을 비틀고 목을 누른 것과 같다"[69] 하여, 식신격에 있어 효신의 칠살이 있어야 함을 다시 한번 알 수 있고, 효신으로 인한 탈식을 팔을 비틀고 숨통을 조이는 것과 같다고 극단적으로 표현하고 있다.

| 時柱 | 日柱 | 月柱 | 年柱 | 乾命 |
|---|---|---|---|---|
| 壬 | 丙 | 戊 | 甲 | |
| 戌 | 辰 | 辰 | 子 | |
| 辛<br>丁<br>戊 | 乙<br>癸<br>戊 | 乙<br>癸<br>戊 | 癸 | |

위 명조는 丙火 일간이, 月에 식신 戊土가 월령을 얻고 日과 時에 통근하여 강한 식신격이다.

時에 壬水는 월령을 얻었고, 局을 이루니 변격된 칠살 겸격이다. 여기에서 辰戌은 日과 時支의 합으로 인해 沖은 발생하지 않지만, 해당하는 육친과 궁에는 문제가 발생한다.

---

67 沈孝瞻,『子平眞詮』「論食神」: "更有印來奪食, 透財以解, 亦有富貴, 須就其全局之勢而斷之."

68 陳素庵,『命理約言』「食神賦」: "蓋食神取貴, 須觀財氣通源, 若食格遭戕, 全爲梟神肆毒."

69 陳素庵,『命理約言』「食神賦」: "有食不見財來, 何異塵羹土飯, 用食忽逢梟至, 正如振臂扼喉."

年에 甲木은 역시 월령을 얻고 日에 통근하여 변격된 인성 겸격 또한 강하다.

일간은 時에 통근하였으나, 투출된 다른 오행에 비해서 쇠약하다.

식신격은 길신이고, 겸격된 칠살격은 흉신이나 食神制煞되었다. 문제는 인성격은 본래 길신으로 탈식하지 않아야 하나, 본 명조에서는 식신격이 효신으로 탈식되니 파격되었다.

合去 해줄 己土도 없으니 결국 탈식으로 인해 유년 시절부터 부모의 부재로 인해 많은 고생을 하였고, 청년 시절이 넘어선 40대에 접어들어서는 財剋印으로 효신의 칠살이 등극하여 겨우 안정을 취해 사는 명조이다.

| 時柱 | 日柱 | 月柱 | 年柱 | 乾命 |
|---|---|---|---|---|
| 乙 | 甲 | 丙 | 壬 | |
| 亥 | 午 | 午 | 午 | |
| 甲壬 | 己丁 | 丙己丁 | 己丁 | |

위 명조는 甲木 일간이, 丙火가 월령을 얻고 局을 이루어 통근하니 상관 대신 투출된 강한 식신격으로 성격 하지 못하면 더욱 선하지 못하게 된다.

일간은 時에 통근하였으나, 식신의 설기가 너무 심해 인성으로 用하여야 한다.

年에 인성 壬水는 時에 통근하였으나 너무 강한 火氣에 둘러싸여 있고 관살이 생부 해주지 못하니, 水가 증발(蒸發)되어 甲木에게 도움을 주지 못하고 있다.

時에 乙木은 亥水 위에서 강한 火氣를 견디고 甲木에게 기대어 살 수 있으나, 甲木은 時에 패재(敗財)[70]가 등극하여 일간의 목을 조이고 있고, 상관이 선하지 못하게 되니, 결국 안타깝게 단명하게 된다.

| 時柱 | 日柱 | 月柱 | 年柱 | 乾命 |
|------|------|------|------|------|
| 丁 | 乙 | 甲 | 辛 | |
| 亥 | 巳 | 午 | 巳 | |
| 甲<br>壬 | 戊<br>庚<br>丙 | 丙<br>己<br>丁 | 戊<br>庚<br>丙 | |

위 명조는 乙木 일간이, 時에 식신 丁火가 월령을 얻고 火局을 이루니 先合後沖 된 식신격이다.

木 일간이 여름에 水를 用해야 하는데, 水는 時에 亥水 밖에 없다.

그러나 木 일간 중 甲木과 乙木은 조금 다른 형태로 볼 필요가 있다. 甲木은 午月이 死支가 되지만, 乙木은 長生支가 되기 때문에 앞 명조와는 비교가 된다.

年에 辛金은 年과 日에 통근하여 칠살이 되었으나, 겁재 甲木이 있어 설기되었고, 食神制煞하고 合去하니 食神用煞格으로 성격 되었다.

해군사관학교를 졸업 후 임관하여 장교로 있다가, 제대한 후에는 당시 배 선장을 하고 있었다.

여름의 木이 水를 조후하여 用하는 것에 대해, 『자평진전』에는 "여름의 火가 매우 뜨거워서 木이 타게 되면, 인성이 투출해도 장애가 되지 않는다"[71]고 하면

---

70   "甲이 乙을 보면 패재이고, 乙이 甲을 보면 겁재이다." 나머지는 이와 같다.(徐升 編著, 『淵海子平評註』, 武陵出版有限公司, 2004, 115쪽 참조.)

71   沈孝瞻, 『子平眞詮』 「論食神」: "夏木太炎而木集, 透印不礙."

서 아래 전참정의 명을 예를 들어 설명하였다.

| 時柱 | 日柱 | 月柱 | 年柱 | 乾命 |
|------|------|------|------|------|
| 丙 | 甲 | 癸 | 丙 | |
| 寅 | 子 | 巳 | 午 | |
| 戊<br>丙<br>甲 | 癸 | 戊<br>庚<br>丙 | 己<br>丁 | |

위 명조는 식신격에 인성인 水를 조후하여 용신으로 삼는 경우이다.

巳月의 월령을 얻어 양투(兩透)된 丙火가 時와 年에 局을 이룬 식신격이다. 본래 식신격은 인성과 구별되어 있어야 하나, 木火食神格은 水를 用하여 화다목분(火多木焚)을 반드시 막아야 한다.

인성 癸水는 日에 통근하여 근기를 가지고, 用할 수 있으니 食神用印格으로 성격 되었다.

여기에서 『삼명통회』에서 나타난 용어들에 대해 잠시 정리하고 가보자. "金은 土가 生 하는데 土가 많으면 金이 매몰된다[토다금매(土多金埋)]. 土는 金이 生 하는데 火가 많으면 土가 그을려 지친다[화다토초(火多土焦)]. 火는 木이 生 하는데 木이 많으면 火는 불길이 세다[목다화치(木多火熾)]. 木은 水가 生 하는데 水가 많으면 木이 표류한다[수다목표(水多木漂)]. 水는 金이 生 하는데 金이 많으면 水가 탁해진다[금다수탁(金多水濁)]. 金은 水를 生 하는데 水가 많으면 金이 가라앉는다[수다금침(水多金沈)]. 水는 木을 生 하는데 木이 성하면 水는 수축한다[목성수축(木盛水縮)]. 木은 火를 生 하는데 火가 많으면 木은 타 없어진다[화다목분(火多木焚)]. 火는 土를 生 하는데 土가 많으면 火는 꺼지게 된다

[토다화회(土多火晦)]. 土는 金을 生 하는데 金이 많으면 土는 수축해진다[금다토변(金多土變)]. 金은 木을 剋 하는데 木이 단단하면 金이 이지러진다[목견금결(木堅金缺)]. 木은 土를 剋 하는데 土가 중하면 木이 꺾어진다[토중목절(土重木折)]. 土는 水를 剋 하는데 水가 많으면 土는 흘러 내린다[수다토류(水多土流)]. 水는 火를 剋 하는데 火가 불타오르면 水가 더워진다[화다수열(火多水熱)]. 火는 金을 剋 하는데 金이 많으면 火는 꺼진다[[금다화식(金多火熄)]. 金이 쇠약한데 火를 만나면 반드시 쇳덩이가 녹는다. 火가 약한데 水를 만나면 반드시 꺼져 없어진다. 水가 약한데 土를 만나면 반드시 진흙에 막힌다. 土가 쇠약한데 木을 만나면 반드시 함락된다. 木이 약한데 金을 만나면 반드시 베어져 꺾인다. 강한 金이 水를 얻으면 날카로움이 완화된다. 강한 水가 木을 얻으면 그 기세가 설기된다. 강한 木이 火를 얻으면 완화된다. 강한 火가 土를 얻으면 불꽃이 그치게 된다. 강한 土가 金을 얻으면 그 해(害)가 제어된다"[72]고 하였다.

조후에 대해 『자평수언』에 "조후로 인성을 용신으로 하는 경우가 있다. 이를테면 木이 여름에 나와 木火가 진상관격이라면 반드시 水로 용신을 해야 하니, 이것은 조후로 인성을 용신으로 한 것이다"[73]고 하여, 여름의 木은 반드시 水를 用하여 조후 해야 함을 기술하고 있다.

여기에서 『자평수언』에 기술되어 있는 식상격이 인성을 용신으로[食傷佩印]하는 두 가지 종류를 정리하면 다음과 같다. 먼저 설명한 조후로 인성을 삼았던 木에 여름에 나와 진상관격이라면 반드시 水로 用해야 되는 경우와 병(病)

---

72  萬民英, 『三命通會』「元理賦」: "金賴土生, 土多金埋, 土賴火生, 火多土焦, 火賴木生, 木多火熾, 木賴水生, 水多木漂, 水賴金生, 金多水濁, 金能生水, 水多金沈, 水能生木, 木盛水縮, 木能生火, 火多木焚, 火能生土, 土多火晦, 土能生金, 金多土變, 金能剋木, 木堅金缺, 木能剋土, 土重木折, 土能剋水, 水多土流, 水能剋火, 火炎水熱, 火能剋金, 金多火熄, 金衰遇火, 必見銷鎔, 火弱遇水, 必爲熄滅, 水弱逢土, 必爲淤塞, 土衰遇木, 必遭傾陷, 木弱逢金, 必爲砍折, …, 强金得水, 方挫其鋒, 强水得木, 方泄其勢, 强木得火, 方化其頑, 强火得土, 方止其焰, 强土得金, 方制其害."

73  徐樂吾, 『子平粹言』「體性」: "調候用印, 如木生于夏, 木火眞傷官, 必順用水, 此以調候用印也."

이 든 오행을 약(藥)으로 치료하는[病藥佩印] 병약용신의 경우가 있다.

"이를테면 水가 봄에 나와 왕성한 木이 기운이 누설한다면 金을 용신으로 해야 하고, 土가 가을에 나와 왕성한 金이 기운을 누설한다면 반드시 火를 용신으로 해야 하니, 이것은 인성이 있는 것[佩印]을 구원을 삼는 것이다."[74]

| 時柱 | 日柱 | 月柱 | 年柱 | 乾命 |
|---|---|---|---|---|
| 壬 | 甲 | 丙 | 壬 | |
| 申 | 午 | 午 | 申 | |
| 戊<br>壬<br>庚 | 己<br>丁 | 丙<br>己<br>丁 | 戊<br>壬<br>庚 | |

위 명조는 甲木이, 午月과 午日에 丙火가 투출되어 식신 변격이다.

인수 壬水도 時와 年에 통근하니 충분히 水를 用하여 성격 할 수 있다. 木이 여름에 火氣가 강한데 水를 用하는 또 다른 예가 된다.

木火食神格은 水를 用하여 성격이 되는데, 일간이 다소 약하면 더욱 귀하다고 하였다. 일간이 쇠해야 인성을 用하여도 무리가 없기 때문이다. 『자평진전』에 위 명조 나평장을 설명하면서, "상관격이 인성을 차고 있는 것은[傷官佩印], 인성이 상관을 제복 할 수 있어서, 귀가 되는 까닭이니, 도리어 상관이 왕성하고 일간이 벼 줄기처럼 약해야만 비로소 빼어난 기가 된다. 상관이 왕성하고 인성의 뿌리가 깊고 일간은 또한 약하며, 또 이것은 여름의 木이 수분을 만나서 그 빼어남이 백배이니, 일품의 귀가 되는 까닭이다. 그러나 인성이 왕성하고 뿌리가 깊으면 많이 나타날 필요가 없고, 편인과 정인이 중첩하여 나오면

---

74   徐樂吾, 『子平粹言』 「體性」: "如水生于春, 旺木洩氣, 必順用金, 土生于秋, 旺金洩氣, 必順用火, 此以佩印爲求也."

도리어 빼어나지 않게 된다. 그러므로 상관이 경하고 일간이 중한데 인성이 많이 보이면 빈궁한 격이 된다"[75]고 하여, 여름에 木은 식상이 강할 때 일간이 벼의 줄기처럼 약함이 더 수려하다고 하였고, 정편인이 혼잡되거나 인성이 너무 강하면 수려해지지 않음을 나타내고 있다. 또한, 식상보다 인성이 더 강하게 되면 수려하지 않고 오히려 빈 명이 됨을 말하고 있다.

| 時柱 | 日柱 | 月柱 | 年柱 | 坤命 |
|---|---|---|---|---|
| **庚** | **戊** | **丁** | **己** | |
| **申** | **申** | **卯** | **酉** | |
| 戊<br>壬<br>庚 | 戊<br>壬<br>庚 | 甲<br><br>乙 | <br><br>辛 | |

위 명조는 식신 庚金이 局을 이루어 통근하니 식신이 왕하다.

그에 비해 일간 戊土는 왕상휴수사 중 사절에 태어났고 日과 時에 囚가 되어 통근하니 상대적으로 쇠약하다.

이때 인성을 用해야 성격 된다. 그런데 月에 인성 丁火는 통근하지 못하고, "잉태함으로 생장하여 장성한 丙火도 아니고 온화하고 화합하며 따뜻하고 뜨겁지 않은 丁火이다"[76] 보니 약하며, 年에도 비견이 아닌 겁재가 투출되어 있어 성격에 제약을 받는다.

사람은 인성과 식신이 있어 차분하나, 20~30대 취직 후에도 계속 적응을

---

75  沈孝瞻, 『子平眞詮』 「論傷官」: "有傷官佩印者, 印能制傷, 所以爲貴, 反要傷官旺, 身稍弱, 始爲秀氣, 傷官旺, 印根深, 身又弱, 又是夏木逢潤, 其秀百倍, 所以一品之貴, 然印旺根深, 不必多見, 偏正疊出, 反爲不秀, 故傷輕身重而印綬多見, 貧窮之格也."

76  徐樂吾, 『子平粹言』 「何謂十干」: "丙火, 由旺極而衰老而死絶之火爲丁火, …, 丁者, 溫煖融和, 熱而不烈."

하지 못해 힘들어하고 업무 능력이 떨어져 여러 곳을 퇴사하기 바빴으며, 40
대에 결혼하려 했지만 乙木의 접근이 힘들고 相沖되고 투출되지 않아 정상적
인 결혼은 힘들었다.

| 時柱 | 日柱 | 月柱 | 年柱 | 乾命 |
|:---:|:---:|:---:|:---:|:---:|
| **丙** | **甲** | **己** | **己** | |
| **寅** | **寅** | **巳** | **未** | |
| 戊<br>丙<br>甲 | 戊<br>丙<br>甲 | 戊<br>庚<br>丙 | 丁<br>乙<br>己 | |

위 명조는 『자평진전』에 나타나는 황도독의 명으로, 일간 甲木이 丙火가 월
령과 日과 時와 年에 통근하여 강한 식신격이다.

月과 年에 양투된 己土도 월령을 얻고 지지 모두에 통근하여 변격된 강한 정
재 겸격이다.

일간도 日과 時와 年에 통근하여 그 근기가 튼실하니 刑이 일어나지 않는다.

식신격을 기본 성향으로 정재격이 서로 생부하니 食神生財되어 食神用財格
으로 성격 되었다. 그러나 여름에 甲木은 水를 조후해야 한다.

水가 한 점도 없을 때는 재성을 用하되 습토(濕土)가 되어야 그 역할을 할 수
있다. 강한 火氣를 습토인 재성 己土 두 개가 설기시켜 줌으로 인해 명조가 선
하게 되었다.

이 명조에 대해, "여름의 木이 재성을 용신으로 쓰면, 火[식신]는 뜨겁고 土[
재성]는 메마르니, 귀함을 무(武)로 많이 나아간다."[77]라고 하였다.

---

77  沈孝瞻, 『子平眞詮』 「論食神」: "夏木用財, 火炎土燥, 貴多就武."

여기에서 같은 습토인 辰土에 대해서도 알아보자.

『적천수천미』에 辰土에 대해 상세한 내용이 기술되어 있다. "火가 치열하면 용[辰]을 타고 앉아야 하고, 寅午戌이 있는데 丙丁까지 많이 만나면 辰을 만나야 능히 돌아갈 수 있고, 사주에 寅午戌이 완전하고 또 丙丁이 투출하였으면 설기가 태과하여 木이 연소되어 타버릴 것이므로 이때는 辰土를 득하여야 마땅하다. 辰은 水의 고장지로서 그 습토가 능히 火氣를 설기시키고 生木할 것이므로 이른바 '화치승룡(火熾乘龍)'이라 함이 그것이다"[78]고 하여, 여름에 木은 火가 치열할 때 용[辰]을 타고 있어야 한다고 강조하고 있다.

이어 "水가 넘쳐도 寅을 걸터앉으면 지윤천화(地潤天和)하여 곧게 천 년을 서 있을 것이다. 申子辰에 壬癸를 많이 만나면 寅에 앉아야 능히 납수(納水)한다. 만약 지지에 申子辰이 모두 있고 또다시 壬癸水가 투출하였다면 水는 범람하여 木이 뜨게 될 것이니 이때는 반드시 寅을 지지 중에서 득하여야 한다. 寅은 火土의 생지이며 甲木의 녹왕지이므로 水氣를 능히 납수하여 떠내려가지 않게 할 것이니 이른바 수탕기호(水宕騎虎)가 그것이다"[79]고 하여, 申子辰 水局과 壬癸水가 투출하여 水氣가 넘치더라도 甲木이 寅을 득하게 되면 부목(浮木)될 염려가 없다고 부연하고 있다.

개론 편에서 충분히 기술한 바와 같이 천간의 土는 戊와 己가 있고, 이 중 戊는 황야(荒野)이고 고산이라 조토(燥土)가 되고, 己는 전원(田園)이고 낮기 때문에 습토가 된다. 지지의 土는 辰土, 未土, 戌土, 丑土가 있고, 이 중 辰은 겨울의 水氣 癸水가 남아 있고 水의 고가 되니 습이 넉넉한 土이고, 未는 火의 기운으로 뜨거움을 가진 燥土이다. 戌은 역시 火의 뜨거움을 가졌고 火의 고가

---

78  林鐵樵, 『適天髓闡微』 「通神論」: "火熾乘龍, …, 寅午戌, 丙丁多見而坐辰, 則能歸, …, 柱中寅午戌全, 又透丙丁, 不惟洩氣太過, 而木且被焚, 宜坐辰, 辰爲水庫, 其土溼, 溼土能生木洩火, 所爲火熾乘龍也."

79  林鐵樵, 『適天髓闡微』 「通神論」: "申子辰全又透壬癸, 水泛木浮, 宜坐寅, 寅乃火土生地, 木之祿旺, 能納水氣, 不致浮泛, 所謂水宕騎虎也."

되니 燥土이고, 丑은 水氣가 왕성한 癸水가 있고, 金의 고가 되니 濕을 가진 土가 된다.

『자평수언』에는 土에 대해 다음과 같이 기술되어 있다.

"土는 사이에 섞여 있는 기운으로 기운의 줄어듦과 늘어남에 따라 음과 양으로 나뉜다. 戊土는 높이 올라가 있는 것이고 己土는 낮아 젖어 있는 것이니, 戊土는 火의 기운이 섞여 있고, 己土는 水의 기운이 섞여 있기 때문이다. 土는 죽어서 없어지는 때가 없어 장생에서 임관까지가 陽土이고, 제왕에서 쇠의 자리까지가 陰土이다. 쇠의 자리 다음에 또 장생이니 이른바 네 모퉁이에 붙어 있다는 것이 이것이다. 사계절의 土는 그 성질이 각각 같지 않으니, 辰土는 따뜻하면서 젖어 있고, 未土는 따뜻하면서 말라 있으며, 戌土는 높이 올라가 있으면서 말라 있고, 丑土는 낮아 젖어 있으면서 차갑다. 각기 기후에 따라 그 성질이 다르기 때문에 잡기라고 한다."[80]

따라서 천간 두 개의 土와 지지 네 개의 土는 조토와 습토를 잘 구별하여 간명하여야 한다.

---

80  徐樂吾,『子平粹言』「何謂天干」:"土爲間雜之氣, 隨氣之消長而分陰陽, 戊土高亢, 己土卑溼. 以戊土雜有火氣, 己土雜有水氣也, 土無死絕之時, 由長生而至臨官爲陽土, 由帝旺而至衰位爲陰土, 衰位之後, 又是長生, 所謂寄於四隅是也, 四季之土, 性各不同, 辰土溫暖而潤, 未土溫暖而燥, 戌土高亢而燥, 丑土卑溼而寒, 各隨氣候, 而異其性, 故云雜氣也."

| 時柱 | 日柱 | 月柱 | 年柱 | 坤命 |
|---|---|---|---|---|
| 丙 | 甲 | 丙 | 甲 | |
| 子 | 午 | 寅 | 辰 | |
| 癸 | 己<br>丁 | 戊<br>丙<br>甲 | 乙<br>癸<br>戊 | |

위 명조는 甲木 일간이, 年에 비견이 월령을 얻어 투출하고, 年에 통근하니 일간이 강한 녹겁격이다.

월령을 얻어 양투된 丙火 식신이 日에 통근하고 局을 이루니 강한 식신 겸격이다.

강한 녹겁격이 식신격의 도움으로 설기되니 食神用劫格으로 성격 되었다.

年에 비견의 도움이 있으니, 선대에서부터 큰 도움이 있었으며, 火氣가 많음의 근심이 우려되지만 子水와 辰土가 조후되니 그 근심을 없애주고 있다. 그러나 時에 子와 午가 沖 하니 선대 묘소에 수염(水厭)이 있고, 백호 쪽이 허(虛)하다고 볼 수 있다.

甲木이 춘절에 태어나 丙火가 있고, 20대에 癸亥가 들어오니 수화기제(水火既濟) 되어 공무원에 임용되었다.

寅月에 午가 급각살(急脚煞)이 되고, 日과 時 궁의 沖으로 자식으로 인한 근심은 있다.

辛酉 대운 乙未年(52세)에 火局으로 위태로우니, 마음이 흔들려 불안하고 동요되어 명퇴하게 된다.

庚申 대운부터는 申子辰 合으로 인성이 발달하여 평소 하고 싶던 공부에 전념하게 된다.

| 時柱 | 日柱 | 月柱 | 年柱 | 乾命 |
|:---:|:---:|:---:|:---:|:---:|
| **癸** | **丙** | **戊** | **戊** | |
| **巳** | **申** | **午** | **寅** | |
| 戊<br>庚<br>丙 | 戊<br>壬<br>庚 | 丙<br>己<br>丁 | 戊<br>丙<br>甲 | |

위 명조는 丙火가 월령에 양인으로 녹을 얻었고, 局을 이루니 신강하게 되었다.

月과 年에 戊土가 월령을 얻어 양투하였고, 다른 지지에도 통근하여 강한 식신 변격이다.

時에 癸水 정관은 日에 통근하였으나 火局을 이루고 있어 관이 약하다. 다행히 식신이 강해 일간을 설기시켜 주니 정관을 쓸 수 있게 되었다.

강한 일간을 식신격으로 설기하고, 관성이 투출하여 그 역할을 하니, 食神用官格으로 성격 되었다.

그러나 무엇보다 丙火의 양인성을 관성이 눌러주고, 투출의 근기에서 合去하여 잡아주니 이 격이 선하게 된 것이다.

다시 말하면, 식신격과 정관이 구별되어 있으니 선하게 되었고, 양인성이 극제하고 合煞하니 선함을 유지하게 되었다.

이런 경우 건록보다 넘치는 양인의 힘을 관성에 의해 선하게 쓸 수 있고, 식신격을 기본 성향으로 하여 정관을 역시 크게 쓸 수 있게 되니 청명한 명이 되었다. 국회의원 6선을 하고 국회의장까지 지내게 된다.

| 時柱 | 日柱 | 月柱 | 年柱 | 乾命 |
|:---:|:---:|:---:|:---:|:---:|
| 戊 | 丙 | 壬 | 戊 | |
| 戌 | 子 | 戌 | 戌 | |
| 辛<br>丁<br>戊 | 癸 | 辛<br>丁<br>戊 | 辛<br>丁<br>戊 | |

위 명조는 丙火 일간이, 月과 時와 年에 통근하여 신강하고, 戌月의 월령을 얻어 양투된 戊土도 역시 時와 年에 통근하니 강한 식신격이다.

月에 壬水는 日에 통근하였다.

강한 식신격이 칠살을 食神制煞하니 유정하게 되었고, 食神用煞格으로 성격되었다.

위 명조는 호위원의 명으로 식신격이 制煞하여 선하게 됨을 다음과 같이 설명하고 있다.

"만약 인수가 없고 편관만 하나 드러난다면 재성이 없기만 하면 또한 귀격이 된다"[81] 하였고, 또, "〈식신격이〉 만약 재성을 用으로 하지 않고, 칠살과 인성을 따르면, 큰 위엄과 권위를 가지게 되고 권력이 드러나 빛나게 된다"[82] 하여, 식신격이 칠살을 制煞하여 化 하니 식신과 편관을 다 활용할 수 있음을 나타내고 있다.

『명리약언』에는 食神制煞에 대해, "가령 식신을 制煞로 쓰는 경우에는 식신과 살을 서로 비교하여 살이 중하고 식신이 경하면 마땅히 식신을 부조하고 살을 억제해야 하며, 식신이 중하고 살이 경하면 살을 부조하고 식신을 억제해야

---

81  沈孝瞻, 『子平眞詮』 「論食神」: "若無印綬而單露偏官, 只要無財, 亦爲貴格."

82  沈孝瞻, 『子平眞詮』 「論食神」: "若不用財而就煞印, 最爲威權顯赫."

한다. 억제할 살이 없고 다만 식신으로만 용신을 취하는 경우에는 혹 당령하여 도움이 있거나 局을 이루어 세력이 있으면 모두 묘하나, 반드시 재신을 출산해야 하니, 혹 局 중에 재가 있거나 운이 재로 향해야만 비로소 쓸모가 있게 되는 것이니, 이 식신은 정관과 비슷하여 성정이 화순하며 길함은 많고 흉함은 적다"[83] 하여, 일간이 약하고 칠살이 강할 때는 식신이 강해야 하고, 식신이 강하고 칠살이 약할 때는 재가 財生煞해야 한다는 것을 말하고 있다. 즉, 식신이 칠살을 制煞할 때 상황을 고려해야 함을 말하고 있다.

이어 金水食神格은 관 또는 살을 용신으로 해야 하는 경우도 있다.

『명리약언』에 "음 일간이 식신을 만나면 살을 가장 항복시켜서 나라를 안정시킬 수 있으며, 양 일간이 식신을 만나면 겸하여 관을 보좌하여 정권을 잡고 중요한 직책을 맡게 된다"[84]하여, 식신격이 制煞하면 무와 관련되어 나라를 안정시킬 수 있고, 〈일간이 강하거나 인성을 본 후〉 식신격이 정관을 겸하면 문과 관련된 직책을 맡을 수 있음으로 해석할 수 있다.

이어 金水食傷格은 관살을 용신으로 사용해야 귀하게 된다. 즉, 겨울에 金은 관살을 조후용신으로 사용해야 한다. 『자평진전』에 "만약 金水食神格인데 칠살을 쓴다면, 귀하고 또 빼어나게 된다. 식신격이 관성을 꺼리지만 金水는 꺼리지 않으니, 곧 金水傷官格은 관성을 볼 수 있다는 말이다"[85]고 하면서 아래 서상서의 명조를 설명하였다.

---

83  陳素庵,「命理約言」「看食神法」: "如用以制殺, 則以食殺相較, 殺重食輕, 當扶食抑殺, 食重殺輕, 當扶殺抑食, 如無殺可制, 只以食神取用, 或當令有援, 或成局有勢, 皆妙, 然須生出財神, 或局中有財, 或運行財地, 方爲有用, 此神與正官相似, 性情和順, 多吉少凶."

84  陳素庵,「命理約言」「食神賦」: "陰日得之兮, 最能降殺, 而定國安邦, 陽日見之兮, 兼可佐官, 而秉鈞當軸."

85  沈孝瞻,「子平眞詮」「論食神」: "若金水食神而用煞, 貴而且秀, …, 食神忌官, 金水不忌, 即金水傷官可見官之謂."

| 時柱 | 日柱 | 月柱 | 年柱 | 乾命 |
|:---:|:---:|:---:|:---:|:---:|
| 丁 | 辛 | 壬 | 丁 | |
| 酉 | 巳 | 子 | 亥 | |
| 辛 | 戊<br>庚<br>丙 | 壬<br>癸 | 甲<br>壬 | |

위 명조는 辛金 일간이, 壬水가 월령을 얻고 年에 통근하고 局하여 식신 대신 투출한 강한 상관격이다.

칠살로 年과 時에 투출된 丁火는 日에 통근하여 근기를 가지고 있다. 年에 있는 칠살은 상관격을 合去 하여 化 하니 길신격으로 성격 하였다.

時에 있는 칠살은 겨울에 辛金을 조후하여 역시 용신이 되었다. 따라서 傷官用煞格으로 성격 된 金水傷官格이다.

| 時柱 | 日柱 | 月柱 | 年柱 | 乾命 |
|:---:|:---:|:---:|:---:|:---:|
| 丙 | 辛 | 甲 | 癸 | |
| 申 | 丑 | 子 | 卯 | |
| 戊<br>壬<br>庚 | 癸<br>辛<br>己 | 壬<br>癸 | 乙 | |

위 명조는 辛金 일간이, 日과 時에 통근하였으며, 年에 癸水가 월령을 얻고 局을 이루어 통근한 강한 식신격이다.

月에 甲木 재성은 年에 통근하여 식신의 생부를 받아 食神生財되니 식신과 재성이 다 선하게 되었다.

金水食神格으로 時에 丙火는 조후로 사용하여 역시 용신이 되었다.

食神用財되고, 관을 用하여 공무원에 임용되었다.

다만, 子月에 丑이 급각살이 되고, 年과 刑이 되니 흉이 되었다.

戊午 대운에 식신 癸水가 合去 하고, 己亥年(2019) 57세에 재성 甲木까지 合去 되어 버리니 파격이 되었다.

丙火 조후용신도 습토에 회화(晦火)되어 버리니 일간이 급격하게 위험해지게 된다. 다행히 명퇴하고 안정을 취하게 되었고, 庚子年(2020) 58세부터는 조금씩 안정을 취하고 있다.

| 時柱 | 日柱 | 月柱 | 年柱 | 乾命 |
|---|---|---|---|---|
| **丙** | **庚** | **甲** | **癸** | |
| **戌** | **寅** | **子** | **卯** | |
| 辛丁戊 | 戊丙甲 | 壬癸 | 乙 | |

위 명조는 庚金 일간이, 年에 癸水가 월령을 얻어 상관격이다.

재성 甲木은 日과 年에 局을 이루어 통근하였고, 상관격이 生財하니 성격 되었다. 칠살 丙火가 日과 時에 통근하여 투출되었으나, 金水食傷格은 추운 겨울에 조후가 되어 食神用煞格으로 성격 된 것이다.

상관은 재성이 길성으로 바꾸어 주고, 칠살은 조후로 사용하여 선하게 되니, 행정고시 합격 후 공무원 생활을 하면서 국비로 외국에서 유학하여 박사학위를 받았다.

『자평수언』에도 겨울에 金은 火를 용신으로 해야 함을 강조하고 있다. "식상이 관을 용신으로 한다. 金이 겨울에 태어나 金水가 진상관이라면 반드시 火를 용신으로 하니, 이것은 조후로 관을 용신으로 한 것이다. 또, 조후 때문에 식상을 용신으로 하는 것은, 木이 겨울에 태어나 차가운 木이 태양을 향하고 있다면 반드시 火를 용신으로 하니. 이것은 조후로 식상을 용신으로 한 것이다. 오행이 겨울이나 여름에 태어난 경우는 모두 조후를 중요하게 여긴다. 관을 용신으로, 인성을 용신으로, 식상을 용신으로 하는데 일정한 법칙이 없이 그 의미가 조후에 있으면 용신을 무엇으로 하든 거론할 것이 없다."[86]

여기까지 나타난 조후용신에 대해 정리하면, 金水食傷格이 겨울에는 관살 火를 용신으로 해야 하는 것과 위에서 먼저 설명한 木火食傷格이 봄에는 인성 水를 용신으로 해야 하는 것과 木이 겨울에 生 하여 火를 보고 있다면 식상 火를 용신으로 해야 한다는 것을 설명하고 있고, 특히 이러한 것은 水가 필요한 여름과 火가 필요한 겨울에는 조후를 중요하게 간명해야 한다는 것이 기술되어 있다.

| 時柱 | 日柱 | 月柱 | 年柱 | 乾命 |
|---|---|---|---|---|
| 戊 | 辛 | 壬 | 丁 | |
| 戌 | 亥 | 子 | 未 | |
| 辛丁戊 | 甲壬 | 壬癸 | 丁乙己 | |

위 명조는 辛金 일간이, 子月에 生 하여 壬水 상관이 월령을 얻고 日에 통근

---

86  徐樂吾, 『子平粹言』「體性」: "食傷用官, 如金生于冬, 金水眞傷官, 必順用火, 此以調候用官也, 此外因調候而用食傷者, 如木生于冬, 寒木向陽, 必順用火, 此以調候用食傷也, 凡五行生于冬夏者, 皆以調候爲重, 用官用印用食傷, 無一定之法, 其意在于調候, 不論所用者爲何神也."

하여 투출하니 강한 상관 변격이다.

年에 칠살 丁火는 年과 時에 통근하였고, 壬水 상관을 合去 해주니 흉신은 化 되었고, 時에 戊土는 時와 年에 통근한 정인이라 길신이 되니, 전체적으로 선한 명조가 되었다. 傷官用煞格으로 성격 되었다.

강한 상관을 칠살이 合去 해주고 인성이 또한 극제 할 수 있으니 귀격이 되어, 검찰총장으로 퇴직한 명조이다.

| 時柱 | 日柱 | 月柱 | 年柱 | 乾命 |
|------|------|------|------|------|
| 乙 | 己 | 辛 | 癸 | |
| 亥 | 卯 | 酉 | 酉 | |
| 甲<br>壬 | 乙 | 庚<br>辛 | 辛 | |

위 명조는 己土 일간이, 휴절에 태어나고 근기가 없으며, 생극으로만 구성되어 있어 약하나, 辛金은 월령을 득하고 年에 통근하여 강한 식신격이다.

時에 乙木은 局을 이루어 통근하니 칠살이 되었다.

식신격이 칠살을 制煞하여 편관이 되니 편관을 用하여 食神用煞格으로 성격 되었다. 년에 편재 癸水는 時에 통근하였으나, 구별되어 있어 財生煞하지 못하니 칠살을 충분히 제어할 수 있는 것이다.

이처럼 위 명조를 "식신격이 칠살이 투출한 경우에는 본래 재성을 보는 것을 꺼린다. 그러나 재성이 앞에 있고 칠살이 뒤에 있는데, 식신으로 그 사이를 막으면 재성이 칠살을 돕지 못하게 되니 또한 귀함을 이룰 수 있다"[87]고 하여, 재

---

87  沈孝瞻,『子平眞詮』「論食神」: "至若食神透煞, 本忌見財, 而財先煞後, 食以間之, 而財不能黨煞, 亦可就貴."

성이 칠살을 생부 하지 못하는 위치에서 식신이 制煞하게 되면 귀격이 됨을 설명하고 있다.

식신격은 칠살을 제어하지만 財生煞하는 위치에 있게 되면 일간이 위험해져 파격이 된다. 그러나 생극제화(生剋制化)에 따라 구별되어 있으면 食神制煞되어 선한 명을 유지할 수 있다.

| 時柱 | 日柱 | 月柱 | 年柱 | 坤命 |
|---|---|---|---|---|
| 戊 | 壬 | 丙 | 甲 | |
| 申 | 申 | 寅 | 子 | |
| 戊<br>壬<br>庚 | 戊<br>壬<br>庚 | 戊<br>丙<br>甲 | 癸 | |

위 명조는 壬水 일간이, 寅月 월령을 얻은 甲木이 투출된 식신격이다.

月에 丙火 또한 월령을 얻어 투출된 재성으로 편재 겸격이다.

時에 戊土 또한 월령을 얻고 日과 時에 통근한 칠살 겸격이다.

일간은 日과 時와 年에 局을 이루어 통근하니 신왕하다.

식신격과 편재격은 길신격으로 서로 생부하니 선하게 되었고, 칠살은 日과 時의 인성이 煞生印하여 통관하여 化煞되니 식신격이 성격 되었다.

필라테스 강사로 약 10년 전에 직접 운영할 것을 결정짓기 위한 만남으로 인연이 되었고, 성격은 차분하면서 본인의 주장을 천천히 밝혀내는 성향이며, 가정과 아이들에게도 정성을 다하고 있다.

당시 풍수 인테리어와 상호 및 개명을 해주었고, 몇 년 후 세 아들의 택일과 작명까지 같이 진행하였다. 그중 두 아들은 쌍둥이로 출산하였다.

10여 년간 승승장구하여 학원이 크게 성행하여 재정적으로 큰 이익을 보았다. 辛酉 대운에는 재성이 合去 할 염려가 되었는데, 당시 건물주의 횡포가 보여 미리 정리하고 집에서 작고 소소하고 알차게 계속하라고 조언하였다. 집에서 작고 소소하게 운영하고 있었는데 코로나 19로 인해 같은 업종은 모두 힘들게 보내고 있으나, 지금도 개인 레슨으로 성행하고 있다.

### 4) 식신격의 성격

〈표 6〉 식신격의 성격 방법

| 격국 | 용신[88] | 간략 설명 |
|---|---|---|
| 식 신 격 | 식신용인격<br>(食神用印格) | · 인성과 식신이 구별되어 있고, 식신격의 설기를 정인을 用하여 사용한다[食神佩印].<br>· 甲乙木이 夏節에 生 하면 반드시 인성을 用해야 한다[夏木用印].<br>· 식신격이 살을 대동하면 정인을 用해야[煞印相生] 化煞 된다. 단 식신과 구별되어 있어야 한다. |
| | 식신용록격<br>(食神用祿格) | · 식신으로 인해 일간의 설기가 심해 약할 때는 祿劫으로 用할 수 있다. |
| | 식신용재격<br>(食神用財格) | · 식신이 재성을 生 하면 그 결과가 더욱 아름답다[食神生財格].<br>· 식신격이 인성이 다함으로 인해, 파격 위기일 때는 재성을 用한다[財剋印]. |
| | 식신용관격<br>(食神用官格) | · 식신격이 정관을 파하게 되면 파격이 되나, 冬節에 庚辛金은 정관 또는 편관을 用하여 조후로 활용하여야 한다[冬金用官·冬金用煞]. |
| | 식신용살격<br>(食神用煞格) | · 칠살로 일간이 위태로울 때 식신을 用한다. 식신은 칠살의 칠살이 되니[食神制煞] 극제[제복(制伏)]의 힘을 가지고 있다.<br>· 식신격이 양인을 대동했을 때에는 칠살로서 양인을 用하여 合去 해야 한다. |
| | 파격 | · 식신과 효신이 구별되어 있지 않으면 파격이 된다. |
| | | · 식신과 재성이 투출하고, 편관이 투출되면 칠살이 되어 파격이 된다. |
| | | · 식신격에 정관이 투출되면 파격이 된다[金水食神格은 제외]. |
| | | · 식신격이 정인을 만나 효신이 되면 파격이 된다[木火食神格은 제외]. |

## 2. 상관격(傷官格)

### 1) 상관의 기본 의미

『연해자평』에는 "상관이 역할을 다하면[傷盡하면] 예술에 능하고, 다재다능하다. 마음에 계략이 있고 남을 업신여기며 기세가 높다. 거짓과 속임수가 많고 사람에게 모욕을 주며 뜻만 크다."[89]라고 하였다.

또, "예술적 재능이 많으나 오만하고 기고만장해서 항상 천하의 사람들이 자기만 같지 않다 하니, 귀인이 또한 꺼리며 무리 또한 미워한다. 재주를 짊어지고 남들에게 오만하게 하여 항상 타인이 자기만 같지 못하다 하니, 군자는 미워하고 소인은 두려워한다"[90]고 하였다.

『삼명통회』에는 "예술에 능하고, 다재다능하며, 오만 도도하고, 음흉하고, 꺼리는 것이 없고, 꾀가 많지만 성취는 적고, 재주를 피우며 일을 망치고, 항상 천하의 사람을 자기 같이 여기지 않아 모든 사람이 꺼리는 대상이 된다"[91]고 하였다.

또, "예술이 뛰어나고 성격이 오만하고 물욕이 많고, 사기성이 많으며, 사람을 조롱하고, 뜻이 크고, 광대뼈가 높고, 골격도 크고, 눈이 크고, 눈 가장자리가 거칠다. 그 마음이 왕후같이 거만하고 오만하며, 경쟁심이 매우 강하여 궁중 앞에 잘 나서며, 분노하면 보통이 아니고, 강자를 억누르고, 약자를 돕는

---

88  여기에서 나타내는 격국용신은 심효첨의 『자평진전』을 기본으로 하되, 명대 장신봉의 『명리정종』, 청대 진소암의 『명리약언』, 중화민국 서락오의 『자평수언』과 이석영의 『사주첩경』 등을 참조하여 현대에 맞게 첨부 및 종합 정리한 것이다. 일부 용어는 시대에 따라 변화가 있었으며 필자가 임의적으로 적용한 것도 있다.

89  徐大升,『淵海子平』「論傷官」: "傷官傷盡, 多藝多能, 使心機而傲物氣高, 多譎詐而侮人志大."

90  徐大升,『淵海子平』「論傷官」: "傷官主人多才藝, 傲物氣高, 常以天下之人不如己, 而貴人亦憚之, 衆人亦惡之,…, 多負才傲物, 常以他人不如己, 君子惡之, 小人畏之."

91  萬民英,『三命通會』「論傷官」: "此格主多材藝, 傲物氣高, 心險無忌憚, 多謀少遂, 弄巧成拙, 常以天下之人不如己, 而人亦憚之惡之."

간섭을 쉬지 않는다"<sup>92</sup>고 하여, 상관격이 흉신 임을 정확하게 설명하고 있다.

그러므로 재성을 생부하여 化 하는 것이 가장 최선이고, 인성으로 극제 되든지, 칠살을 제살하는 등을 하여 길신격으로 化 하게 되면 상관의 긍정적인 성향이 나타난다.

『명리약언』에 "양이 음으로부터 길러지고 음이 양으로부터 생육되니 원래 같은 종류가 아니며, 오로지 관성만을 剋 하는데, 丙이 己와 丑·未 등을 만나거나 午 중의 己를 만나도 丙을 설기시킬 수 있으며, 丁이 戊나 辰·戌을 만나며 寅·巳 중의 戊를 만나면 똑같이 丁을 괴롭힐 수 있다. 명주의 원신을 훔치므로 이미 선량한 것이 아니며, 일간의 귀기를 손상하므로 다시 종횡으로 기세를 부린다. 그러나 선함과 악함이 어찌 일정하겠는가? 다만 반드시 마음대로 다스리고 부려서 뛰어나고 화려함이 밖으로 발생하면 대체로 총명함을 주관한다"<sup>93</sup>고 하여, 상관의 부정적인 면과 화려함이 밖으로 발생하면, 즉 化 하거나 극제 되면 총명하게 됨도 역설하고 있다.

『자평진전』에는 상관을 잘 살펴야 한다는 것과 상관의 긍정적인 작용에 대해 말하고 있다. "상관은 비록 길신이 아니지만 실제로 빼어난 기가 된다. 그러므로 문인이나 학자는 많이 상관격 안에서 얻고, 여름의 木이 水를 보고[木火傷官格], 겨울의 金이 火를 보면[金水傷官格], 또한 빼어나고 더욱 빼어난 것이 된다. 그 중의 격국은 다른 격에 비해 많고 변화는 더욱 많아서, 그 기후를 조사하고, 그 강약을 헤아리고, 그 기뻐하고 꺼리는 것을 살피고, 그 순수한 여러 기운을 살펴봄에 있어서, 미묘하고 또 미묘하니 〈한 가지만〉 고집해서는 안 된다"<sup>94</sup>고 하였다.

---

92  萬民英, 『三命通會』 「論傷官」: "多藝多能, 使心機而傲物氣高, 多謿詐而侮人志大, 顴高骨俊, 眼大眉粗, …, 傷官其志傲王侯, 好勝場中强出頭, 路見不平需忿怒, 抑强扶弱不干休."

93  陳素庵, 『命理約言』 「傷官賦」: "陽由陰毓, 陰自陽生, 原非氣類, 專剋官星, 丙逢己與丑未兮, 午中之己, 亦能盜丙, 丁見戊及辰戌兮, 寅巳之戊, 均可病丁, 然善惡何常, 但須駕馭, 而英華發外, 多主聰明."

상관의 심리적 특성은 "내가 生 하면서 흡수하는[아생차아흡(我生且我吸)] 관계가 되어 나의 기운을 외부로 흘려보내면서, 그 흘려보낸 기운에 대하여 집착하며, 표현하면서 자신의 표현에 대하여 집착하는 마음이 강하고, 우쭐대고 명예를 좋아한다. 자신의 주장을 고수(固守)하고 타인이 자신을 인정해 주고 칭찬해 주는 것을 중시하며, 주면서도 준 것을 중시하고 베풀면서도 타인이 감격하기를 바라는 마음이 강하다. 그리고 상관은 정관을 剋 하므로 정관에 반대되는 것 모두가 상관이 된다. 예를 들면 창의력, 도리와 규칙에 반하는 것, 신선함, 규정을 준수하지 않고 구속을 싫어하는 것, 승부욕과 과시욕, 반역자, 생동감, 변화에 능하고 의식의 흐름이 한 곳에 고정되지 않고 변화가 많으며 과장과 주관적 성향 등을 들 수 있다. 그리고 인사적 변화에 신경을 쓰고, 관심 분야에 재미를 느끼며, 변화와 과장된 환상 등 자기 자신이 세계의 위인인 것으로 환상을 하거나, 또는 어떤 이성이 자신 앞에 무릎을 꿇고 사랑을 고백하는 몽상을 하고, 사람 사이의 승부에 대한 관심이 많은 심리특성을 보인다. 또 육체적 자아가 생을 해주면서 그 관계가 양호한 것이 된다."[95]라고 하였다.

상관격이 성격 되었을 때의 성향을 분석하면, 예술에 조예가 깊고, 다재다능하며, 총명하면서 능력을 인정받으며, 임기응변이 좋고, 기획이 뛰어나면서 논리적이며, 멋을 낼 줄 알고 박학다식하며, 습득이 빠르고 식신보다 화술이 좋아 상대방을 잘 설득하며, 정신적 활동이 많아 생각하면서 움직임을 최소화하면서 계획적이고, 승부욕과 추진력이 있고, 명예를 중시하고, 자신을 낮

---

94  沈孝瞻, 『子平眞詮』 「論傷官」: "傷官雖非吉神, 實爲秀氣, 故文人學士, 多於傷官格內得之, 而夏木見水, 冬金見火, 則又爲秀之尤秀者也, 其中格局比他格多, 變化尤多, 在查其氣候, 量其強弱, 審其喜忌, 觀其純雜, 微之又微, 不可執也."

95  何建忠, 『八字心理推命學』 「十星的含義」: "傷官的含義卽爲, 我生且我吸, 我們可由這個含義, 列舉爲以下的心態, 我向外流放, 且, 我與我所流放者黏合, 表現, 但, 戀執自己的表現, 成就感, 出風頭, 喜名聲, 堅持自己的言論, 重視他人對自己的掌聲與背定, 付予但重視自己付予的, 施恩予人卻希望別人感激, 而因爲傷官剋正官, 故而一切反正官的皆爲傷官, 列如, 創意, 反理則, 新鮮感, 不守規定, 不喜拘束, 好勝, 逞強, 反叛, 生動, 富變化, 不止於一點的意識流, 誇大, 主觀, …, 綜合以上二者又可得到某些傷官特性, 注意人事間的變化, 關心有趣, 變化, 誇張的外界, 幻想自己爲世界偉人, 夢想一位異性跪地求親, 關心人之間的勝負, …, 爲肉體我所生, 且和我關係良好者."

추어 전체를 이끌어 나가며, 의식주가 풍부하며, 종교인으로서도 인정을 받는다.

단, 상관격이 극제 되거나 化 하지 못하면, 총명하고 재주는 있으나 오만불손하고, 계산이 빠르며, 화려한 것을 좋아하고, 시시비비를 좋아하며, 허영심이 많으며, 불평불만이 많고, 요사하고 변덕이 있고, 자신 생각을 상대에게 강요하며, 베풀기를 좋아하면서도 생색을 내며, 반항심이 강하고 남을 중상하는 기질이 있어 지시받기를 싫어한다. 여자는 정절이 강하고 미인이 많으나 말이 독하고, 자식을 원하면 남편을 잃을 수 있고, 남편을 剋 하여 발전하지 못하게 한다.

木火 상관격은 콧대가 높고 기고하여 타인을 내려다본다.

火土 상관격은 영리하며 승부근성이 강하다.

土金 상관격은 성격이 온화하고 인정이 많다.

金水 상관격은 머리가 영리하고, 재주가 있으며, 똑똑하고 정조가 강하며, 미모가 뛰어나다.

水木 상관격은 명랑하고 재주가 있다.

### 2) 상관의 육친 의미

남자에게 상관의 육친은 조모, 손녀, 외조부, 외숙모가 되고, 여자에게는 조모, 여식, 외조부, 외숙모가 된다.

상관격이 성격 되면 해당하는 육친과의 관계에도 큰 영향을 받을 수 있으나, 파격 또는 刑沖破害를 만나게 되면 해당하는 육친의 나쁜 영향이 나타나기도 하고, 상관 본연의 부정적인 성향이 나타난다.

현대적 의미에서는 화술, 예술, 기술, 다재다능과 관련이 많다.

## 3) 상관격의 성패(成敗)

| 時柱 | 日柱 | 月柱 | 年柱 | 乾命 |
|:---:|:---:|:---:|:---:|:---:|
| **甲** | **癸** | **癸** | **丁** | |
| **寅** | **卯** | **卯** | **亥** | |
| 戊<br>丙<br>甲 | 乙 | 甲<br>乙 | 甲<br>壬 | |

위 명조는 癸水 일간이, 時에 甲木이 월령을 얻었고 局을 이루어 투출된 강한 상관 변격이다.

식신 대신 투출한 상관격을, 『자평진전』에 "식신을 장간에 간직하고 상관을 드러내면, 그러한 사람의 성정은 강하다"[96]고 하면서, 본 명조 심로분을 설명하고 있다.

식신의 성정이 상관의 성정으로 나타나기 때문에, 그 성향이 강하여 탁하게 되는 것에 대해 설명한 것으로 볼 수 있다. 다시 말해, 식신 乙木 대신 甲木 상관이 투출하니 그 성정이 강하다.

이런 경우, 상관의 성향이 일부 나타나지만 化 하거나 극제 하게 되면 길신격으로 바뀌어 결국 선하게 되나, 그렇지 않으면 더욱 흉하고 강한 파격이 된다.

일간은 年에 통근하고 비견이 투출되어 있어 근기를 가지고 있다.

재성 丁火를 用하여 傷官生財를 하면서 傷官用財格으로 성격 됨으로 명조가 선하게 되었다.

---

96  沈孝瞻,『子平眞詮』「論食神」: "藏食露傷, 主人性强."

"身이 강하고 식신이 왕성한데 재성이 투출하면 크게 귀한 격이다"[97]고 하였다.

| 時柱 | 日柱 | 月柱 | 年柱 | 乾命 |
|---|---|---|---|---|
| 丙 | 癸 | 丁 | 甲 | |
| 辰 | 丑 | 卯 | 午 | |
| 乙癸戊 | 癸辛己 | 甲乙 | 己丁 | |

위 명조는 위 심로분의 명조와 같이 소개된 공지현이다.

癸水 일간이, 甲木이 월령을 얻고 時에 통근하여 투출된 강한 상관 변격이다.

역시 식신이 상관격으로 투출되니, 성격 하면 선함으로 변해지고, 성격 하지 못하면 그 흉함이 더욱 가중하게 된다.

일간은 日과 時에 통근하여 근기를 가지고 있고, 月과 時에 편재와 정재가 각각 年에 통근하여 투출되어 있다.

상관격이 재성을 用하여 그 격이 傷官用財格으로 성격 되었으나, 정편재가 투출하여 음양이 혼잡되니 길함이 적어진다.

정편재가 양투하는 것에 대해, 『자평진전』에는 크게 바람직하지 않다고 기술하고 있다. "정편이 중첩해서 투출되면 부귀가 크지 않으니"[98]라고 하면서 用하는 재성이 음양이 혼잡하면 부귀에 탁함이 있음을 밝히고 있다.

『연해자평』에도 "상관격 국을 이룬 자는 재성을 보아 바야흐로 가히 취용해

---

97  沈孝瞻, 『子平眞詮』 「論食神」: "如身强食旺而財透, 大貴之格."

98  沈孝瞻, 『子平眞詮』 「論食神」: "偏正疊出, 富貴不巨."

야 한다"⁹⁹ 하였고, 『삼명통회』에도 "상관격이 재를 본 자는 벼슬이 높고, 재주도 많다"¹⁰⁰고 하였다.

『적천수천미』에는 "〈상관은〉 좋고 나쁜 것이 영원한 것은 없다. 다만 모름지기 〈임금이 타는〉 어가와 같아서 〈잘 다스리면〉 영화가 밖으로 나타나며 총명한 자가 많다"¹⁰¹ 하였다.

『명리약언』에 "상관도 역시 내가 生 하는 것이니 비록 식신의 순수함만은 못하더라도, 나의 정기가 유통하여 뛰어난 빛이 밖으로 드러나기 때문에 역시 취할 수 있는 것이다. 그러나 반드시 재성을 生 해야만 비로소 쓸모가 있게 되며, 그렇지 않으면 완고하고 영묘하지 못하여 나의 기를 누설할 뿐이다"¹⁰²고 하였다.

『자평진전』에도 "상관을 변화시켜 재성이 되는 경우는 크게 빼어난 기가 된다"¹⁰³고 하였다.

또, "상관격이 재성을 씀이 있는 것은 대개 상관은 정관에게 이롭지 않아서 흉이 되는 까닭이지만, 상관이 재성을 生 하면, 상관으로써 정관을 生 하는 도구[재성]를 生 하게 되니, 흉을 바꾸어 길이 되고, 그러므로 가장 이롭게 된다. 다만 身이 강하고 재성이 뿌리가 있기만 하면 곧 귀격이 된다"¹⁰⁴고 하였다.

---

99　徐大升, 『淵海子平』「論傷官」: "用傷官格局, 見財方可用."

100　萬民英, 『三命通會』「論傷官」: "傷官見財者, 又官高才足."

101　林鐵樵, 『適天髓闡微』「傷官」: "然善惡無常, 但順駕馭而英華發越, 多主聰明."

102　陳素庵, 『命理約言』「論傷官法」: "以其亦我所生, 雖不如食神之純粹, 亦我之精氣流通, 英華發外, 亦可取也, 然比生出財神方爲有用, 否則頑而不靈, 徒洩我氣耳."

103　沈孝瞻, 『子平眞詮』「論食神」: "至於化傷爲財, 大爲秀氣."

104　沈孝瞻, 『子平眞詮』「論食神」: "故有傷官用財者, 蓋傷不利於官, 所以爲凶, 傷官生財, 則以傷官爲生生官之具, 轉凶爲吉, 故最利, 只要身强而財有根, 便爲貴格."

| 時柱 | 日柱 | 月柱 | 年柱 | 乾命 |
|:---:|:---:|:---:|:---:|:---:|
| **庚** | **丙** | **丁** | **己** | |
| **寅** | **寅** | **丑** | **卯** | |
| 戊<br>丙<br>甲 | 戊<br>丙<br>甲 | 癸<br>辛<br>己 | 甲<br><br>乙 | |

위 명조는 丙火 일간이, 年에 己土가 월령을 얻고 日과 時에 통근하니 강한 상관격이다.

일간은 日과 時에 통근하고 비겁이 투출되어 있어 다행히 왕한 명이 되었다. 패재 丁火는 장간에 없으므로 양인[105]의 힘으로 보지 않고, 투출된 己土에 설기하고 있다.

강한 상관을 귀함으로 이끌어 줄 재성도 월령의 힘을 얻어 근기를 가지고 있다.

왕한 일간이 월령을 얻은 상관격과 편재격이 투출하여 겸격이 되었으며, 상관격의 기본 성향이 편재격과 傷官生財하여 유정하게 되었으니 傷官用財格으로 성격 되었다.

위 명조는 진룡도이고, "재성과 상관이 유정한 경우에는, 상관을 변화시켜 재성이 되는 것과 그 빼어난 기가 상하로 우열을 가질 수 없다"[106]고 하면서 극찬하였다.

---

105  천간에 투출된 양인(陽刃)에 대해서는 양인격에서 구체적으로 논하기로 한다.
106  沈孝瞻,『子平眞詮』「論傷官」: "至於財傷有情, 與化傷爲財者, 其秀氣不上下."

| 時柱 | 日柱 | 月柱 | 年柱 | 乾命 |
|:---:|:---:|:---:|:---:|:---:|
| 壬 | 辛 | 壬 | 甲 | |
| 辰 | 丑 | 申 | 辰 | |
| 乙<br>癸<br>戊 | 癸<br>辛<br>己 | 己戊<br>壬<br>庚 | 乙<br>癸<br>戊 | |

　위 명조는 辛金 일간이, 月과 時에 壬水가 월령을 얻어 양투하였고 日과 時와 年에 통근하여 강한 상관 변격이다.

　일간은 녹왕하고 日에 통근하여 강한 명조가 되어 상관의 설기를 받아들일 수 있게 되었다.

　年에 甲木 재성은 年과 時에 통근하여 역시 강한 상관을 설기하고 있다.

　강한 상관 변격이 재성이 통근하여 근기를 가졌으며, 傷官生財하여 傷官用財格으로 성격 되었다.

　육친에 있어서는, 인성이 없으면서 본인이 신강하고, 월에 상관을 生 한 후, 년에 재성을 生 해주어야 하니, 부모를 공양해야 하는 상황이 되고, 이어 자식으로 인한 근심도 있다고 본다.

　그러나 일간이 신강하여 상관의 설기를 주체할 수 있으니, 융통성이 많아 공부에도 두각을 드러낼 수 있다.

　재성으로 이 능력을 활용하여 S대 법학과를 우수한 성적으로 합격하였으며, 이어 법관이 되었다가 로펌에서 근무하는 명조이다.

| 時柱 | 日柱 | 月柱 | 年柱 | 坤命 |
|---|---|---|---|---|
| **庚** | **丙** | **己** | **乙** | |
| **寅** | **子** | **丑** | **巳** | |
| 戊<br>丙<br>甲 | 癸 | 癸<br>辛<br>己 | 戊<br>庚<br>丙 | |

　위 명조는 丙火 일간이, 月에 己土가 월령을 얻고 時와 年에 통근하여 강한 상관격이다.

　時에 庚金 재성은 역시 월령을 얻었고 局을 이루어 강함을 가지고 있는 겸격이다.

　일간은 時와 年에 통근하고 있고, 상관격이 겸격 된 재성격과 傷官生財하니 유기하여 傷官用財格으로 성격 되었다.

　그리고 年에 乙木 정인이 時에 통근하여 상관을 극제 해주니 재성과 인성을 같이 用할 수 있는 명조가 되었다.

　일간이 강왕하고 식상이 生財하고 인성을 겸비하면서 다 근기가 있으면, 인성은 공부나 문서 등에 대해 정리하면서 습득하는 것에 능하게 되고, 식상은 이해력과 표현력이 뛰어나며, 재성을 겸하면 인성과 식상을 잘 활용할 수 있는 능력을 가진다.

　상관격이 성격에 있어 재성과 인성이 적절히 분배되어 효율이 극대화되면, 재성만 있는 경우와 식신격이 성격 된 경우보다 더 부귀한 명이 될 수 있다.

| 時柱 | 日柱 | 月柱 | 年柱 | 乾命 |
|:---:|:---:|:---:|:---:|:---:|
| 壬 | 辛 | 甲 | 壬 | |
| 辰 | 酉 | 辰 | 子 | |
| 乙<br>癸<br>戊 | 辛 | 乙<br>癸<br>戊 | 癸 | |

위 명조는 辛金 일간이, 時와 年에 壬水가 양투되었고 局으로 인해 강한 상관 변격이다.

月에 甲木도 월령을 득하고 時에 통근한 정재 겸격으로, 결국 잡기재상격이다.

일간은 상관과 재성으로 인해 설기가 심하나, 日에 통근하였고 辰酉 合으로 왕하게 되어 크게 문제 되지 않는다.

월령을 얻어 겸격 된 상관격과 정재격이 생부 해줌으로 인해 傷官生財되니 선하게 되었고, 인성을 用하여 傷官用印格으로 성격 되었다.

傷官生財에 인성이 투출되지 않고 구별됨으로 인해, 인성까지 같이 활용할 수 있게 되었다.

80대 壬子 대운 甲子年(1984)에 死하였고, 당시 북한의 최고 권위자로 알려져 있다.

『삼명통회』에는 "⟨상관이⟩ 재가 있고 佩印하면 일품의 벼슬을 한다"[107]고 하여, 재성과 인성을 겸비하면 일품재상이 된다고 하였다.

---

107 萬民英, 『三命通會』 「論傷官」: "傷官有財而佩印, 豈不作一品之官."

또, "『천리마』에 이르기를, 상관격이 재를 본 자는 벼슬이 높고 재주도 많고, 또 상관이 관을 보았는데 인과 재의 지(地)에 들게 되면 뛰어나고, 또 상관이 재를 만나면 자식이 있다고 하였다."[108]라고 하였다.

『명리약언』에 "상관을 쓰는 큰 법은 일주가 강건하면 재를 좋아하고, 일주가 쇠약하면 인을 좋아한다"[109]고 하여, 재가 있으면 일간이 강해야 하고, 일간이 약할 때는 인성의 부조가 있어야 됨도 밝히고 있다.

또, "〈재와 인은〉 펼쳐지고 배합되는 묘함에 달려 있는 것이니, 만약 반드시 구서에 말한 바와 같이 재를 쓸 때는 인을 버리고 인을 쓸 때는 재를 버려야 한 다면 지나치게 얽매이는 것이다"[110]고 하여, 재와 인이 구별되어 있으면 둘 중 하나를 버릴 필요가 없다는 것을 말하고 있다.

『자평진전』에는 "상관격이 재성과 인성을 겸하여 씀이 있는 것은, 재성과 인 성이 서로 剋 하므로 본래 함께 쓰지 않는다. 다만 투출된 천간이 둘 다 맑고 장애가 되지 않기만 하면, 또 반드시 재성을 生 하는 것은 재성이 매우 왕성하 면서 인성을 지니고, 佩印하는 것은 인성이 매우 중하면서 재성을 지니어서, 조정하여 알맞고 조화로우면, 마침내 귀격이 된다"[111]고 하였으며, 아래 도통제 의 명조를 소개하였다.

---

108  萬民英, 『三命通會』「論傷官」: "千里馬云, 傷官見財者, 又官高才足, 又云, 傷官見官, 妙入印財之 地, 又云, 傷官逢財而有子."

109  陳素庵, 『命理約言』「論傷官法」: "用傷大法, 日主強健則喜財, 日主衰弱, 則喜印."

110  陳素庵, 『命理約言』「論傷官法」: "此在舒配之妙, 若必如舊書所云, 用財去印, 用印去財, 則太拘 矣."

111  沈孝瞻, 『子平眞詮』「論傷官」: "有傷官兼用財印者, 財印相剋, 本不並用, 只要干頭兩淸而不相礙, 又必生財者, 財太旺而帶印, 佩印者印太重而帶財, 調停中和, 遂爲貴格."

| 時柱 | 日柱 | 月柱 | 年柱 | 乾命 |
|---|---|---|---|---|
| 壬 | 戊 | 己 | 丁 | |
| 子 | 子 | 酉 | 酉 | |
| | | 庚 | | |
| 癸 | 癸 | 辛 | 辛 | |

위 명조는 戊土 일간이, 통근의 근기가 없으며, 月에 비겁과 年에 丁火 정인에 의존하고 있다.

月支와 年에 酉金 金이 왕하여 상관격이 되었고, 時에 壬水 편재는 日과 時에 통근하여 왕하게 되었다.

정리하면 쇠약한 戊土 일간이 상관격이 되었는데 傷官生財되었고, 月과 年에 있는 인성으로 傷官佩印으로 생부와 상관까지 제어되니, 인성과 재성을 用하여 傷官用印格[傷官用財格]으로 성격 되었다.

일간이 쇠약하고 傷官生財가 되었을 때, 인성이 재성과 겁재로 인해 구별되어 合去되지 않으니 재성과 인성을 다 활용할 수 있는 것이다.

傷官生財로 인해 일간이 쇠약할 때는 인성과 구별되어 있어 용신으로 활용할 수 있다면 그 쓰임이 선하게 된다.

위 명조를 "재성이 매우 중하면서 인수를 지니고, 丁火와 壬水가 戊己土로써 사이가 막히어 둘이 장애가 되지 않으며, 또 金水가 많아서 차가움을 느끼는데 火를 얻어 융화하니, 도통제의 명이다"[112]고 하였다.

---

112  沈孝瞻, 『子平眞詮』 「論傷官」: "財太重而帶印, 而丁與壬隔以戊己, 兩不相礙, 且金水多而覺寒, 得火融和, 都統制命也."

| 時柱 | 日柱 | 月柱 | 年柱 | 乾命 |
|:---:|:---:|:---:|:---:|:---:|
| **丁** | **戊** | **己** | **壬** | |
| **巳** | **午** | **酉** | **戌** | |
| 戊<br>庚<br>丙 | 己<br>丁 | 庚<br>辛 | 辛<br>丁<br>戊 | |

위 명조는 戊土 일간이, 월령을 얻어 투출된 천간은 없고 金局을 이루어 상관격이다.

時에 丁火는 自坐하였고 局을 이루고 있으며, 年에 壬水는 통근이 없다.

일간은 왕지에 坐하였고 月에 비겁을 투출시켰으며, 時와 年에 통근하였다.

상관격이 인성으로 극제되어 있고 傷官生財되어 있으며, 인성과 재성이 겁재로 인해 구분되어 있어 財剋印되지 않으니 유정하게 되었다. 月에 겁재는 상관으로 설기되니 역시 선하게 되었다.

인성과 재성으로 구별되어 있고 상관이 선하게 되니 傷官用財格으로 성격되었다.

『자평진전』에는 "인성이 매우 중하면서 재성을 지니고, 또 戊己土에 막혀서 丁火와 壬水가 서로 장애가 되지 않으니, 어느 승상의 명이다. 이와 반대되면 재성과 인성은 함께 쓰지 않고 빼어나지 않다"[113]고 하였다.

---

113 沈孝瞻,「子平眞詮」「論傷官」: "印太重而帶財, 亦隔戊己, 而丁與壬不相礙, 一丞相命也, 反是, 則財印不竝用而不秀矣."

| 時柱 | 日柱 | 月柱 | 年柱 | 乾命 |
|:---:|:---:|:---:|:---:|:---:|
| **甲** | **庚** | **戊** | **庚** | |
| **申** | **子** | **子** | **戌** | |
| 戊<br>壬<br>庚 | 癸 | 壬<br>癸 | 辛<br>丁<br>戊 | |

위 명조는 庚金 일간이, 월령을 받아 투출된 천간은 없고 水局을 이루어 왕한 상관격이다.

月에 戊土는 時와 年에 통근하였다.

일간은 時와 年에 통근하였고, 年에 비겁을 투출시켰다.

時에 甲木 재성은 무근하여 약하고, 강한 상관의 설기를 받아 재성이 약함을 간추리게 되었다.

상관격의 기본 성향은 재성으로 化 하였고, 상관을 化 하고 극제 해주는 인성과 재성을 用하여 傷官用印格으로 성격 되었다. 火氣가 아쉬운 명이다.

"배우고 때때로 익히니 어찌 기쁘지 아니한가? 먼 곳에서 벗이 찾아오니 어찌 즐겁지 않으리오, 사람들이 알아주지 않아도 노여워하지 않으니 어찌 군자가 아니겠는가?"[114] 하였고, "나는 열다섯에 학문에 뜻을 두었고[志學], 서른에 〈학문이〉 일어섰으며[而立], 마흔에는 미혹되지 않았고[不惑], 쉰에는 천명(天命)을 알았으며[知天命], 예순에는 도리를 따랐으며[耳順], 일흔에는 마음이 하고자 하는 바를 따랐지만 법도에 넘지 않았다[從心]"[115]고 한, 서락오가 밝힌

---

114 『論語』「學而」: "學而時習之不亦說乎, 有朋自遠方來不亦樂乎, 人不知而不慍不亦君子乎."

115 『論語』「爲政」: "吾十有五而志于學, 三十而立, 四十而不惑, 五十而知天命, 六十而耳順, 七十而從心所欲不踰矩."

공자의 명조[116]이다.

| 時柱 | 日柱 | 月柱 | 年柱 | 乾命 |
|------|------|------|------|------|
| 戊 | 丙 | 辛 | 己 | |
| 子 | 午 | 未 | 丑 | |
| 癸 | 丙<br>己<br>丁 | 丁<br>乙<br>己 | 癸<br>辛<br>己 | |

위 명조는 年과 時에 양투된 식상이 월령을 득하고 年과 日에 통근하여 강한 상관격이다.

月에 辛金은 年에 통근하였고, 일간은 녹왕하고 日刃이 되었다.

일간이 강하고 상관이 傷官生財하니 유정하게 되었고, 재성을 用하여 傷官用財格으로 성격 되었다.

그러나 문제는 양인이 합과 沖을 가지고 있으면 향후 큰 문제가 발생하게 된다. 丁卯 대운에 양인이 투출하였고, 양인이 지지에 난립하였으며, 재성 또한 문제가 발생하여 단명하였다.

서락오는 양인이 丁 겁재 대운에 戊子 관이 위협되어 단명하였다고 하였다.[117] 『삼명통회』에는 위 명조가 요절한 것은, 다만 공망을 범했기 때문이라고도 하였다.

공자가 제자 중 가장 신임하고 아꼈다는 안회(顔回, B.C. 521~?)[顔子]의 명조이다. 학문과 덕이 높았고, 공자가 학문을 좋아하고 가난을 이겨내고 도를 즐긴다고 칭찬하였다.

---

116  徐樂吾, 『古今名人命鑑』「卷一」.
117  徐樂吾, 『古今名人命鑑』「卷一」: "戊子化官爲劫, 丁運刃旺劫財, 嬪宮短命." 참조.

| 時柱 | 日柱 | 月柱 | 年柱 | 乾命 |
|:---:|:---:|:---:|:---:|:---:|
| **庚** | **己** | **庚** | **丁** | |
| **午** | **巳** | **戌** | **亥** | |
| 己<br>丁 | 戊<br>庚<br>丙 | 辛<br>丁<br>戊 | 甲<br>壬 | |

위 명조는 己土 일간이, 月에 녹왕하고, 日과 時에 통근하여 강하게 되었다.

月과 時에 양투된 庚金은 월령을 얻었으며, 日에도 통근하여 그 세력이 강하게 되었다.

年에 丁火는 역시 월령을 얻었고, 局을 이루어 통근하니 그 세력이 강하며, 상관을 극제 해주고 있다.

월령 戌土에서 상관격과 편인격이 겸격되어 잡기인성격이 되었으며, 傷官佩印하여 傷官用印格으로 성격 하였다.

土金傷官格이 신강하게 성격 되었으니, 주위에 많은 사람을 거느릴 수 있는 능력을 가졌으며, 군사지도자에 이어 정치지도자가 되어 타이완의 총통을 지낸 명조이다.

그러나 傷官佩印이라 하더라도, 일간이 강할 때는 효신은 요하지 않는다. 이때 패인은 효신의 역할을 하게 되고, 용신인 상관을 손괴시키기 때문에 파격과 함께 기본적으로 의식주부터 문제가 생기기 시작한다.

| 時柱 | 日柱 | 月柱 | 年柱 | 坤命 |
|:---:|:---:|:---:|:---:|:---:|
| **丙** | **戊** | **辛** | **辛** | |
| **辰** | **辰** | **丑** | **未** | |
| 乙<br>癸<br>戊 | 乙<br>癸<br>戊 | 癸<br>辛<br>己 | 丁<br>乙<br>己 | |

위 명조는 戊土 일간이, 月에 녹왕하고, 모든 柱에 통근하여 강하게 되었다. 月과 年에 양투된 辛金이 월령을 얻어 투출하니 왕한 상관격이다.

신강한 상관격은 재를 좋아하는 것이 원류이고, 재를 써서 겸해야 그 흉폭함을 누설시킬 수 있다 하였는데, 재성은 없고 時에 丙火가 年에 통근하여 있다.

다행인 줄은 모르겠으나, 양투된 상관 중 時에 丙火가 月에 辛金을 合去 해줌으로 인해, 辰 中 乙木들이 올라올 수 있어 다섯 번 결혼하여 다섯 명의 성(性)이 다른 자식을 얻게 되나, 다섯 명의 부군(夫君)들은 전부 사망하였다.

몇 번에 걸쳐 재차 결혼하는 것에 대해 말렸으나 소용이 없었고, 만약 결혼하게 되면 자식을 얻지 말라고 했지만 역시 소용없었다.

| 時柱 | 日柱 | 月柱 | 年柱 | 乾命 |
|:---:|:---:|:---:|:---:|:---:|
| 庚 | 己 | 戊 | 丁 | |
| 午 | 丑 | 申 | 丑 | |
| 己<br>丁 | 癸<br>辛<br>己 | 己戊<br>壬<br>庚 | 癸<br>辛<br>己 | |

위 명조는 己土 일간이, 지지에 모두 통근하였고, 月에도 月劫 戊土가 통근하니 매우 강하게 되었다.

時에 庚金이 월령을 얻고 日과 年에 통근하여 강한 상관격이며, 강한 일간의 모든 기운을 설기시켜 주고 있다.

年에 丁火는 時에 통근하여 상관의 흉을 극제시켜 주니 명조가 전체 선하게 되었다. 傷官佩印하여 傷官用印格으로 성격 되었고 일품재상이 되었다.

Y대를 졸업 후 상관의 특성을 살려 신문기자로 활약하였으며, 당시 부정선거 등이 있었던 이승만 정권[관]을 비판하는 역할을 마다하지 않았다. 쓴소리하는 정치인으로 박정희에게 발탁되어 연이어 8선 의원을 하였으며, 제16대 국회의장을 지냈다.


상관은 상진(傷盡)됨을 요한다. 다시 말해, 상관의 가장 큰 흉신은 관을 손괴시키는 일이다. 그러나 관이 없거나 칠살을 제어하게 되면 상관의 기능이 상진되었다 하여 오히려 길이 된다.

『연해자평』에는 "상관이라는 것은 영험한 신과 같으니 상관은 상진을 요한다. 상관이 다하지 않으면 관이 와서 승왕하면 그 화를 가히 말로 다 할 수 없다. 상관이 관을 보면 화가 생기는 원인이 된다"[118] 하여, 상관이 아예 관을 보지 않고 상진하거나, 상관이 관살을 다스리면 괜찮으나, 상관이 관과 구별되어 있지 않고 손괴되면 화가 미치는 원인이 된다고 말하고 있다.

때때로 관이 약하여 상관으로 인해 손괴 위기에 있을 때, 재성이 보필하게 되면 그 명은 다시 귀하게 된다.

『삼명통회』에는 "상관격은 상진되어야 하는데, 즉 상관만 진력되는 것이 매우 중요하다. 이렇게 되는 것이 귀하게 되는 것으로 판단한다"[119]고 하였다.

그리고 "상관이 상진하게 되면 가장 뛰어나게 되어 복록이 뛰어나고 수명이 길다. 세운에서 다시 신왕의 지가 되고 재를 만나면 귀하게 되는 것을 의심하지 않아도 된다"[120]고 하여, 상관상진하게 되면 복이 있고 수명이 길다고 하였고, 다시 재를 만나면 더욱 귀하게 됨을 말하고 있다.

또, "상관이 상진되면 주(主)가 매우 번성하게 되는 것으로 논하는데, 신왕하면 길하고 신약하면 흉하다고 논한다"[121]고 하여, 상관상진일 때 일간이 강왕해야 함을 말하고 있다.

『삼명통회』에서는 상관격이 상진 되어야 함과 이어 다섯 종류의 상관에 대해 기술하고 있다.

오행 상관 중 火土傷官과 土金傷官은 관성 보는 것을 꺼리고, 金水傷官과 水木傷官과 木火傷官은 관성을 꺼리지 않는다.[122]

火土傷官: 火는 水가 관이 되고 土는 상관이 되는데, 水 관은 土 상관의 尅을 두려워하고, 土 상관이 水 관을 얻어봐야 이익이 없다.[123]

---

118  徐大升, 「淵海子平」 「論傷官」: "傷官者, 其驗如神, 傷官務要傷盡, 傷之不盡, 官來乘旺, 其禍不可勝言, 傷官見官, 爲禍百端."

119  萬民英, 「三命通會」 「論傷官」: "傷官格務要傷盡, 方作貴看."

120  萬民英, 「三命通會」 「論傷官」: "傷官傷盡最爲奇, 福祿崢嶸亦壽彌, 歲運更行身旺地, 逢財身旺貴無疑."

121  萬民英, 「三命通會」 「論傷官」: "傷官傷盡論主興隆, 身旺則吉, 身弱則凶."

122  萬民英, 「三命通會」 「論傷官」: "五行傷官, 惟火人土傷官, 土人金傷官忌見官星, 若金人水, 水人木, 木人火不忌."

土金傷官: 土는 木이 관이 되고 金은 상관이 되는데, 木 관은 金 상관의 剋을 두려워하고, 金 상관이 木 관을 얻어봐야 별 이익이 없다. 그래서 소위 火土 土金 傷官은 관성을 보는 것을 꺼리게 된다.[124]

金水傷官: 金에 水는 상관이 되고 火는 관이 되는데, 水 상관이 비록 火 관을 剋 하지만, 만약 금한수냉(金寒水冷)하다면 火를 얻어서 따뜻하게 되지 않으면 모든 것을 구제하기 어렵고, 또 水가 火를 얻으면 기제(既濟)를 이루는 공이 있다.[125]

水木傷官: 水에 木은 상관이 되고 土는 관이 되는데, 木 상관이 비록 土 관을 剋 하지만, 만약 水가 부목(浮木)하면, 土 관을 얻어서 土 관이 튼실하게 되어야 木 상관이 재배되어 힘을 얻는다.[126]

木火傷官: 木에 火는 상관이 되고 金은 관성이 되는데, 火 상관이 비록 金 관을 剋 하지만, 木이 번성하게 되면 火가 꺼지게 된다. 그러면 金을 얻어 木을 쪼개 火를 살려 통명 되게 해야 모든 일을 이루게 된다.[127]

그래서 소위 金水, 水木, 木火 상관격은 관성을 꺼리지 않는다. 경에 이르기를, 火土傷官은 상진이 마땅하고, 金水傷官은 관을 보기를 요하고, 木火傷官은 관을 보아 관이 왕하여야 하고, 土金傷官은 관을 제거하여야 도리어 관을 이루고, 水木傷官은 재관을 같이 보아야 기쁘게 된다고 한 것이 이것이다.[128]

---

123  萬民英, 『三命通會』 「論傷官」: "蓋火以水爲官, 以土爲傷, 水畏土剋, 土得水無益."

124  萬民英, 『三命通會』 「論傷官」: "土以木爲官, 以金爲傷, 木畏金剋, 金得木無益, 所以火土傷官格忌見官星."

125  萬民英, 『三命通會』 「論傷官」: "金以水爲傷, 以火爲官, 水雖剋火, 若金寒水冷, 不得火溫, 難以濟物, 況水得火成既濟之功."

126  萬民英, 『三命通會』 「論傷官」: "水以木爲傷, 以土爲官, 木雖剋土, 若水泛木浮, 不得土止, 難以存活, 況木得土成栽培之力."

127  萬民英, 『三命通會』 「論傷官」: "木以火爲傷, 以金爲官, 火雖剋金, 若木繁火息, 不得金削脫, 難以通明, 況金得火成器物之象."

128  萬民英, 『三命通會』 「論傷官」: "所以金水木傷官格不忌官星, 故經云, 傷官火土宜傷盡, 金水傷官要見官, 木火見官官有旺, 土金官去反成官, 惟有水木傷官格, 財官兩見始爲歡是也."

여기에서 金水傷官格은 앞서 식신격에서 언급한 바와 같이 겨울에 火 관성을 요하는 것을 말한다.

木火傷官格은 여름에 水 인성을 요한다고, 앞서 식신격에서 언급하였다. 여기에서 말하는 木火상관격은 木이 번성할 때는, 金 관성이 木의 번성이 따라 때로는 전지(剪枝)해 주거나, 때로는 벌목(伐木)해 주어야 함을 말하고 있다.

水木傷官格은 水가 왕함으로 인해 木이 부목이 되면 木이 잘 자랄 수 없기 때문에 관성인 土로 水를 剋 해줘야 한다는 것을 말하고 있다. 이때 관성이 약하면 재성으로 생부 받아야 함을 역시 말하고 있다.

그러므로 "상관상진이 되고, 신왕하다고 좋은 명으로 판단하지 말아야 하고, 또 상관격에 관성이 있다고 하여 좋지 않은 명이라 하여서는 안 된다"[129]고 기술하고 있다.

『명리정종』에는 진상관과 가상관에 대해 언급되어 있고, 상관 십론에 대해 기술하고 있다.

가상관(假傷官)이 인수 운으로 가면 파료상관(破了傷官)으로 손수원(損壽元)되어 반드시 死하게[必死] 되고, 진상관(眞傷官)이 상관 운으로 가면 반드시 멸한다[必滅][130]고 하였다. 다시 말하면, 신강 가상관격은 인수 운이 오면 〈용신 상관이 剋 되어〉 파료상관되니 수명에 문제가 생겨[손수원] 흉하게 되고, 신약 진상관격은 앞서 말한 바와 같이 상관상진되어야 길하다.

甲木傷官格이 寅午에 태어나면 화명목수(火明木秀)한 상관격이니, 명리가 다 좋고 대운이 재와 관이 왕함으로 운행함을 가장 꺼리고, 戌地[火庫]에 대운이 이르러서는 〈三合 되니〉 수명이 손상함이 있을 것이다.[131]

---

129  萬民英, 『三命通會』 「論傷官」: "切不可見傷官傷盡身旺, 便作好命看, …, 切不可見傷官格有官星, 便不作好命看." 참조.

130  張神峯, 『命理正宗』 「論傷官」: "假傷官, 行印綬運, 破了傷官, 損壽元, 必死, 眞傷官, 行傷官運, 必滅."

乙木傷官格은 火가 강해야 한다. 관살 운을 만나면 오히려 매우 좋아지고, 다만 水가 많아 상관이 상진하지 못하게 되는 것을 꺼리니 일생에 명리가 뜻을 이루지 못할 것이다.[132]

丙火傷官格이 조토가 거듭 있으면 대운이 재가 왕하게 행할 때 복이 일어날 것이며, 水 운을 만나서는 없어지고 죽임을 당할 것이니 일생이 분분하고 모든 것이 헛될 것이다.[133]

丁火傷官格은 火가 유약하면 당주가 교만하고 거만하며, 위태로운 꾀가 있으며, 인성 운을 만나고 관살을 만나서는 힘을 내고, 용감하게 일어나므로 자수성가할 것이다.[134]

戊土傷官格은 金을 가장 꺼리고, 柱 중에 木이 침투해 옴을 더욱 두려워한다.[135]

己土傷官格은 金이 왕함을 요하고, 金이 약하고 土가 여리다면 재운이 왕함을 좋아한다. 대운이 관살 향으로 만난다면 종신토록 화만 있을 것이니 명리가 흥하고 쇠하고 할 뿐 길지 못할 것이다.[136]

金水[庚金]傷官格은 관성을 기뻐하고, 관살 운을 만나서는 귀하게 될 것이고, 둔한 金이 火를 만나므로 제련되기 때문에 소년에 입신양명하게 된다.[137]

---

131  張神峯, 『命理正宗』 「傷官十論」: "甲木傷官寅午全, 火明木秀利堅, 運行最怕財官旺, 見戌行來阻壽."

132  張神峯, 『命理正宗』 「傷官十論」: "乙木傷官火最强, 運逢官殺轉爲良, 只怕水多傷不盡, 一生名利有乘張."

133  張神峯, 『命理正宗』 「傷官十論」: "丙火傷官燥土重, 運行財旺福興隆, 如逢水運遭喪滅, 世能紛紛總是空."

134  張神峯, 『命理正宗』 「傷官十論」: "丁火傷官火又柔, 主人驕傲有杭謨, 運逢印綬連官殺, 唾手成家孰與儔."

135  張神峯, 『命理正宗』 「傷官十論」: "戊日傷官最怕金, 柱中格畏木來侵, 金衰不喜行財運, 土旣消磨金又沉."

136  張神峯, 『命理正宗』 「傷官十論」: "己日傷官金最旺, 弱金柔土熙財鄕, 運逢官殺終身禍, 明利興衰不久長."

137  張神峯, 『命理正宗』 「傷官十論」: "金水傷官喜見官, 運逢官殺貴无端, 正是頑金逢火煉, 少年折桂上金鑾."

辛金傷官格은 申子辰이 있으면 상관이 상진되는 것이니 재성을 좋아하고, 동남방 火 운으로 순행하는 운에 좋게 발복할 것이다.[138]

壬水傷官格은 부목됨을 꺼리고, 관살 봄을 오히려 꺼린다. 壬水傷官格이 재가 왕함으로 행하여 관을 生 하는 경우 발복한다.[139]

癸水傷官格은 관성을 꺼리며, 戊己土가 천간에 투출함을 가장 꺼리고, 재가 왕하고 관을 生 하는 운에는 모든 일에 고생하고 모든 일에 우환이 일어난다.[140]

『명리약언』에는 식상격 네 종류에 대해 빼어나다고 표현하면서 다음과 같이 설명하고 있다.

식상격 중에서도 더욱 빼어난 것이 있다. 木火通明(목화통명)과 金白水淸(금백수청)과 土金毓秀(토금육수) 등이니, 취용하는 법은 대략 다음과 같다.[141]

木火통명격은 춘삼월[辰月]에 木일이 火를 만나는 것을 묘함으로 삼으니, 묘함은 木이 왕하고 火相을 감당할 수 있어서 나란히 격에 나아가고 있고, 4월[巳月]에도 취하는데 이때에는 火가 당령하지만 아직 건조하지 않으니, 다만 木이 반드시 득세하고 통근해야 한다.[142]

금백수청격(金白水淸格)은 7월[申月], 8월[酉月]에 金일이 水를 만나는 것을 합당하게 여기니, 역시 묘함이 金이 왕하고 水는 相이 되는 데 있다.[143]

수목청기격(水木淸奇格)은 2월[卯月]에 癸일이 乙·卯木을 만나는 것을 으뜸

---

138 張神峯, 『命理正宗』 「傷官十論」: "辛日傷官申子辰, 傷官傷盡喜財星, 東南順運滔滔好."

139 張神峯, 『命理正宗』 「傷官十論」: "壬水傷官怕木浮, 見官見殺返爲仇, 再行財旺生官地, 財祿無虧得到頭."

140 張神峯, 『命理正宗』 「傷官十論」: "癸水傷官怕見官, 最嫌戊己透天干, 再行財旺生官地, 事事勞形禍百端."

141 陳素庵, 『命理約言』 「看食傷法」: "食傷格中有尤秀者, 曰木火通明, 曰金白水淸, 曰水木淸奇, 曰土金毓秀, 今略擧取用之法."

142 陳素庵, 『命理約言』 「看食傷法」: "木火通明格, 以春三月木日遇火爲妙, 妙在木旺能任火相, 方進也, 四月亦取, 蓋火當令而未燥, 但木須得勢通根耳."

143 陳素庵, 『命理約言』 「看食傷法」: "金白水淸格, 以七八月金日遇水爲合, 亦妙在金旺水相."

으로 여긴다.[144]

토금육수격(土金毓秀格)은 8월[酉月]에 己일이 辛 · 酉金을 만나는 것을 으뜸으로 여기는데, 이때에는 卯와 酉의 기가 전일하고 청하니, 단지 癸와 己도 역시 반드시 득기하고 통근해야 한다.[145]

무릇 이 네 가지 격에 부합하는 경우에는 모두 청귀한 상명이며, 그 희기의 이치는 격에 따라 상세히 살펴야 하는데, 이뿐만 아니라 대체로 일주가 강왕할 때엔 설기를 좋아함이 剋을 좋아함보다 더 심하다.[146]

| 時柱 | 日柱 | 月柱 | 年柱 | 乾命 |
|---|---|---|---|---|
| 丙 | 庚 | 丙 | 己 | |
| 子 | 子 | 子 | 未 | |
| | | 壬 | 丁乙己 | |
| 癸 | 癸 | 癸 | | |

위 명조는 채귀비이다. 庚金 일간이 子月에 生 하였고, 局을 이루고 있으며, 한기가 가득한 겨울의 金水傷官格이다.

金水傷官格은 겨울에 조후가 필요하므로 관성을 용신으로 쓰고 있는 명조이다.

月에 丙火는 時에 양투하여 年에 통근하였고, 약한 일간이 두 개의 관살을 대하기에는 버겁게 되었다.

---

144  陳素庵, 『命理約言』 「看食傷法」: "水木清奇格, 以二月癸日遇乙及卯木爲上."

145  陳素庵, 『命理約言』 「看食傷法」: "土金毓秀格, 以八月己日遇辛及酉金爲上, 蓋卯酉氣專而清, 但癸與己亦須得氣通根耳."

146  陳素庵, 『命理約言』 「看食傷法」: "凡合此四格者, 皆清貴上命, 其喜忌之理, 隨格詳審之, 然不特此也, 凡日主強旺, 喜洩甚於喜剋."

다행히 月에 살은 年에 己土가 年에 통근하여 煞印相生으로 化煞시켜 주니 살과 인을 같이 사용할 수 있게 되었고, 時에 살은 조후로 사용하여도 무방하게 되니 傷官用煞格으로 성격 되었다.

이 명조를 『자평진전』에는 "상관격이 칠살과 인성을 씀이 있는 것은, 상관이 많고 身이 약하면, 칠살이 인성을 生 함에 의지하여서 身을 돕고 상관을 제복한다"[147]고 설명하였다.

부연하면, "상관격으로서 정관과 칠살이 함께 투출한 경우는, 단지 투출되어 취하여 맑기만 하면, 金水傷官格이 그것을 얻어도 또한 귀하고, 그렇지 않으면 구조를 공허하게 할 뿐이다"[148]고 하여, 관살이 같이 투출되었다 하더라도 그 쓰임이 아름답다면 귀하게 됨을 말하고 있다.

또, "칠살이 상관으로 인하여 제복됨이 있고, 둘 다 마땅함을 얻을 경우는, 단지 재성이 없기만 하면〈칠살을 생부하지 않으니〉곧 귀격이 된다"[149]고 하였다.

이어 "상관격이 정관을 씀이 있는 것은, 다른 격은 쓰지 않고 金水傷官格만이 오직 마땅하다. 그러나 재성과 인성이 보좌가 되어야 하며, 상관과 정관이 함께 투출해서는 안 된다. 만약 외로운 정관에 보좌가 없거나, 혹은 정관과 상관이 함께 투출한다면, 발복은 크지 않다"[150]고 하였다.

"만약 겨울의 金이 정관을 쓰는데 또 상관을 변화시켜 재성이 되면, 한층 더 지극히 빼어나고 지극히 귀하게 된다"[151]고 하였고, "상관격으로서 정관과 칠살이 함께 투출한 경우는, 단지 투출되어 취하여 맑기만 하면, 金水傷官格이 그

---

147  沈孝瞻,『子平眞詮』「論傷官」: "有傷官用煞印者, 傷多身弱, 賴煞生印以幫身而制傷."

148  沈孝瞻,『子平眞詮』「論傷官」: "至於傷官而官煞竝透, 只要干頭取淸, 金水得之亦淸, 不然則空結橫而已."

149  沈孝瞻,『子平眞詮』「論傷官」: "煞因傷而有制, 兩得其宜, 只要無財, 便爲貴格."

150  沈孝瞻,『子平眞詮』「論傷官」: "有傷官用官者, 他格不用, 金水獨宜, 然, 要財印爲輔, 不可傷官竝透, …, 若孤官無輔, 或官傷竝透, 則發福不大矣."

151  沈孝瞻,『子平眞詮』「論傷官」: "若冬金用官, 而又化傷爲財, 則尤爲極秀極貴."

것을 얻어도 또한 귀하고, 그렇지 않으면 구조를 공허하게 할 뿐이다"[152]고 하였다.

『연해자평』에 "상관의 살은 칠살을 상하게 함이 심하니 그 영험함이 신과 같다"[153] 하였고, "상관은 가히 흉한 예를 다 말할 수 없으나 제복 됨이 있다면 도리어 의복이 풍부하다"[154]고 하여, 칠살을 극제 하면 식신과 같은 긍정적인 성향이 나타남을 기술하고 있다.

『삼명통회』에는 "상관이 부진한데 관을 만나면 참수당하고 도망 다니게 되는 등의 온갖 재해가 발생하게 된다. 日에 범하면 자기에 손상이 있고, 時를 상하게 하면 자식이 승양이 같고, 부귀도 고르지 않으며, 만약 상관이 유년에 있으면 그 해는 재해가 발생하게 된다"[155]고 하여, 상관이 관살을 완전히 제어하지 못하면 상관의 험한 입으로 인해 참수되거나 도망 다녀야 하는 신세가 됨을 말하고 있고, 상관에 대한 흉 됨을 말하고 있다.

---

152  沈孝瞻, 『子平眞詮』 「論傷官」: "至於傷官而官煞竝透, 只要干頭取淸, 金水得之亦淸, 不然則空結横而已."

153  徐大升, 『淵海子平』 「論傷官」: "傷官之殺, 甚如傷身七殺, 其驗如神."

154  徐大升, 『淵海子平』 「傷官詩訣」: "傷官不可例言凶, 有制還他衣祿豐."

155  萬民英, 『三命通會』 「論傷官」: "傷官不盡又逢官, 斬絞徒流禍百端, 月犯父子無全美, 日犯自己主傷殘, 時傷子息多狼狽, 須知富貴不周全, 若是傷官居太歲, 必招橫禍逢斯年, 合諸說觀之, 傷官喜忌盡矣."

| 時柱 | 日柱 | 月柱 | 年柱 | 乾命 |
|:---:|:---:|:---:|:---:|:---:|
| **丙** | **乙** | **辛** | **庚** | |
| **子** | **未** | **巳** | **子** | |
| 癸 | 丁<br>乙<br>己 | 戊<br>庚<br>丙 | 癸 | |

위 명조는 乙木 일간이, 日에 통근하였고, 時에 상관 丙火는 월령을 얻고 局을 이루어 강한 상관격이다.

月과 年에 각각 살과 관은 역시 월령을 얻어 편관 변격으로 관살도 강하게 되었다.

강한 관살과 상관이 合煞되고 정관을 사용할 수 있어 傷官用官格으로 성격되었다.

상관격이 성격 되니 상관의 긍정적인 작용과 관살이 제극 되니 관성의 긍정적인 작용을 동시에 사용할 수 있다.

우수한 성적으로 전자 관련 학과를 졸업 후, 당시 S기업 전자 관련 업종에 재직하고 있었던 명조이다.

| 時柱 | 日柱 | 月柱 | 年柱 | 乾命 |
|---|---|---|---|---|
| 乙 | 戊 | 辛 | 丙 | |
| 卯 | 戌 | 丑 | 子 | |
| 乙 | 辛<br>丁<br>戊 | 癸<br>辛<br>己 | 癸 | |

위 명조는 조선 초 대학자[156]이다. 일간 戊土가 월에 녹왕하고 日에 통근하여 강하게 되었다.

月에 辛金은 월령을 얻었고, 日에 통근하여 왕한 상관격이다.

年에 丙火는 卯戌 合火와 日에 통근하였다.

月과 年에 있는 상관과 편인은 각각 흉신으로 역행함이 마땅한데, 마침 合去 하여 역행하니 傷官用印格으로 성격 되었으며, 모든 근심이 없어지게 된다.

時에 정관 乙木은 時에 통근하여 강한 일간의 관 역할을 잘하고 있다.

상관과 편인의 긍정적인 작용을 잘 사용할 수 있고, 정관까지 사용하니 세종부터 성종까지 4대 임금을 보필하여 문신 겸 학자로 알려진 명조이다. 『칠정산내편』을 지어 역법을 개정하였고, 『사륜오집』을 편찬하기도 하였다. 천문에도 능해 관련된 책을 많이 편찬하였으며, 안지(安止) 등과 함께 『용비어천가』를 지었다.

---

156  徐居正, 『筆苑雜記』: "鄭文成公麟趾本命四柱曰, 丙子辛丑戊戌乙卯, 蘇東坡四柱曰, 丙子辛丑戊午乙卯, 其命畧同, 而文章聞望, 亦暑相同, 居正嘗撰文成碑, 造化四柱與蘇內翰相同之語, 或有笑者曰, 撰碑宜述道德, 不宜論卜命." 참조.(문성공 정인지의 본명 사주는 丙子 辛丑 戊戌 乙卯인데, 소동파의 사주는 丙子 辛丑 戊午 乙卯로서 그 본명이 대략 같고, 문장과 명망도 또한 서로 비슷하다. 내 일찍이 정문성의 비문을 지었는데, '사주와 그 조화가 소동파와 서로 같다'는 말을, 혹 비웃는 사람이 말하기를, '비문을 짓는 데는 마땅히 도와 덕을 기록할 것이지 복명을 논하는 것은 마땅치 않다'고 한다.)

| 時柱 | 日柱 | 月柱 | 年柱 | 坤命 |
|---|---|---|---|---|
| 壬 | 庚 | 壬 | 壬 | |
| 午 | 辰 | 寅 | 戌 | |
| 己<br>丁 | 乙<br>癸<br>戊 | 戊<br>丙<br>甲 | 辛<br>丁<br>戊 | |

위 명조는 庚金 일간이, 월령에서 투출된 천간이 없고, 寅午戌 三合으로 편관이 되었다.

日에서 투출된 식신 壬水는 삼투(三透)하여 설하는 기운이 과하게 되니 상관이 되었다.

傷官制煞이 과하게 되어 관이 불리하게 되었다. 살이 약할 때는 財生煞이 되어야 하나 재성은 투출된 것이 없다.

일간은 年에 통근하였으나 설기가 심하다. 이로 인해 인성이 필요하나 辰土 외에는 투출된 인성이 없어[佩印하지 못하니] 역시 불리하게 되었다.

위 명조는 傷官制煞格으로 볼 수 없으며, 煞印相生格으로도 볼 수 없다. 삼투된 강한 천간은 三合 또는 그것을 감당할 천간이 剋 해주어야, 위 명조는 상반된 힘을 가질 수 있으므로 傷官制煞이니 官印相生이니를 논할 수 없는 것이다. 또한 辰土를 통관용신으로 사용할 수 있다는 이론도 배제되어야 한다. 이미 투출된 壬水 삼위를 투출된 戊土 인성만이 극제 할 수 있다.

따라서 佩印이 제대로 이루어지지 못하고 설기가 너무 심해, 고집만 셀 뿐 하는 일도 되지 않으며, 관성이 制煞되어 남편도 없으며, 모친의 연금으로 생활하고 평생 일을 하려 하지 않는 명조이다.

| 時柱 | 日柱 | 月柱 | 年柱 | 乾命 |
|------|------|------|------|------|
| 甲 | 癸 | 乙 | 甲 | |
| 寅 | 酉 | 亥 | 午 | |
| 戊丙甲 | 辛 | 戊甲壬 | 己丁 | |

위 명조는 癸水 일간이 녹왕하고, 月과 時와 年에 식상이 득령하여 투출하였으며 時에 통근한 강한 상관 변격이다.

앞서 설명된 명조는 녹왕하지 않으나, 위 명조는 녹왕을 얻어 서로 비교할 수 있다.

강한 상관격에 비해 인성은 투출된 것이 없고, 월지의 녹왕을 얻어 用하고 인성을 보좌하여 傷官用祿格으로 성격 되었다. 그러나 녹왕을 얻어 강함에서 쇠함으로 바뀌게 됨이 아쉬운 명조이다.

식상을 살려 학문에도 조예가 깊었고, 녹왕으로 인품도 조후하였으며, 천문 역법 산술 등에도 조예가 깊었다.

약 30년간 세자로 있으면서 부친을 보필하였다. 1445년(乙丑)에는 부친이 병석에 있었고, 1446년(丙戌)에는 모친이 병석에 있었다. 1450년(庚午)에 결국 부친이 승하하였으며, 본인도 1452년(壬申)에 승하하였다.

건명이 강왕한 상관격을 이룰 때는 반드시 재성이 있어야 한다.

재성은 곧 관살을 생부 해주기 때문에 강왕한 상관격에서 관살을 보호할 수 있고, 관살은 곧 자식이 되므로 자식이 온전할 수 있다. 재성이 없을 경우는 강왕한 식상과 관살이 구별되어 투출할 경우에는 자식이 온전할 수 있다.

재성이 없을 경우는 관살이 투출되지 않았거나 암관이 다치지 않아야 관살을 유지할 수 있으나, 식상이 양투하거나 삼투할 때에는 더욱 강왕해지기 때문에 관살이 잘 유지되어야 자식의 발복을 얻을 수 있는 것이다.

곤명도 역시 강왕한 상관격을 이룰 때는 반드시 재성이 있어야 한다. 재성은 곧 관성을 生 하고, 강왕한 상관으로부터 부군이 온전할 수 있기 때문이다. 재성이 없고, 양투 또는 삼투로 인한 강왕한 상관이 되었을 때에는 관살, 즉 부군이 온전할 수 없기 때문에 반드시 재성을 필요로 함을 염두에 두어야 한다.

따라서 강왕한 상관격이 되었을 때, 건명은 재로서 관살을 生 해 자식의 발복을 얻을 수 있고, 곤명은 재로서 관살을 生 해 부군의 발복을 얻을 수 있다.

현대적 의미로서는 이에 더해 남녀 모두 직장생활이 힘들 수 있고, 독립적이고 기획력이 있는 일을 하는 것이 좋다.

명조에 식상이 강왕하지 않더라도, 재차 식상 운이 오게 되면 직장과 부군 또는 자식에 문제가 생길 수 있으므로 잘 살펴 간명하여야 한다.

## 4) 상관격의 성격

〈표 7〉 상관격의 성격 방법

| 격국 | 용신 | 간략 설명 |
|---|---|---|
| 상 관 격 | 상관용인격 (傷官用印格) | · 상관격에 인성을 用하면 극제 시킬 뿐 아니라 상대적으로 약한 일간을 생부 해 준다[傷官佩印]. <br> · 甲乙木이 夏節에 生 하면 반드시 인성을 用해야 한다[夏木用印]. <br> · 상관격이 살을 대동할 때, 정인을 用하면[煞印相生] 化煞되어 煞印으로 사용할 수 있다. |
| | 상관용록격 (傷官用祿格) | · 일간의 설기가 심해 약할 때에는 祿劫으로 用해야 할 때도 있다. |
| | 상관용재격 (傷官用財格) | · 상관격이 재성을 用하여 生財 해 주면 길성으로 化 하게[傷官生財] 되며, 일간이 통근하게 되면 귀까지 얻을 수 있다. <br> · 재성으로 用하고, 인성까지 겸하여 상관을 극제 시키면 더욱 귀하다[傷官佩印]. |
| | 상관용관격 (傷官用官格) | · 상관격이 정관을 파하게 되면 흉하게 되나, 冬節에 庚辛金은 정관을 用하여 조후로 활용하여야 한다[冬金用官ㆍ冬金用煞]. |
| | 파격 | · 상관격이 정관을 파극하면 파격이 된다[金水傷官格 제외]. |
| | | · 상관과 재성이 투출하고 편관을 보면 칠살이 되어 파격된다. |
| | | · 일간과 인성이 강하고 상관이 약하면, 用할 수 있는 상관이 깨뜨려 지니[破了傷官] 파격이 된다. |
| | | · 일간이 약한데 상관과 재성이 각각 강하면서 生財되면 그 격이 낮아지고, 때로는 파격될 수 있다. |

# Ⅳ 재성격(財星格)

정재격과 편재격은 사주 내에서, 내가 剋 하는 것이 강한 세력을 가짐으로 인해 이루어진 격으로, 사주의 모든 부분을 재성이 주재하게 된다.

관성을 생부 해주거나 식상의 생부를 받으면 그 성향이 관성이 활용된 재성과 식상이 활용된 재성으로 각각 나타나게 된다. 그리고 일간이 강함을 충족하게 되면 재성격의 성향이 그대로 나타나는 경향이 있다. 다만, 재성격은 근기가 강할 때는 일간의 강왕을 요하게 되고, 일간이 쇠약해질 때는 관인 또는 재성과 구별되어 있는 인성 또는 傷官生財에 의해 성격 되어야, 그 선한 기운들이 더욱 선하게 된다. 특히 정재격은 合하는 재물이므로 반갑게 맞이할 수 있지만, 편재격은 여러 사람의 재물이므로 일간의 강왕함을 더욱 요하게 된다.

현대 사회에서는 정재격과 편재격은 그대로의 성향도 길신이지만, 관성 또는 식상을 같이 활용하게 되면 그 성향이 더욱 다양화되고 높아지므로, 유년 시절부터 이재(理財)에 밝고 수리(數理)능력이 뛰어나며, 좋고 싫음이 얼굴에 그대로 나타나고, 일간의 강왕에 따라 부와 귀가 각각 얻어질 수 있으며, 길신인 관성과 인성을 같이 하거나 식상을 같이 활용하게 되면 최상의 양상으로 나타나게 된다.

정재격은 길신이다. 그러나 편재격은 일간의 강왕을 요하게 되고, 정편재 둘 다 투출되는 것을 꺼리며, 만약 보게 된다면 일간은 더욱 강왕하거나 비겁의 도움이 있어야 길하게 된다.

재성격은 생부하면 성격이 되고, 인성을 극제 하게 되면 파격이 된다. 따라서 생부 해주는 것이 용신이 된다. 다만, 財多身弱은 마땅치 않다.

용신이 되는 경우는 여러 형태가 있지만, 관성을 생부 해주고 식상의 생부를 받으니 관성과 식상이 용신이 될 경향이 강하다. 그러나 살을 생부 해주게 되면 반드시 煞印相生 되어야 하고, 비겁이 왕성할 때는 오히려 관살이 용신이 될 경향도 많아진다. 그리고 식상의 생부를 받을 때 일간이 쇠약하다면 반드시 인성의 도움을 받아야 하니, 이때는 인성이 용신이 될 성향이 많아진다.

따라서 엄밀히 말하면 정재격과 편재격은 비슷한 성향이 나타나지만, 일간의 강왕과 생부의 성향, 비겁의 형태에 따라 서로 다른 성향이 나타날 수도 있다.

『명리약언』에는 "구서에 정재는 곧 나누는 범위의 재이니 그것을 만나도 기특한 것이 아니며, 편재는 많은 사람의 재이니 그것을 얻으면 아름다움이 된다고 했는데, 무릇 자기의 분수를 편안히 여기지 않고 남의 재물 취하는 것을 좋아한다면 그것은 욕심 많은 사람의 견해일 뿐이며, 특히 정재는 정인을 손상할 수 있고 편재는 효신을 제압할 수 있지만, 이것을 근거로 편재를 귀하게 여기고 정재를 천하게 여겨서는 안 된다"[157]고 하였다.

『자평수언』에는 정편재격에 대해 "책에서 이르기를, 정재는 자신의 재여서 다른 사람이 빼앗아갈 수 없고, 편재는 여러 사람의 재물이어서 사람들이 일부분을 차지할 수 있다고 했으니, 이 구절은 양간을 가리켜서 말한 것이다. 양간은 재를 보면 서로 合을 한다. 그렇게 하면 잇달아 결합해서 다른 사람들이 빼앗을 수 있는 것이 아니다. 甲이 己를, 丙이 辛을, 戊가 癸를, 庚이 乙을, 壬이 丁을 보면 서로 合한다. 음간은 이렇게 논할 것이 아니다. 乙이 戊를, 丁이 庚을, 己가 壬을, 辛이 甲을, 癸가 丙을 보면 정재 일지라도 그 힘이 그것을 尅 하기에 부족하니 쓰임이 편재와 같다. 양이 양을 尅 하고 음이 음을 尅 하는 것은 편재로 무정하여 서로 尅 한다. 기운이 오로지 이어지지 않아 쓰임도 분산되기 때문에 많은 사람의 재라고 하는 것이다"[158]고 하여, 양간

---

157　陳素庵,『命理約言』「看正偏財法」: "舊謂正財乃分內之財, 遇之非奇, 偏財乃衆人之財, 得之爲美, 夫不安己之分, 而喜取人之物, 此貪夫之見耳, 特正財能傷正印, 偏財能制梟神, 然不可因此而貴偏賤正也."

의 정재는 合하는 재성이므로 반갑고 뺏을 수 없는 재성이고, 음간은 힘이 부족 하기에 음간의 정재는 편재와 같다 하였으며, 편재는 나의 재물이 아니라 여러 사람의 재물이므로 더욱 강왕해야 함을 에둘러 말하고 있다.

---

158  陳素庵, 『命理約言』 「看正偏財法」: "舊謂正財乃分內之財, 遇之非奇, 偏財乃衆人之財, 得之爲美, 夫不安己之分, 而喜取人之物, 此貪夫之見耳, 特正財能傷正印, 偏財能制梟神, 然不可因此而貴偏賤正也."

## 1. 정재격(正財格)

### 1) 정재의 기본 의미

『연해자평』에는 "무엇을 정재라 하는가? 정관의 의미와 같이 음이 양재를 보며, 양이 음재를 보는 것이다. 대저 정재는 나의 처와 같다. 반드시 정신이 강건한 연후에라야 그것을 누리고 가질 수 있을 것이다. 내가 유약하면 비록 처와 재물이 풍후하다 하더라도 눈에 보이지만 털끝만큼도 수용하지 못하는 고로 재는 반드시 득시를 할 것이며 재가 많아서는 안 된다"[159]고 하여, 정재의 기본 의미는 처와 재물을 의미하고, 일간이 강해야 처재를 다스릴 수 있으며, 일간이 약하면 처재가 풍성하더라도 얻지 못함을 설명하고 있다.

『삼명통회』에도 "〈정재는〉 나의 처가 되어 내가 처를 취하는 것으로 처가 귀한 재물을 가지고 나한테 시집오는 것이다. 그래서 나는 반드시 정신이 강건하여야만 그것을 사용하고 누릴 수 있고, 내가 쇠약하면 거두어들이지 못하게 되어 비록 처와 재가 풍후하다고 하더라도 오직 바라만 볼 뿐 종내 얻어 사용할 수가 없다"[160]고 하여, 역시 일간의 강함을 요하고, 약하면 재를 얻을 수 없음을 기술하고 있다.

『명리정종』에는 "정재란 어떤 것인가? 재란 곧 나의 생명을 편안히 기르는 것으로, 물건이기 때문에 사람이 보면 욕심내지 않는 사람이 없게 된다고 하였고, 그러나 신주가 유기하여야 능히 재물을 가질 수 있는 것이므로 금 보석이나 논밭 자산이 다 나의 소유로 될 수 있지만, 신약한 일주인 경우에는 가지지

---

159  徐樂吾, 『子平粹言』 「體性」: "書云, 正財爲自己之財, 非他人所能分奪, 偏才爲衆人之財, 人皆有份, 此亦指陽干而言, 蓋陽干見財則相合, 相合則聯結, 非他人所能分奪, 如甲見己, 丙見辛, 戊見癸, 庚見乙, 壬見丁, 皆相合也, 陰干非此論, 如乙見戊, 丁見庚, 己見壬, 壬見甲, 癸見丙, 雖爲正財, 其力不足以剋之, 用與偏才同, 陽剋陽陰剋陰爲偏才, 無情相剋, 氣不專屬, 用亦分散, 故云衆人財也."

160  徐大升, 『淵海子平』 「論正財」: "何謂之正財, 猶如正官之意, 是陰見陽財, 陽見陰財, 大抵正財, 吾妻之財也, 人之女貨財以事我, 必精神康強, 然後可以享用之, 如吾身方且自萎懦而不振, 雖妻財豐厚, 但能目視, 終不可一毫受用, 故財要得時, 不要財多."

못하고 신약하여서는 그 재물을 능히 가질 수 없는 것인바, 이때에는 도적의 재물이므로 사건이 발생하는 때에 목숨을 해치는 물건이 된다고 하였다."[161]라며 내 식신을 기르는 것이 정재이며, 일간이 강하면 재물을 소유할 수 있으나, 일간이 약하면 도적이 재물[정재]과 생명[식신]까지 해칠 수 있다고 하였다.

『명리약언』에는 "정재는 양일이 음을 剋 하고 음일이 양을 剋 하는 것이니, 비유하자면 자기의 재가 나에게 맡겨지면 받아 쓰는 것이며, 정당하게 공급된 것은 응당 취득하여 모아서 가지게 되는 것과 같다"[162] 하였다.

『자평진전』에는 "재성은 내가 剋 하는 것이 되니 부리고 쓰는 물건이다. 관성을 生 할 수 있으므로 아름다운 것이 되는 까닭이며, 재물이 되고 처첩이 되고 재능이 되고 역마가 되는 것 다 재성의 부류이다"[163]고 하였다.

정재의 심리적 특성은 "내가 剋을 하면서 상흡하는[아극차아흡(我剋且我吸)] 관계가 된다. 육체는 정신적 주체 자아가 가장 구체적으로 통제하는 것이기 때문에 감각기관의 편안함과 식욕과 성욕을 중시하고, 통제가 가능한 사물에 대한 집착이 강하며, 실용적 이익 추구를 하는 편이며, 또한 자아 육신을 통제하고 제한하면서 자아 육신과 친밀한 관계가 되는 것이다."[164]

정재격이 성격 되었을 때의 성향을 분석하면, 성실하며, 시간을 엄수하고, 노력의 대가만큼 재물을 얻으려 하고, 검소하여 저축을 잘하고, 알뜰하고 치밀하며, 기획력이 있으며, 이익을 창출하고, 신용이 있으며, 감성보다 이성이 발달하였고, 합리적이며, 보수적이며, 가정적이고, 한번 정을 주면 쉽게 배신하

---

161  萬民英,「三命通會」「論正財」: "受我剋制, 爲我之妻, 譬人娶妻, 妻齎財嫁我, 我必精神康强, 而後可享用, 若衰微不振, 雖妻財豐厚, 但能目視, 終不得用."

162  張神峯,「命理正宗」「月支正財格」: "正財者何也, 財爲養吾性命之物, 人見之未嘗不欲, 若身主有氣則能任之, 若金寶, 若田産, 皆我之物也, 身弱則不能任, 如盜賊偸人財物, 事發則爲害命之物也."

163  陳素庵,「命理約言」「正財賦」: "陽日剋陰, 陰日剋陽, 譬己財之聽我享用, 若正供之應得輸將."

164  沈孝瞻,「子平眞詮」「論財」: "財爲我剋, 使用之物也, 以能生官, 所以爲美, 爲財帛, 爲妻妾, 爲才能, 爲驛馬, 皆財類也."

지 않고, 새로운 사람과 적응하기 쉽지 않고, 인간성이 나쁘다고 판단되면 그 사람과 절대 사귀지 않으며, 좋고 싫음이 얼굴에 쉽게 나타나고, 계산적이면서 계획적으로 생활하며, 신중하고, 경리나 회계 업무에 능력이 있다.

그러나 정재가 중하거나 이를 범하여 일간에 문제가 생기면, 가난하거나 인색하기 이를 데 없고, 처에게 꼼짝하지 못하며, 이해타산이 빠르나 적기를 놓치며, 작은 것에 집착하며, 양보가 없고 융통성이 없게 된다.

### 2) 정재의 육친 의미

남자에게 정재의 육친은 정처, 백부, 숙부, 형수, 제수, 처제, 바깥사돈이 되고, 여자에게는 시모, 시조부, 백부, 숙부, 외손녀, 증손녀, 안사돈이 된다.

정재격이 성격 되면 해당하는 육친과의 관계에도 큰 영향을 받을 수 있으나, 파격 또는 刑沖破害를 만나게 되면 해당하는 육친의 나쁜 영향이 나타나기도 하고, 정재의 부정적인 성향이 나타난다.

현대적 의미에서는 재물과 관련이 많다.

### 3) 정재격의 성패(成敗)

| 時柱 | 日柱 | 月柱 | 年柱 | 乾命 |
|---|---|---|---|---|
| 丁 | 庚 | 丁 | 乙 | |
| 丑 | 申 | 亥 | 卯 | |
| 癸<br>辛<br>己 | 戊<br>壬<br>庚 | 戊<br>甲<br>壬 | 乙 | |

위 명조는 庚金 일간이, 年에 乙木이 월령의 힘을 얻고 局을 이루어 木이 더

욱 성하게 되니 강한 편재가 변격된 정재격이다.

　재성이 강할 때는 일간의 강왕이 요구된다. 일간은 日과 時에 통근하여 왕함을 얻게 되었다.

　月과 時에 양투된 丁火는 정재 乙木의 生을 받아 財生官이 되니 선하게 되었고, 일간은 통근하였으며, 재관이 유정하므로 正財用官格으로 성격 하였다.

　財生官이 될 때 상관이 투출하거나, 관이 살 작용을 하게 되면 파격이 된다.

　정재격으로 인해 이재가 밝았고 처복이 있었으며, 재와 관을 잘 다룰 수 있어 박정희 대통령과 함께 관급 공사를 많이 하였다.

　丁火가 투출되어 있는데, 戊癸 合火로 化出하니 첫아들을 낳게 되면 근심이 있게 된다.

　이병철 회장과 더불어 한국 근대사 경제 주역이었으며, 대북 사업에서도 선두주자이었다.

| 時柱 | 日柱 | 月柱 | 年柱 | 乾命 |
|---|---|---|---|---|
| 乙 | 甲 | 己 | 乙 | |
| 丑 | 辰 | 丑 | 亥 | |
| 癸<br>辛<br>己 | 乙<br>癸<br>戊 | 癸<br>辛<br>己 | 甲<br>壬 | |

　위 명조는 甲木 일간이, 月에 己土가 月에 득령하고 局을 이루어 강한 정재격이다.

　일간은 日과 年에 통근하였고, 時와 年에 비겁이 투출하여 왕하게 되니 비겁을 用하여 正財用劫格으로 성격 되었으나, 비겁 과다 투출로 일부 선하지 않음이 나타난다.

일간이 왕하고 정재도 강하나, 비겁이 투출하여 정재를 분탈할 수 있으니 큰 사업보다는 작은 사업에 만족하는 것이 좋다.

실제 작은 사업을 하여 경제 사정은 좋으나, 정재가 강할 때에는 모든 집안의 주권이 처에게 넘어가게 되니, 월급 생활자보다 더 못한 대우를 받고 있다.

己土 처 입장에는 정편관이 옆에서 진을 치고 있으니 시댁과의 갈등이 심하게 되고, 甲木 남편 입장에는 처에게 꼼짝하지 못하니 결혼 후 본인의 의지대로 본가에 가본 일이 거의 없다고 한다.

『연해자평』에 "만약 재가 많으면 일주가 힘이 있어야 가히 재를 맡을 수 있고 관을 生化할 수 있다. 재가 많고 일주가 약하면 가난하고 박복하여 다스릴 수가 없고 신왕하여야 즐거움이 있다"[165]고 하여, 재가 왕하게 되면 일간도 왕해야 그 재를 취할 수 있음을 말하고 있다.

| 時柱 | 日柱 | 月柱 | 年柱 | 乾命 |
|---|---|---|---|---|
| 己 | 辛 | 庚 | 辛 | |
| 丑 | 卯 | 寅 | 卯 | |
| 癸<br>辛<br>己 | 乙 | 戊<br>丙<br>甲 | 乙 | |

위 명조는 辛金 일간이 時에 통근하였고, 月과 年에 비겁을 투출시켜 왕하게 되었다.

時에 己土는 월령을 득하고 自坐하여 편재 변격이다.

지지에는 木局을 이루어 정재 겸격이다.

---

165  徐大升, 『淵海子平』 「論正財」: "若財多則自家日本有力, 可以勝任, 當化作官, 天元一氣, 羸弱貧薄難治, 是樂於身旺."

인성은 木局의 왕함으로 인해 일간이 위축됨을 생부 해줌으로써, 인성을 用하여 正財用印格으로 성격 되었다.

여기에서 만약 일간이 약하게 되면 왕한 재를 얻을 수 없고, 위『연해자평』내용처럼 가난하고 박복할 수 있다.

| 時柱 | 日柱 | 月柱 | 年柱 | 乾命 |
|------|------|------|------|------|
| 丙 | 癸 | 壬 | 壬 | |
| 辰 | 未 | 寅 | 辰 | |
| 乙<br>癸<br>戊 | 丁<br>乙<br>己 | 戊<br>丙<br>甲 | 乙<br>癸<br>戊 | |

위 명조는 癸水 일간이 時와 年에 통근하였고, 月과 年에 비겁이 투출되어 왕하게 되었다.

時에 丙火는 월령을 득했고, 日에 통근하여 역시 왕한 정재 변격이다.

정재가 왕하고, 일간도 비겁을 用하여 강하니 正財用劫格으로 성격 되었다. 그러나 네 개의 주에 木이 잠재되어 있고, 상대적으로 관성 土가 剋 되어 자식으로 인한 근심이 생기게 된다.

비겁은 정재와 구별되어 있어 분탈하지 않으며, 재물이 풍성한 HW기업 회장의 명조이다.

또,『연해자평』에 "사주에 生 해주는 부모[인성]가 없고 재를 기뻐하여 재를 보면, 이는 재가 많아 감당할 힘이 없어서 재앙이 백출할 것이다. 비록 소년에 경영한다 할지라도 휴와 사의 지에 있으므로 여의치 못하니 일만 많고 바쁘기만 하다. 혹 소년에 왕하게 일어나더라도 노년에 격이 깨지면 궁색하고 처량할 뿐 아니라 겸하여 시비 또한 분분히 일어난다"[166]고 하여, 재성이 많음으로 인해 신약한 것을 財多身弱이라 하고, 일만 많고 그 결과는 없는 것을 말하고 있으며, 신강의 지로 가는 운이 오더라도 결국 노년에 처량한 신세가 된다고 하였다.

『삼명통회』에도 "원기부에 이르기를, 財多身弱하면 신왕한 운에서 영화가 있고, 신왕한데 재가 쇠약하면 재향에서 발복한다 하였다. 또 남자가 財多身弱하면 처의 말에 치우치게 된다"[167]하여, 財多身弱하면 신왕한 운을 기다려야 하고, 남자는 처복이 없음을 말하고 있다.

또, "시에 이르기를, 정재는 식신이 왕성하면 풍영하고, 일주가 강하여야 하는데 財多身弱이면 평생 일이 깨어져 이루지 못하게 된다. 신약하고 재가 왕하면 오히려 요절한다"[168]고 하여, 재성은 식신의 생부가 좋고, 財多身弱을 꺼림을 말하고 있다.

---

166  徐大升, 『淵海子平』「論正財」: "又四柱無父母以生之, 反喜財, 又有見財, 謂之財多, 力不任財, 禍患百出, 雖少年經休囚之位, 故不如意, 事多頻併, …, 倘少年乘旺, 老在脫局, 不惟窮途悽惶, 兼且是非紛起."

167  萬民英, 『三命通會』「論正財」: "元機賦, …, 財多身弱, 身旺運以爲榮, 身旺財衰, 財旺鄉而發福, …, 男逢財多身弱, 妻話偏聽."

168  萬民英, 『三命通會』「論正財」: "詩曰, 正財喜旺食豐盈, 日主剛强力可勝, 若是財多身自弱, 平生破敗事無成, …, 身衰財旺還知夭."

| 時柱 | 日柱 | 月柱 | 年柱 | 乾命 |
|:---:|:---:|:---:|:---:|:---:|
| 辛 | 丙 | 庚 | 辛 | |
| 卯 | 申 | 子 | 卯 | |
| 乙 | 戊<br>壬<br>庚 | 壬<br>癸 | 乙 | |

위 명조는 丙火 일간이 무근하고, 월지에서 투출된 천간은 없고, 局을 이루어 정관격이 되었다.

月과 時와 年에는 재성이 투출되었고, 日에 통근하여 강한 재성으로 칠살을 만들게 되었다.

전형적인 財多身弱 명조로 볼 수 있으며, 평생 재를 따라 바쁘기만 하였고 그 결과는 없었다.

재성이 과다하여 과유불급되니 편재 부친은 일찍 死하였고, 인성은 투출된 것이 없고 장간에서도 財星過多로 인해 겁이 나서 올라오지 못하는 결과로 이어지니 육친이 무덕하다 하겠다.

20~30대에 비겁 운이 와 잠깐 재를 쥐었지만, 결국 파산하여 재기하지 못하였으며, 이때 처와 재물을 다 잃어버리게 된다.

40대 후반 乙未 대운에 다시 여러 사람을 거치면서 사업을 하려 했지만, 오히려 더 큰 화가 닥쳐 신용불량자가 되고 크게 빚더미에 앉게 된다.

재성이 강하다 보니 큰 재물에만 관심이 있고, 용신으로 쓸 인성도 없으며, 식상도 生財하지 않으면서 財多身弱이다 보니 더욱더 재물에 욕심을 부리고 노력 없이 재물을 얻으려 하고, 결국 파격이다.

우여곡절 끝에 50대 초에 절에 출가하였으나, 정식적인 종파에 들지 못하고 떠돌이 생활을 하다가 필자를 만나게 되었다.

이후 부모 묘를 이장해 주고 난 후 생활은 나아졌으나, 재물과 여자에 대한 끝없는 욕심은 버릴 수 없는 것 같다.

떠돌이 생활을 하다가 부모 묘 이장 후 현재는 시골에서 주택을 전세 얻어 작은 절을 운영하고 있으나, 신도들에게 계속 재물과 관련된 요구를 하니 하나 둘씩 곁을 떠나고 있어 안타까운 명조이다.

그나마 장점으로 보아야 할지는 모르겠으나 재물이나 여자가 보인다고 생각하면, 끝없는 아이디어를 속출해 내면서 유도하려 한다.

이러한 경우를 『삼명통회』에서 "재가 왕한데 신약하면 재앙이 많고, 복은 적게 되고, 財多身弱은 인성이 身을 돕기를 원하고, 身이 왕한데 재가 쇠약하면 비겁의 분탈이 두렵고, 재와 식신이 입고한 사람은 복이 두텁고, 도식되면 재를 구원하는 자는 빈요하다 하였다."[169]라고 하였다.

또 "천리마에 신약한데 재성을 만나고 또 살이 있으면 열 중 아홉은 가난함이 있으며, 재의 근원에 겁재로 빼앗김이 있으면 부친의 목숨이 먼저 기울어지게 되고, 재성이 득위하면 처로 인하여 부유한 집을 이루게 되고, 재가 장생을 만나면 논과 밭이 만경(萬頃)이 되고, 재성이 왕하여 관을 生 하면 자연히 영화가 있게 된다 하였다."[170]라며 신약한데 財生煞하면 다 가난하고, 군겁쟁재가 되면 부친의 목숨이 위태로우며, 신강 재강하면 처와 재산이 늘고 관까지 生 하면 영화가 따른다고 하였다.

---

169  萬民英,『三命通會』「論正財」: "財旺身衰, 禍深福淺淺, 財多身弱, 要印扶身, 身旺財衰, 怕劫分奪, 財食入庫者福厚, 倒食求財者貧天."

170  萬民英,『三命通會』「論正財」: "千里馬云. 逢財忌殺而有殺, 十有九貧, 又云, 財源被劫, 父命先傾, 又云, …, 財星得位, 因妻致富成家, 財遇長生, 田腴萬頃, 財旺生官, 白身榮顯."

| 時柱 | 日柱 | 月柱 | 年柱 | 坤命 |
|---|---|---|---|---|
| 辛 | 丙 | 辛 | 庚 | |
| 卯 | 申 | 巳 | 申 | |
| 乙 | 戊<br>壬<br>庚 | 戊<br>庚<br>丙 | 戊<br>壬<br>庚 | |

위 명조는 앞서 소개한 명조와 財星過多의 여건에서 서로 비교할 수 있다.

일간 丙火가 녹왕하고, 月과 時와 年에 정편재는 득령하였고 日과 時에도 통근하여 강한 재성격이 되었다.

일간의 강함으로 인해 녹왕을 用하여 正財用祿格으로 성격 되었으나, 강함을 얻었다가 재성이 강함으로 인해 쇠해진 명조가 되었다.

역시 財星過多로 인해 부친은 유년 시절부터 없는 것과 같았고, 모친은 투출된 것이 없고 財星過多로 인해 장간에서 역시 재 역할을 못 하였으며, 결국 단명하였다.

다행히 녹왕함으로 인해 정재인 숙부와의 좋은 관계가 유지되어 많은 도움을 받게 되었고, 숙부 밑에서 경영 수업을 하고 있다.

부모와 관계된 면에서는 비슷한 결론이 나타나지만, 녹이 있는지 없는지에 관련되어서는 전혀 다른 결론이 나타남을 비교할 수 있다.

| 時柱 | 日柱 | 月柱 | 年柱 | 乾命 |
|---|---|---|---|---|
| 己 | 庚 | 乙 | 癸 | |
| 卯 | 申 | 卯 | 亥 | |
| 乙 | 戊<br>壬<br>庚 | 甲<br>乙 | 甲<br>壬 | |

위 명조는 庚金 일간이, 月에 乙木 정재가 월령을 얻고 局을 이루어 강한 정재격이다.

年에 癸水는 日에 통근하고 自坐였으나, 傷官生財하니 선함으로 바뀌게 되었다.

일간은 日에 통근하였고, 時에 己土는 日에 통근하여 생부하고 있다.

상관과 정재를 다 활용할 수 있고, 일간이 약함은 정인이 생부 해주고 있으니, 正財用印格으로 성격 되었다.

처음에는 직원으로 근무하다가 기획력이 뛰어나 인정을 받았고, 다니던 회사를 인수하여 운영하고 있는 명조이다.

『자평진전평주』에도 "재는 내가 剋 하는 것이다. 반드시 신강해야 비로소 剋하고 제어할 수 있으며, 신약하면 재를 감당하지 못하므로 재가 오히려 화를 부른다. 재물이란 인간의 삶에 있어서 없어서는 안 되는 것이다. 그러나 반드시 감당할 만한 세력이 있고 지키고 운용할 수 있어야만 복을 누릴 수 있다. 그렇지 않으면 어린애가 보물을 지니고 있다가 빼앗겨 눈물을 흘림과 같다"[171]고 하여, 역시 일간의 강왕을 요구하고 있다.

---

171 徐樂吾, 『子平眞詮評註』 「論財」: "財爲我剋, 必須身强, 萬能剋制, 若身弱, 雖有財不能任, 則財反爲禍矣, 財爲人生不可少物, 然必須有才能勢力, 方能保守運用, 可以護福, 否則小人懷璧."

| 時柱 | 日柱 | 月柱 | 年柱 | 乾命 |
|:---:|:---:|:---:|:---:|:---:|
| **辛** | **庚** | **己** | **乙** | |
| **巳** | **寅** | **卯** | **未** | |
| 戊<br>庚<br>丙 | 戊<br>丙<br>甲 | 甲<br><br>乙 | 丁<br>乙<br>己 | |

위 명조는 庚金 일간이, 年에 乙木이 월령을 얻고 局을 이루어 강한 정재격이다.

일간은 時에 통근하였고, 時에 비겁이 투출하였으나, 강한 정재를 다스리기엔 역부족이다.

이럴 때 日과 時에 통근한 月에 己土 인성을 用하여 성격 하여야 한다. 강한 재성이 財剋印하여 인성이 일부 손괴되었으나, 일간과 겁재가 재성을 극제하고 있다. 인성을 用하여 正財用印格으로 성격 하였다. 그러나 인성과 재성이 구별되어 있지 않음이 아쉬운 명조이다.

앞서 설명한 명조와 달리 인성이 재성과 구별되어 있지 않았고, 『자평진전』에는 이 명조를 "재성과 인성은 마땅히 서로 나란히 있으면 안 된다"[172]고 하였고, "乙木 재성과 己土 인성 둘 사이가 서로 좋지 못하니, 설령 좋은 처지에 있어도 작은 부자일 뿐이다"[173]고 하였다.

『삼명통회』에 "독보에 이르기를, 먼저 재가 있고 후에 인이 있으면 도리어 복을 이루고, 먼저 인이 있고 후에 재가 있으면 도리어 독이 된다 하였다."[174]라며

---

172  沈孝瞻, 「子平眞詮」 「論財」: "財印不宜相竝."

173  沈孝瞻, 「子平眞詮」 「論財」: "乙與己兩不相能, 卽有好處, 所富而已."

174  萬民英, 「三命通會」 「論正財」: "獨步云, 先財後印, 反成其福, 先印後財, 反成其辱是也."

재가 투출되면 인성과 구별되어 있어야 함을 말하고 있다.

| 時柱 | 日柱 | 月柱 | 年柱 | 乾命 |
|:---:|:---:|:---:|:---:|:---:|
| 壬 | 丙 | 辛 | 乙 | |
| 辰 | 寅 | 巳 | 卯 | |
| 乙<br>癸<br>戊 | 戊<br>丙<br>甲 | 戊<br>庚<br>丙 | 乙 | |

위 명조는 丙火 일간이, 녹왕하고 日에 통근하여 신강하게 되어 刑을 다스릴 수 있게 되었다.

月에 辛金은 득령하여 정재격이 되었다.

時에 壬水는 時에 통근하였고, 年에 乙木은 日과 時와 年에 통근하여 왕하게 되었다.

일간도 강하고, 정재도 왕하며, 인성은 손괴될 위기에 있으나 月과 日에서 合 해주고 있어 안정적이고, 또 時에 편관은 財生煞되나 煞印相生되어 일간을 생부 해주니 역시 유정하게 되었다.

일간의 강함과 정재와 정인과 편관이 선하게 되었으며, 正財用印格으로 성격 되었다.

육친이 다 덕이 있으며, 본인은 당시 노인요양병원 이사장을 하고 있었다.

| 時柱 | 日柱 | 月柱 | 年柱 | 乾 |
|:---:|:---:|:---:|:---:|:---:|
| 乙 | 丁 | 癸 | 甲 | 命 |
| 巳 | 丑 | 酉 | 寅 | |
| 戊<br>庚<br>丙 | 癸<br>辛<br>己 | 庚<br>辛 | 戊<br>丙<br>甲 | |

위 명조는 丁火 일간이, 金局으로 강한 재성격이다.

月에 癸水 칠살은 日에 통근하였고 金局의 생부를 받았으나, 일간은 時에 통근하여 강왕한 財生煞에 두려움을 느끼고 있다.

그러나 時와 年에 인성이 年에 통근하여 생부 해주니 한숨 돌리게 된다.

강한 재성격에 칠살이 투출하여 등극하였으나, 인성이 양투하여 煞印相生하니 일간으로 生 되어 財星用印格으로 성격 하였다.

다시 말하면, 재성이 財生煞하고, 관성은 다시 官印雙全하여 일간을 생부 하니 재성과 관성과 인성이 다 순행되어 선한 명조가 되었으며, 일간은 장생지에 生 하니 더욱 선하게 되었다.

칠살과 인성의 관계에 있어 선생후극(先生後剋)의 좋은 예이다.

丙子 대운에 癸水가 녹근하여 더욱 강한 관성이 되어 인성을 생부 해주니 사법고시에 통과하였고, 현재 판사로 재직 중이다.

일간이 재성에 비해 약하지만, 투출하지 않고 강하기 때문에 처와 재물과 처가(妻家) 덕이 있었으며, 좋은 자식도 배출하였고, 명예도 같이 얻은 명조이다.

『자평진전』에 "재격의 귀한 局은 동일하지 않다. 재성이 왕하여 관성을 生 함이 있는 것은, 身이 강하고 상관이 투출하지 않고, 칠살이 혼잡하지 않으면 귀격이 된다"[175]고 하여, 재성이 왕하고 財生官할 때 일간이 강해야 하고 식상이

制煞됨이 없어야 귀격이 됨을 말하고 있다.

| 時柱 | 日柱 | 月柱 | 年柱 | 乾命 |
|---|---|---|---|---|
| **甲** | **戊** | **庚** | **丙** | |
| **子** | **申** | **子** | **申** | |
| 癸 | 戊<br>壬<br>庚 | 壬<br>癸 | 戊<br>壬<br>庚 | |

위 명조는 戊土 일간이, 지지가 水局이 되어 정재격이다.

일간은 日과 年에 통근하였고, 月에 庚金은 역시 日과 年에 통근하고 있다.

時에 甲木은 근기가 없고, 局을 이룬 재성의 생부를 받고 있다.

일간에게는 조후로 用해야 하는 丙火가 꼭 필요하다. 丙火가 통근하지는 못했지만, 庚金을 극부하고 있어 편관이 건재하게 된다.

그러나 불편한 진실은 식신이 편인과 구별되어 있지 않다는 것이다.

결론적으로 정재가 局을 이루고 있어 강하고, 정재에 비해 일간이 쇠한 것이 큰 탈이다. 그리고 정재가 칠살을 보아 財生煞하면서 오히려 약한 일간에게는 칠살이 되었다.

다행히 식신이 制煞하고 효신을 재성이 財剋印하여 명조가 선하게 되었다.

그러나 壬寅 대운에 강한 정재가 투출하니 더욱 막강한 정재격이 됨으로 인해 상대적으로 일간은 더욱 약하게 되었고, 칠살 甲木은 강한 근기를 얻어 일간을 더욱 목 조이고 있다.

丙火 인성 역시 寅에 통근하여 그동안 칠살의 칠살 역할을 하던 庚金을 도식

---

175  沈孝瞻, 『子平眞詮』 「論財」: "財格之貴局不一, 有財旺生官者, 身强而不透傷官, 不混七煞, 貴格也."

함으로 식신이 손괴되었다.

丙火가 식신을 손괴 시킴으로 인해 수명에 문제가 발생하였고, 칠살이 일간을 역시 손괴 시키니, 결국 예비군 훈련에서 사격 오발로 인해 死한 명조이다.

| 時柱 | 日柱 | 月柱 | 年柱 | 乾命 |
|---|---|---|---|---|
| 乙 | 庚 | 癸 | 壬 | |
| 酉 | 子 | 卯 | 午 | |
| | | 甲 | 己 | |
| 辛 | 癸 | 乙 | 丁 | |

위 명조는 庚金 일간이 時에 통근하였으나, 時에 乙木 정재는 득령하여 강한 정재격이다.

月과 年에 壬癸水 식상은 日에 통근하였고, 이로 인해 일간은 약하게 되었다.

정재가 강하고 식상이 生財하므로 그 격이 성격 될 것으로 보이나, 지지가 모두 刑沖破害가 난잡해짐으로 인해 그 격이 선하지 않게 되었다.

지지가 사정(四正)이 될 때는 일간의 강왕함을 요한다. 식상과 정재에 비해 일간이 너무 쇠약할 뿐 아니라, 지지에 子午卯酉가 전체 刑沖波 됨에 따라 문제가 생기게 되었다.

상담 당시 병명도 모르는 희귀병을 앓고 있었으며, 인성의 도움 또는 녹왕이 절실한 명조이다.

| 時柱 | 日柱 | 月柱 | 年柱 | 乾命 |
|---|---|---|---|---|
| 丙 | 戊 | 戊 | 庚 | |
| 辰 | 子 | 子 | 戌 | |
| 乙癸戊 | 癸 | 壬癸 | 辛丁戊 | |

　위 명조는 戊土 일간이, 時와 年에 통근하여 근기를 얻었고, 지지에는 水局을 이룬 왕한 정재격이다.

　時에 丙火는 年에 통근하여 일간을 생부하고 있다.

　年에 庚金은 역시 年에 통근함으로 인해, 인성과 식신이 구별되어 있어 다 유정하게 되었다.

　왕한 정재격에 인성과 식신이 비겁으로 다 활용할 수 있으며 명조가 다 선하게 되었으니, 正財用印格으로 성격 되었다.

　『자평진전』에 "식상을 쓰면서 인성을 겸하여 씀이 있는 것은, 식상과 인성이 둘 다 서로 장애가 되지 않거나, 혹은 암관(暗官)이 있는데 식상이 제거되어 관성을 보호하면 모두 귀격이다"[176]고 하면서 위 오방안의 명조를 "庚金과 丙火가 두 戊土에 막혀 있어서 서로 剋 하지 않으니, 이것이 식상과 인성이 서로 장애가 되지 않는다"[177]고 설명하고 있다.

---

176　沈孝瞻,『子平眞詮』「論財」: "有用食而兼用印者, 食與印兩不相礙, 或有暗官而去食護官, 皆貴格也."

177　沈孝瞻,『子平眞詮』「論財」: "庚與丙隔兩戊而不相剋, 是食與印不相礙也."

| 時柱 | 日柱 | 月柱 | 年柱 | 乾命 |
|------|------|------|------|------|
| 壬 | 辛 | 辛 | 甲 | |
| 辰 | 酉 | 未 | 子 | |
| 乙癸戊 | 辛 | 丁乙己 | 癸 | |

위 명조는 辛金 일간이, 日에 통근하였고 月에 비견을 투출시켰으며, 相合되니 왕하게 되었다.

年에 甲木은 월령을 얻고 時에 통근하여 정재 변격이다.

時에 壬水는 時와 年에 통근하여 흉함을 지니고 있다.

현재 月에 비견과 時에 상관이 명조를 선하지 못하게 한 것 같으나, 비견으로 하여금 상관을 生 하게 해 그 흉이 방비 되었고, 상관은 다시 재성을 생부함으로써 약한 정재를 보강해 주고 있다.

따라서 비견으로 하여금 상관과 재성을 같이 운용하게 만들었으며, 先生後 剋의 또 다른 예도 된다.

이런 경우 군비쟁재의 두려움도 면할 수 있기에, 명조 자체가 안정되었으며, 傷官生財하니 正財用傷格으로 성격 되었다.

『자평진전』에 "재격이 상관을 씀이 있는 것은, 재성이 그다지 왕성하지 않고 비겁이 강하면, 대략 한 곳에 상관을 드러냄으로써 비겁을 변화시킨다"[178]고 하여, 재성이 왕하지 않을 때 비겁과 상관이 투출되었다면, 비겁의 도움으로 상관과 재성을 순차적으로 생부 하면서 재성을 보호하니 선하게 됨을 위 왕학사

---

178  沈孝瞻,「子平眞詮」「論財」: "有財用傷官者, 財不甚旺而比強, 輅露一位傷官以化之."

의 명조로 설명하고 있다.

또 부연하기를, "비겁 辛金을 만나는데, 壬水 상관으로서 비겁을 변화시켜 재성을 生 한다. 왕학사의 명이 이것이다. 〈그러나〉 재성이 왕하고 비겁이 없는데 상관이 투출하면 도리어 이롭지 않게 된다. 대개 상관은 본래 아름다운 물건이 아니다. 재성이 경미하고 비겁이 투출하여 어쩔 수 없이 상관을 쓴다. 〈재성이〉 왕성한데 상관이 드러나면 무엇 때문에 고생스럽게 상관을 쓰겠는가? 다만 재성으로 하여금 상관을 만나게 하여 관성을 生 하는 도구를 죽일 뿐이니, 어찌 부귀를 바라겠는가?"[179]라고 하였다.

| 時柱 | 日柱 | 月柱 | 年柱 | 乾命 |
|---|---|---|---|---|
| 壬 | 庚 | 庚 | 乙 | |
| 午 | 子 | 辰 | 卯 | |
| 己<br>丁 | 癸 | 乙<br>癸<br>戊 | 乙 | |

위 명조는 庚金 일간이, 통근한 것은 없고 月에 비견이 투출되어 있다.

年에 乙木은 득령과 함께 年에 통근하여 정재 변격이다.

時에 壬水 식신 역시 월령을 얻고 日에 통근하였으며, 局을 이루어 변격된 강한 식신 겸격이다.

결국, 정재격과 식신격이 변격되어 투출하여 食神生財로 순행하니 선하게 되었으나, 문제는 일간의 설기가 너무 심하다는 것이다.

---

179 沈孝瞻, 『子平眞詮』 「論財」: "逢辛爲劫, 壬以化劫生財, 汪學士命是也, 財旺無劫而透傷, 反爲不利, 蓋傷官本非美物, 財輕透劫, 不得已而用之, 旺而露傷, 何苦用彼, 徒使財遇傷而死生官之具, 安望富貴乎."

마침 月에 인성과 비견 庚金으로 하여금 식신을 生 하게 하여 일간의 설기를 보호할 수 있고, 食神生財하게 하니 비견을 用하여 正財用劫格으로 성격 된다.

약한 일간의 설기를 비견으로 식신을 生 하게 함으로써 군비쟁재의 두려움을 일부는 면할 수 있으나, 앞서 설명한 명조와는 다르게 일간이 약함으로 인해 강한 재성의 일부 분탈은 어쩔 수 없기에, 수천억의 유산을 나눠 가지게 된다.

| 時柱 | 日柱 | 月柱 | 年柱 | 乾命 |
|---|---|---|---|---|
| 乙 | 壬 | 丁 | 癸 | |
| 巳 | 子 | 巳 | 卯 | |
| 戊庚丙 | 癸 | 戊庚丙 | 乙 | |

위 명조는 壬水 일간이 自坐하였고, 年에 비겁이 투출하여 왕함의 근기를 이루고 있다.

月에 丁火는 월령을 얻어 自坐하였고, 時에 통근하여 강한 정재격이다.

時에 乙木은 生財하여 化 하니 상관이 정재와 함께 선하게 되었다.

일간이 왕함으로 가고 있고, 상관이 生財하니 상관을 用하고 겁재를 凶하여 正財用傷格으로 성격 되었다.

일간보다 재성이 더 강하나 상관을 다스려 재를 활용할 수 있게 되었으니, 사업보다는 재성을 관리해 주는 것이 좋다. 당시 농협지점장으로 근무하고 있었다.

『자평진전』에 "재격이 칠살을 지니고 있는 것은, 혹은 칠살을 合去하고 재성을 보존하거나 혹은 칠살을 제복하고 재성을 生 하면, 모두 귀격이다"[180]고 하면서 아래 이 어사의 명조를 소개하고 있다.

| 時柱 | 日柱 | 月柱 | 年柱 | 乾命 |
|------|------|------|------|------|
| 甲 | 戊 | 戊 | 庚 | |
| 寅 | 寅 | 子 | 辰 | |
| 戊<br>丙<br>甲 | 戊<br>丙<br>甲 | 壬<br>癸 | 乙<br>癸<br>戊 | |

위 명조는 戊土 일간이, 日과 時에 장생지에 있고 年에 통근하였으며, 月에 비견이 투출되어 있어 왕하게 되었다.

時에 甲木은 日과 時와 年에 통근하여 왕한 칠살이 되었다.

월지에서 투출된 천간은 없고 局을 이루어 왕한 정재격이다.

年에 庚金은 근기가 없어 약하나, 비견의 생부를 받고 있다.

여기에서 분탈의 힘을 가진 비견은 先生後尅으로 식신을 生 함으로써 유정하게 되었고, 칠살에 노출되어 있는 일간은 비견으로 설기되고 식신이 대두하니 역시 유정되게 되었다.

따라서 비견과 식신이 칠살을 설기하고 制煞하니 正財用食格으로 성격 되었다.

그러나 향후 운에서 재향지에 들게 되면, 財生煞로 칠살이 더욱 왕성해지면서 식신으로는 부족하여 파격될 수 있으니 조심해야 한다.

---

180    沈孝瞻, 『子平眞詮』 「論財」: "有財帶七煞者, 或合煞存財, 或制煞生財, 皆貴格也."

| 時柱 | 日柱 | 月柱 | 年柱 | 乾命 |
|---|---|---|---|---|
| 戊 | 甲 | 庚 | 乙 | |
| 辰 | 午 | 辰 | 酉 | |
| 乙<br>癸<br>戊 | 己<br>丁 | 乙<br>癸<br>戊 | 辛 | |

또 다른 예로 위 모장원의 명조를 설명하고 있다. 甲木 일간이 월에 녹왕하고 時에 통근하였으며, 年에 비겁을 투출시켜 강하게 되었다.

時에 戊土는 월령을 얻었고, 時에 自坐하여 강한 편재격이다.

月에 庚金은 年에 통근하고 相合한 金, 그리고 편재의 생부로 인해 일간에는 살의 위험이 있다.

그러나 일간이 강하고 투출된 비겁이 合去 해줌으로 인해 유정하게 되었고, 겁재를 用하여 偏財用劫格으로 성격 되었다.

향후 戊土를 剋 하는 비겁 운이나 인성 癸水가 合去 하는 운이 오지 않는다면 크게 문제가 없는 명조이다.

만약 여기에서 칠살과 겁재가 서로 合去 하지 않는다면 큰 흉액이 되는데, 『삼명통회』에 "만기에 이르기를, 정재가 생왕하면 편안하게 복을 누리고, 비겁을 만나면 막혀 신음하는데, 만약 관성을 보게 되면 막혀 있는 것이 뚫리고, 칠살을 만나면 하는 일이 이름은 적고 실패를 많이 한다"[181] 하였다.

---

181  萬民英, 『三命通會』 「論正財」: "萬祺云, 正財逢生旺而優游享福, 遇劫財則晦滯呻吟, 官星若見, 平生惹是招非, 七殺若逢, 處事少成多敗."

| 時柱 | 日柱 | 月柱 | 年柱 | 坤命 |
|:---:|:---:|:---:|:---:|:---:|
| 癸 | 戊 | 甲 | 戊 | |
| 丑 | 辰 | 子 | 申 | |
| 癸<br>辛<br>己 | 乙<br>癸<br>戊 | 壬<br><br>癸 | 戊<br>壬<br>庚 | |

위 명조는 戊土 일간이, 時에 癸水가 水局이 되어 투출하니 강한 정재격이다.

일간은 自坐하였고, 時와 年에 통근하였으며, 年에 비견을 투출시켜 왕하게 되었으나, 조후 火氣가 없음이 아쉽다.

月에 甲木은 日에 통근하였다. 강한 정재가 財生煞하니 두려움을 느끼게 되나, 비견으로 인해 칠살이 化煞되어 正財用劫格으로 성격 되었다. 그러나 비견에 문제가 생기면 모든 것을 잃게 된다.

재성과 相合하여 같은 오행이 들어오니 배다른 형제가 있고, 투출된 비견은 서로에게 큰 의지가 된다.

유년에는 부친과 인연이 없었고, 20~30대에는 辛酉와 庚 대운이 들어오면서 그동안 인성이 없음으로 인해 재의 도둑이었던 칠살이 制煞되니, 이때부터 재산을 많이 모으게 되었다.

40대 초 申 대운에는 水局이 더 강해지고 戊子年(2008)에 더욱더 水局이 범람해 칠살이 다시 등극하여 극치에 이르게 되니 戊土는 둑이 무너지게 된다. 甲木으로 인해 목을 매어 자살하였고, 이후 서로 의지하고 있던 비견 戊土도 자살하게 되며, 戊土에게 의지하여 부목되지 않았던 甲木도 둑이 다 무너지니 결국 자살하게 된다.

| 時柱 | 日柱 | 月柱 | 年柱 | 乾命 |
|---|---|---|---|---|
| 丁 | 乙 | 戊 | 壬 | |
| 亥 | 酉 | 申 | 寅 | |
| 甲<br>壬 | 辛 | 戊<br>壬<br>庚 | 戊<br>丙<br>甲 | |

　위 명조는 乙木 일간이, 月에 戊土가 월령을 득해 투출하였고 年에 통근하여 왕한 정재 변격이다.

　年에 壬水는 월령을 얻었고 時에 통근하여 역시 왕한 정인 변격이며, 정재와 정인 겸격이다.

　일간은 時와 年에 통근하였고, 時에 丁火는 年에 통근하였다.

　乙木은 현재 추동절에 生 하였고 月와 日에 金氣가 왕하니, 반드시 火를 조후하여 用해야 하므로 가을에 丁火가 약하긴 하지만 천금과도 같은 역할을 하고 있다.

　年에 투출된 壬水가 丁火를 合去 하려 하고 있으나, 月에 戊土가 財剋印함으로써 당장의 문제는 해결되었다. 그러나 장간에서 合하여 식신의 힘을 빼고 있으니, 평생 관재구설이 따라다닌다고 봐야 하고, 金氣가 투출되면 큰 문제가 생긴다.

　庚戌 대운 庚申年(1980)에 강한 편관이 칠살이 되었고, 식신이 완연하게 制煞하지 못함으로 결국 옥살이를 하게 된다.

　乙木이 추동절에는 각각 金氣와 寒氣를 火氣로서 조후하여야 재를 취하는데 크게 두려움을 느끼지 않는다.

　『적천수천미』에 "乙木이 봄에 生 하면 복숭아와 자두[도리(桃李)]와 같아서

金이 剋 하면 시들시들 말라 야위게 되고, 여름에 生 하면 벼[화가(禾稼)]와 같아서 水의 자윤이 있어야만 살 수 있으며, 가을에 生 하면 오동나무와 계수나무[동계(桐桂)]와 같아서 金이 왕하기 때문에 火를 만나 제압시켜 줘야 살 수 있으며, 겨울에 生 하면 예쁜 꽃[기파(奇葩)]과 같아 火로써 녹여주고 습토로써 뿌리를 내려 배양해 주어야 한다. 다시 보충하면, 봄에 生 한 乙木이 火가 마땅하다는 것은 그 발영함을 기뻐하기 때문이고, 여름에 生 한 乙木이 水가 마땅하다 함은 건조하기 쉬운 땅을 윤택하게 함이며, 가을에 生 한 乙木이 火가 좋다 함은 火로 하여금 金을 물리쳐 주기 때문이며, 겨울에 生 한 乙木이 火가 있어야 한다 함은 얼어붙은 천지를 녹여주기 위함이다."[182]라고 하였다.

또 "규양해우(刲羊解牛)란 말은, 乙木이 丑·未月에 生 하거나 乙未日, 乙丑日에 生 하는 것을 말하는데, 未는 木의 고가 되어 뿌리를 내릴 수 있고, 丑은 습토이므로 가히 생기를 받을 수 있기 때문이다. 또, 회정포병(懷丁抱丙)과 과봉승후(跨鳳乘猴)란 말은 乙木이 申·酉月에 生 하였거나 乙酉日에 生 하였다면 丙丁이 천간에 투출하여 水가 있어도 剋 하지 아니하고 제화 되어 金이 강하더라도 꺼리지 아니한다는 것이다. 허습지지(虛濕之地)에는 기마역우(騎馬亦憂)란 말은 亥子月에 生 하였는데 丙丁이 없고 또 戌未 조토도 없다면 年支에 午가 있더라도 역시 발생할 수 없음을 말한 것이다"[183]고 하여, 乙木의 조후에 대해 춘추동절에는 火를 조후해야 하고, 하절에는 水를 조후해야 하는 등에 대해 구체적으로 밝히고 있다.

---

182 林鐵樵, 『適天髓闡微』「論天干」: "乙木者, …, 春如桃李, 金剋則凋, 夏如禾稼, 水滋得生, 秋如桐桂, 金旺火制, 冬如奇葩, 火暖土培, 生於春宜火者, 喜其發榮也, 生於夏宜水者, 潤地之燥也, 生於秋宜火者, 使其剋金也, 生於冬宜火者, 解天之凍也."

183 林鐵樵, 『適天髓闡微』「論天干」: "刲羊解牛者, 生於丑未月, 或乙未乙丑日, 未乃木庫, 得以蟠根, 丑乃濕土, 可以受氣也, 懷丁抱丙, 跨鳳乘猴者, 生於申酉月, 或乙酉日, 得丙丁透出天干, 有水不相爭剋, 制化得宜, 不畏金强, 虛溼之地, 騎馬亦憂者, 生于亥子月, 四柱無丙丁, 又無戌未燥土, 卽使年支有午, 亦難發生也."

| 時柱 | 日柱 | 月柱 | 年柱 | 坤命 |
|:---:|:---:|:---:|:---:|:---:|
| 庚 | 乙 | 戊 | 甲 | |
| 辰 | 未 | 辰 | 辰 | |
| 乙癸戊 | 丁乙己 | 乙癸戊 | 乙癸戊 | |

위 명조는 乙木 일간이, 녹왕하고 지지에 모두 통근하였으며, 年에 비겁까지 투출시킴으로써 강하게 되었다.

월에 戊土는 득령하였고, 역시 모든 지지에 통근하였으므로 강한 정재격이다.

시에 庚金은 통근한 것이 없으나 모든 재성이 정관을 생부 해주고 있다.

일간도 강하고 정재도 강하여 財生煞로 설기되니 살을 用하여 正財用煞格으로 성격 되었다.

그러나 문제는 일간의 신강과 정관이 약함으로 인해, 년에 겁재는 크게 원활하지 않으니 항상 재성에 대한 불안감을 가지고 있다. 정관은 合去로 인해 겁재를 극제하지 않고 있다.

결혼 후 40대 초까지 부군이 운영하는 회사를 직접 관리하면서 영업하여 어느 정도의 반열에 올려놓았다. 이때 庚金 부군은 위 명조가 취한 재를 가만히 취하게 된다.

본인은 정재격이다 보니 한 개라도 아껴야 한다는 생각에 의식주에 인색하게 살고 있지만, 부군은 본인이 벌어 주는 재를 편하게 취하면서 合하는 재들과 유유자적하며 호화생활을 누리고 있다.

40대 중반 癸亥 대운부터 재성이 合去 함으로 인해, 그동안 모았던 모든 재물과 부동산 등이 부군 명의로 되어 있는 것을 이용하여, 부군이 이혼을 요구하게 된다.

재성 공망으로 인해 시댁의 도움이 없으며, 오히려 甲木 시댁에서도 부군에게 끊임없는 재물을 요구하고 있고, 부군의 많은 여성도 역시 재물을 끊임없이 가져가고 있다.

본인은 백호에 좌하고 있고 양인도 세 곳에 잇달아 있어 합리적으로 일을 해결하지 않고, 부군을 폭행함으로 인해 결국 법원으로부터 접근금지 명령을 받게 된다.

일간과 겁재의 강왕쇠약이 비슷할 경우, 관성이 투출함으로 인해 일간에게만 부담이 된다면 비겁의 분탈을 막기 힘들게 된다. 당시 본인이 모든 재물을 불린 것에 대한 끊임없는 부부 전쟁을 진행하고 있었고, 합리적인 선택으로 일부 재를 지킴이 더 현명하다고 조언하였다.

때로는 정관이라 할지라도 生剋制化의 위치상 유리하게 작용할지를 잘 살펴야 하며, 비겁의 투출도 때에 따라서는 불편한 관계로 지속될 수 있고, 또 때로는 乙木에게 암관과 식상의 구실이 필요함을 다시 한번 확인할 수 있다.

『명리약언』에 "재가 흉신을 대동하면 혹 재로 인하여 재앙이 갑자기 이르게 되고, 재가 공망이거나 절(絶)에 머물면, 비록 재가 있더라도 수용함이 길지 못하며, 재는 살을 좋아하니 그것으로 그 비겁을 억눌러 항복시킴을 좋아하는 것이다"[184]고 하였다. 위 명조는 재가 공망이 되었고, 재성이 관성을 생부 하나 비겁을 억누르지 않으므로 흉하게 되었다.

여자 명조에 정재가 없거나 공망이 되면 시부모와 인연이 없게 되고, 시부모가 없는 부군에게 시집가는 경우가 많다. 그러나 시부모가 있는 부군에게 시집을 가게 되면 가난한 시댁을 고생하며 평생 공양하여야 하나, 인정을 받지 못

---

184  陳素庵.『命理約言』「正財賦」: "或因財而禍殃突至, 財居空絕, (一空亡 二絕地), 總有財而受用不長, 財喜殺兮, 蓋喜其剋降比劫."

하는 경우가 많다.

또한, 시부모가 있는 부군에게 시집을 갔음에도 시댁이 가난하지 않다면, 시부가 재가를 하였거나 재가하지 않았다면 시모가 무속인이 된다.

남자 명조가 탁하지만 않다면, 정재가 年 또는 月에 있을 때는 조상 또는 부모의 재산을 물려받게 되고, 日에 좌하고 있다면 처 덕이 있다고 보고, 時에 있으면 자식 덕이 있다고 본다.

그러나 앞서 설명한 바와 같이, 남녀 모두 재성이 너무 강하면 財剋印되어 조실부모하게 된다.

『자평진전』에 "재격이 칠살과 인성을 씀이 있는 것은, 칠살을 도와서 꺼리는 것이 되는데, 인성으로써 그것을 변화시키면 격이 부를 이룬다. 만약 겨울의 土가 그것을 만나면 또한 귀격이다"[185]고 하면서 아래 조시랑의 명조를 소개하고 있다.

| 時柱 | 日柱 | 月柱 | 年柱 | 乾命 |
|---|---|---|---|---|
| 乙 | 己 | 丁 | 乙 | |
| 亥 | 亥 | 亥 | 丑 | |
| 甲壬 | 甲壬 | 戊甲壬 | 癸辛己 | |

위 명조는 己土 일간이, 지지에 水 왕한 정재격이다.

時와 年에 양투된 乙木은 월령을 득하고 日과 時에 통근하여 강한 편관 겸격

---

185  沈孝瞻, 「子平眞詮」 「論財」: "有財用煞印者, 黨煞爲忌, 印以化之, 格成富局, 若冬土逢之亦貴格."

이다.

　일간은 강한 정재격이 투출되지 않음으로써 한숨을 돌리게 되었고, 月과 年에 녹근하였다.

　月에 丁火는 근기가 없고, 강한 재성의 공격을 받을 위기에 있다.

　그러나 일간에 비해 강한 칠살이 재성의 생부를 받아, 다시 인성을 생부 해줌으로써 통관되었으며, 인성이 일간을 생부 해주고 조후가 됨으로써 명조가 청하고 선하게 되었다.

　따라서 인성을 用하여 正財用印格으로 성격 되었고, 향후 재성이 투출되는 운이 오게 되면 파격되니 조심하여야 한다.

　이어 "칠살을 변화시켜서 곧 얼었던 것을 녹이며, 또 재성을 드러내지 않아서 그 인성에 섞이니, 귀한 까닭이다. 만약 재격이 칠살과 인성을 쓰는데 인성이 홀로 있고, 재성과 칠살이 함께 투출한다면, 다만 귀하지 않을 뿐만 아니라 또한 부유하지도 않다"[186]고 부연하고 있다.

　『명리약언』에 "재를 빼앗는 것은 겁재가 비견보다 더 흉하고 재를 生 하는 것은 식신이 상관보다 나으며, 재는 저장된 것을 좋아하나 기가 없는 저장은 드러나는 것만 못하고, 재는 창고에 든 것을 좋아하나 때를 잃은 창고는 흉망과 다름이 없다"[187]고 하여, 재고가 좋고, 투출되면 근기가 있어야 함을 강조하고 있다.

---

186　沈孝瞻,『子平眞詮』「論財」: "化煞而即以解凍, 又不露財以雜其印, 所以貴也, 若財用煞印而印獨, 財煞並透, 非特不貴, 亦不富也."

187　陳素庵,『命理約言』「正財賦」: "奪財兮, 劫凶於比, 生財兮, 食勝於傷, 財喜藏兮, 無氣之藏, 不如顯露, 財愛庫兮, 失時之庫, 無異凶亡."

| 時柱 | 日柱 | 月柱 | 年柱 | 乾 |
|:---:|:---:|:---:|:---:|:---:|
| 壬 | 癸 | 癸 | 丙 | 命 |
| 戌 | 未 | 巳 | 寅 | |
| 辛<br>丁<br>戊 | 丁<br>乙<br>己 | 戊<br>庚<br>丙 | 戊<br>丙<br>甲 | |

위 명조는 癸水 일간이 녹근한 것이 없고, 月과 時에 비겁이 각각 투출되어 있다.

年에 丙火는 득령하였고, 지지에 모두 통근하여 강한 정재격이다.

강한 정재에 비해 약한 일간에게 비겁의 투출은 반가운 일이지만, 月에 비견은 생부 또는 극설이 없으니 年에 재성을 가지려 하고 있다. 그러나 다행히 巳중 暗官되어 있는 戊土가 合 해줌으로써 분탈을 막게 되었다.

時에 겁재는 生剋制化의 위치상 크게 문제가 되지 않는다. 그리고 壬水는 戌중 丁火 재성을 취하고 있으므로 더욱 문제가 되지 않는다고 봐야 한다.

따라서 暗官을 用하여 正財用官格으로 성격 되어 선하게 되었고, 재성에 비해 일간이 쇠하기 때문에 관성 土가 투출되어 合去 하는 운이 오게 되거나 재차 재성운이 오게 되면 격이 아름답지 않게 될 수 있다.

『자평진전』에 "壬水가 午月에 生 하거나 癸水가 巳月에 生 한 경우는, 재성이 단독으로 투출해도 역시 귀하게 되는데, 月令에 暗官이 있기 때문이다"[188] 고 하면서, 위 임상서의 명을 설명하고 있다.

---

188　沈孝瞻, 『子平眞詮』, 「論財」: "至於壬生午月, 癸生巳月, 單透財而亦貴, 以月令有暗官也."

| 時柱 | 日柱 | 月柱 | 年柱 | 乾命 |
|:---:|:---:|:---:|:---:|:---:|
| 癸 | 丁 | 丙 | 庚 | |
| 卯 | 丑 | 戌 | 戌 | |
| 乙 | 癸<br>辛<br>己 | 辛<br>丁<br>戊 | 辛<br>丁<br>戊 | |

위 명조는 丁火 일간이, 年에 庚金이 월령을 득하고 日과 年에 통근하여 강한 정재 변격이다.

일간은 녹왕하고 年에 통근하여 있으나, 時에 癸水는 日에 통근하여 있고 강한 정재로 인해 쇠하게 되었다.

마침 月에 丙火 비겁이 투출되어 있어 도움을 받고 있다. 비겁이 年에 재성을 탐하고 있는 것으로 보이나, 戌 중 辛金이 暗財하니 분탈을 막을 수 있게 되었다.

그러나 무엇보다 癸水 칠살이 부담스럽게 되고, 식상이 투출되지 않음으로 인해 본인은 재성에 불안감이 고조되게 된다.

30대 중반 庚寅 대운에 쇠약한데 재차 재성 운이 들어옴으로써, 재물에 대한 불안감이 있는 가운데 큰 재물에 대한 욕심이 더욱 커지게 되고, 결국 주식투자로 인해 모든 재산을 탕진하게 된다.

## 4) 정재격의 성격

〈표 8〉 정재격의 성격 방법

| 격국 | 용신 | 간략 설명 |
|---|---|---|
| 정재격 | 정재용인격<br>(正財用印格) | · 정재가 인성을 파하지 않는 범위 내에서, 정재가 강하면 상대적으로 약한 일간을 生 해주는 정인을 用한다.<br>· 정재격에 살이 대동하면, 상대적으로 약해진 일간을 구하기 위해서 정인을 用하면 化煞된다. |
| | 정재용살격<br>(正財用煞格) | · 정재격이 비겁 또는 양인이 등극하여 일간이 강할 때 食神生財해서 설기 시켜주지 못하면, 살을 用하여 정재도 살리고 비겁 또는 양인을 극제 시킨다. |
| | 정재용식격<br>(正財用食格) | · 정재격이 강하여 일간이 약해질 때, 食神生財를 하게 되면 설기되니 식신을 用할 수 있다.<br>· 정재격에서 일간이 강할 때, 食神生財 하게 되면 노력하여 재를 취하며 살을 두려워하지 않으니 식신을 用한다. |
| | 정재용상격<br>(正財用傷格) | · 일간이 강할 때 傷官生財하게 되면 이재(理財)가 밝아 노력하여 재를 취하며 살을 두려워하지 않으니 상관을 用할 수 있다. |
| | 정재용록격<br>(正財用祿格) | · 정재격으로 일간의 설기가 심해 약해질 때에는 祿劫으로 用할 때도 있다. |
| | 파격 | · 비겁이 투출되고 정재격이 약하면 군겁쟁재되어 파격이 된다.<br>· 정재격에 칠살이 투출되면 財生煞되어 일간에게 타격을 주니 파격이 된다.<br>· 일간이 신약하고 식상이 투출되고 정재격이 되면 일간의 설기가 너무 심해 파격이 된다. |

## 2. 편재격(偏財格)

### 1) 편재의 기본 의미

『연해자평』에는 "무엇이 편재인가? 대개 양이 양재를 보고 음이 음재를 보는 것이다. 그러나 편재는 중인의 재물이므로 형제자매가 분탈하는 것을 두려워한다. 복이 완전하지 못하기 때문이다. 관성이 있으면 재앙과 근심이 많이 나타나게 된다. 또 이르기를, 편재는 투출되는 것을 좋아하나 지지에 암장되어도 두려워하지 않는다. 오직 분탈 됨을 두려워하므로 〈비겁이〉 오히려 공망됨이 낫다. 하나의 재만 있어서는 관성이 생성될 수 없고 재성도 머물 수 없다"[189]고 하여, 편재는 많은 사람의 재물을 의미하고, 분탈을 두려워하나 공망됨이 좋고, 財生煞을 두려워하며, 암장되어도 좋다고 하였다.

또, 편정재가 노출되면 재물을 가볍게 여기고, 정의를 좋아한다. 다른 사람을 사랑하여 추종하고, 받들어 주는 것을 좋아하며, 시시비비를 따지고, 술을 좋아하고, 색을 탐하는 것도 있으며, 또한 이와 관계된다[190]고 하였다.

『삼명통회』에 "무엇을 편재라 하는가? 甲이 戊를 보고, 乙이 己를 보는 것 등을 말한다. 자기 자신의 처라 할 수 없고, 또 중인의 재물이 된다. 형제자매가 분탈하는 것을 꺼리는데 주에 관성이 있으면 재앙과 근심이 발생한다. 경에 이르기를, 편재는 나타나는 것이 좋고, 암장되어도 두렵지 않은데, 오직 분탈과 공망이 되는 것을 꺼리고, 대부분 벼슬을 하지 못하고, 대부분 재물도 얻지 못한다 하였다. 가령 재가 쇠약하면 재가 왕한 운을 만나면 영화가 있고, 재가 왕성한데 향할 곳이 없으면 불리하다. 다만 신약한 것을 두려워하는데 임무를 맡을 수 없기 때문이다. 편재격의 성격은 강개(慷慨, 의롭지 못한 것을 보고

---

189  徐大升,『淵海子平』「論偏財」: "何謂之偏財, 蓋陽見陽財, 陰見陰財也, 然而偏財者, 乃衆人之財也, 只恐兄弟姉妹有奪之, 則福不全, 若有官星, 禍患百出, 故曰, 偏財好出, 亦不懼藏, 惟怕有以分奪, 反空亡耳, 有一於此, 官將不成, 財將不住."

190  徐大升,『淵海子平』「論偏財」: "偏正財露, 輕財好義, 愛人趨奉, 好設是非, 嗜酒貪花, 亦係如此."

의기가 복받치어 원통하고 슬픔)하고 재물에 인색하지 않고, 사람에 정이 많고 사기성도 있다. 만약 득지하면 재물이 계속 풍성하게 되고, 벼슬도 할 수 있는데 재가 왕성하면 자연히 관을 生 하기 때문이다"[191]고 하였다.

『명리정종』에도 "고가에 이르기를, 편재는 본래 중인의 재물이므로 간지에 비겁이 많음을 가장 꺼리고, 신강하고 재왕한 명들은 모두 복이 있는 사람이다. 이르기를, 편재란 양이 양재를 보고 음이 음재를 보는 것을 말한다. 甲이 戊를 보고 乙이 己를 보는 등을 말한다. 그러나 편재는 중인의 재물이므로 노력으로 정당하게 얻는 것이 아니고, 의리에 벗어나서 부당하게 얻는 재물이다. 또 간지에 비견 겁재가 분탈함을 꺼리고, 형제자매가 분탈하거나 合去 하게 되면 공명을 이룰 수 없고 재앙과 근심이 나타나게 되므로 〈비겁이 있을 때〉 관성이 없으면 재앙과 근심이 끊임없게 된다"[192]고 하여, 한발 더 나아가 편재는 앞서 설명된 내용과 불로소득의 의미까지 내포함을 말하고 있다.

『명리약언』에는 "편재는 양이 양을 剋 하는 부류와 음이 음을 剋 하는 부류이니 곧 다른 천간의 재를 빌리므로 일주의 편재라고 부르는데, 丙이 庚申을 만나면 巳에 역시 庚을 장생하므로 취할 수 있으며, 丁이 辛酉를 만나면 丑戌이 모두 辛을 끼고 온다."[193]

편재의 심리적 특성은 다음과 같다. "일간이 정신적 자아 주체가 될 때, 이에 대응하는 편재는 내가 剋을 하면서 배척하는[아극차아척(我剋且我斥)] 관계가

---

191  萬民英,『三命通會』「論偏財」: "何謂偏財, 乃甲見戊, 乙見己之例, 非妻所帶, 乃衆人之財也, 切忌有姉妹兄弟分奪, 柱無官星, 禍患百出, 經曰, 偏財好出, 亦不懼藏, 唯怕分奪, 及落空亡, 有一於此, 官將不成, 財將不住, 如財弱必待歷旺鄉而榮, 財盛無往不利, 但恐身勢無力, 不能勝任, 偏財格, 主人慷慨, 不甚吝財, 與人有情而多詐, 若是得地, 不止豐財, 亦能旺官, 以財盛自生官."

192  張神峯,『命理正宗』「時上偏財格」: "古歌云, 偏財本是衆人財, 最忌干支比劫來, 身强財旺皆爲福, 若帶官星更妙哉, 補曰, 偏財陽陰見陰財, 如甲見戊, 乙見己之數然, 偏財乃衆人之財, 非義不當得之財也, 唯忌干支比肩劫財分奪則不全, 所謂姉妹兄弟分奪去功名不遂, 禍患隨生是已, 不有官星, 禍患百出,"

193  陳素庵,『命理約言』「偏財賦」: "陽剋陽類, 陰剋陰儕, 乃借他干之正配, 故稱日主之偏財, 丙見庚申兮, 巳地亦生庚可取, 丁逢辛酉兮, 丑戌皆夾辛以."

된다. 내가 통제할 수 있는 모든 구체적인 물건과 사건을 통제하면서도 그것들에 대하여 집착을 하지 않는 마음과 신체적 활동을 하면서도 신체의 편안함을 배척한다. 또한, 재물을 관리하나 재물을 중하게 여기지 않으며 머릿속에 있는 입체도안을 이리저리 궁리하여 그것의 전개도나 측면도를 꿰뚫어 볼 수 있는 능력, 즉 공간 인식능력이 양호하고 마음의 상과 소리를 잘 가려서 제자리에 안치하고 배열할 수 있는 능력이 양호하다. 그리고 나의 육신을 통제하고 제한하지만, 나의 육신과는 친밀하지 않은 관계가 되는데, 이에 해당하는 우주 간의 사람, 일과 물질 등을 별로 중시하지 않는다. 즉 일상적인 가사 도구, 친밀하지 않은 처와 아들, 우연히 얻게 되는 금전, 자신의 재산(중시하지 않음) 등을 말한다."[194]

편재격이 성격 되었을 때의 성향을 분석하면, 재성에 대한 기획이 있고, 요령이 많고 계산이 빠르며, 개척정신이 있고, 나이가 들어가면서 적응이 빠르고 유들유들하면서 대인관계가 좋으며, 봉사 정신이 있고 자선사업을 하는 경우도 있다.

그러나 편재가 중하거나 이를 범하면, 가무를 즐기고 즉흥적이며, 일확천금을 꿈꾸며, 본인에게 도움이 되는 거짓말을 하며, 재물에 대한 집착이 강하며, 기분에 의해 남을 도와주며, 배짱과 추진력이 부족하고, 투기와 투자를 좋아하다가 패가망신할 수 있으며, 허풍이 심하고 인색하지 않은 것처럼 행동한다.

### 2) 편재의 육친 의미

남자에게 편재의 육친은 부친, 첩 또는 애인, 처남이 되고, 여자에게는 부친,

---

194    何建忠,「八字心理推命學」「十星的含義」: "控制我所能控制的任何具體之物或事件, 但卻不執著在這個事或物上, 操作身體, 但對肉身的安適感卻有排斥之意, 雖理財, 但不重財, 可將腦中的立體圖案加以翻轉, 看出展開圖或側面圖, 空間關係良好, 能將, 心象, 心聲, 加以安置, 編排, …, 爲我肉身控制, 限制, 且與我肉身關係並不親密, 我們可列擧爲宇宙的人, 事, 物, 不很重視的日常家務工具, 不親密的妻子, 偶獲得的錢款, 自身的財産(但並不重視)."

자부(며느리), 증손자, 시숙모가 된다.

편재격이 성격 되면 해당하는 육친과의 관계에도 큰 영향을 받을 수 있으나, 파격 또는 刑沖破害가 되면 해당하는 육친의 나쁜 영향이 나타나기도 하고 부정적으로 작용하는 수가 많다.

현대적 의미에서는 크게 재물을 의미한다.

### 3) 편재격의 성패(成敗)

| 時柱 | 日柱 | 月柱 | 年柱 | 乾命 |
|---|---|---|---|---|
| 丁 | 丁 | 丁 | 辛 | |
| 未 | 巳 | 酉 | 丑 | |
| 丁<br>乙<br>己 | 戊<br>庚<br>丙 | 庚<br>辛 | 癸<br>辛<br>己 | |

위 명조는 丁火 일간이, 年에 辛金이 局을 이루어 투출되니 강한 편재격이다.

이때는 일간의 강왕함을 요하게 된다. 일간은 日과 時에 통근하였고, 月과 時에 비견을 투출시켜 왕하게 되니, 비견을 用하여 偏財用劫格으로 성격 되었다.

이때 月에 비견은 강한 편재를 감당할 수 있는 용신이므로, 분탈 때문에 부득이 暗官이 있거나 合去 할 필요는 없다.

『연해자평』에는 위 명조를 "운이 東南方으로 흐르니 의당 거부가 안 되었겠는가? 丁火는 壬水를 관으로 삼고 庚金을 재로 쓰는데 財가 壬水 정관을 生하니 신이 왕한 곳으로 대운이 흘러서 필시 발복했던 것이다"[195]고 하여, 木火

운에 거부가 된 것과 운에 의해 신강 재왕하면 결국 관성을 生 하는 것에 이르니 발복됨도 설명하고 있다.

앞서 정재격에서도 설명하였지만, 재성격들은 재성이 강하면 일간이 강해야 재물이 풍부하고, 일간이 약하면 노력한 만큼의 재성을 가질 수 없고 오히려 가난해진다.

『삼명통회』에도 "만약 득지하면 재물이 계속 풍부하게 되고 벼슬도 있는데, 재가 왕성하면 자연히 관을 生 하기 때문이다"[196]고 하여, 『연해자평』에 준하는 설명을 하고 있다.

| 時柱 | 日柱 | 月柱 | 年柱 | 乾命 |
|:---:|:---:|:---:|:---:|:---:|
| 丙 | 丙 | 乙 | 庚 | |
| 申 | 申 | 酉 | 申 | |
| 戊壬庚 | 戊壬庚 | 庚辛 | 戊壬庚 | |

위 명조는 丙火 일간이, 年에 庚金이 지지 전체에 局을 이루고 있어 강한 편재 변격이다.

그러나 일간은 통근된 것이 없고, 겨우 時에 비견을 투출하여 의지하고 있는 실정이다.

月에 乙木 인성은 통근된 것이 없고, 合去하여 인성의 역할을 못 하고 있다.

일간이 약하고, 인성의 合去와 강한 재성에 의해 파격이 되어 빈 명이 되었

---

195  徐大升,『淵海子平』「論正財」: "運行東南方, 宜乎巨富, 丁用壬官, 用庚金爲財, 生壬官, 身入旺鄕, 必能發福."

196  萬民英,『三命通會』「論偏財」: "若是得地, 不止豐財, 亦能旺官, 以財盛自生官."

으며, 앞서 설명한 명조와 반대의 결과가 나타남을 알 수 있다.

『연해자평』에는 위 명조를, "丙火 일간이 세 개의 申金인 재성을 만나니 어찌 아름답지 않겠는가? 丙火는 癸水를 관으로 사용하고 辛金을 재로 사용하는데 세 개의 申金과 하나의 酉金이 다 재가 되니 재왕하다. 대운이 西方 金局으로 흐르니 신약 함이 심하다. 재가 왕하여 살을 生 하므로 일주를 패극(敗剋)해 오기 때문에 왕한 재를 감당할 수 없어 가난하게 된 것이다"[197]고 하였다.

또, 이르기를 "재가 많으면 역시 관도 왕해진다는 말은 어떤 말인가? 대개 재가 성하면 관도 왕해진다. 정이 있는 사람이긴 하나, 속임수가 많게 된다. 대개 재물은 자기에게 이롭기도 하지만 역시 비방(남을 헐뜯음)도 초래하는 것이다"[198]고 하였다.

| 時柱 | 日柱 | 月柱 | 年柱 | 乾命 |
|---|---|---|---|---|
| 戊 | 甲 | 庚 | 己 | |
| 辰 | 辰 | 午 | 巳 | |
| 乙<br>癸<br>戊 | 乙<br>癸<br>戊 | 丙<br>己<br>丁 | 戊<br>庚<br>丙 | |

위 명조는 甲木 일간이, 時와 年에 戊己土 정편재를 투출시켰고, 지지 전체에 통근하니 강한 편재격이다.

月에 庚金은 年에 통근하였고, 강한 재성이 생부 하니 칠살이 되었다.

일간은 日과 時에 통근하였으나 刑이 되고, 재성의 혼잡과 강함으로 인해 인

---

197 徐大升, 『淵海子平』「論正財」: "此命丙日見三申爲財, 豈不美哉, 丙用癸官, 用辛爲財, 見三申一酉爲財, …, 乃爲無氣, 運行西方金鄕, 身弱太甚, 財旺生鬼, 敗剋其身, 故不能勝其財, 所以貧也."

198 徐大升, 『淵海子平』「論偏財」: "財豐亦能官旺, 何以言之, 蓋財盛自生官矣, 但爲人有情而多詐, 蓋財能利己, 亦能招謗."

성이 필요하나 투출된 것은 없고, 月과 年에 식상도 재성을 생부 해주니 칠살을 감당하기 힘들어진다.

인성의 부재와 自刑으로 인해, 출생 후 바로 버려졌고 이후 입양되었으나, 타인의 물건과 재물 등을 훔치는 나쁜 습관을 가지고 있다.

| 時柱 | 日柱 | 月柱 | 年柱 | 乾命 |
|------|------|------|------|------|
| **壬** | **戊** | **己** | **丙** | |
| **子** | **子** | **亥** | **午** | |
| 癸 | 癸 | 戊<br>甲<br>壬 | 己<br>丁 | |

위 명조는 중국 송대 정치가인 범중엄(范仲淹, 989~1052)의 명조이다.

戊土 일간이, 時에 壬水가 局을 이루고 있어 강한 편재격이다.

年에 丙火는 自坐하였고 일간은 득근하고 있으나 강한 편재에 비해 쇠약하다. 다행히 月에 비겁이 투출되었고, 丙火 인성의 생부로 인해 숨을 돌리게 되니 명조가 선하게 되었다.

인성과 비겁을 用하여 偏財用印格으로 성격 되었으나, 강한 재성을 따라가게 되면 크게 문제가 생기니 반드시 인성을 따라가야 성할 수 있다.

범중엄의 『범문정공집(范文正公集)』 24권이 전하고 있고, 서락오는 "운이 동남 운에 일대명신이 되었고, 부와 귀와 수명을 이루었다"[199]고 하였다.

---

199　徐樂吾, 『古今名人命鑑』 「卷一」: "運轉東南, …, 一代名臣, …, 尤爲富貴壽考之徵."

| 時柱 | 日柱 | 月柱 | 年柱 | 乾命 |
|---|---|---|---|---|
| 戊 | 戊 | 壬 | 丁 | |
| 午 | 寅 | 子 | 酉 | |
| 己<br>丁 | 戊<br>丙<br>甲 | 壬<br><br>癸 | 辛 | |

위 명조는 戊土 일간이, 月에 壬水가 득령한 편재 변격이다.

일간은 日과 時에 통근하였고, 時에 비견을 투출시켜 신왕하게 되었다.

月에 丁火는 日과 時에 통근하였고, 寅午 合으로 火氣를 더 도와주고 있다.

일간도 왕하고 편재도 왕하고 정인도 왕하나, 丁壬 合去 되니 재성과 문서를 조심해야 한다.

신왕재왕하니 재성을 쥘 수는 있으나, 인성과 재성이 合去 되니 문서로 인해 재성에 문제가 생기게 된다. 부동산 관련 계약 등으로 인해 수 없이 사기를 당한 명조이다.

| 時柱 | 日柱 | 月柱 | 年柱 | 乾命 |
|---|---|---|---|---|
| 辛 | 癸 | 丁 | 丁 | |
| 酉 | 酉 | 未 | 丑 | |
| 辛 | 辛 | 丁<br>乙<br>己 | 癸<br>辛<br>己 | |

위 명조는 癸水 일간이, 月과 年에 丁火가 득령하고 양투하니 강한 편재 변

격이다.

時에 辛金은 局을 이루어 투출되니 인성이 강하다.

일간은 편재에 비해 쇠약하고, 年에 겨우 통근하여 근기를 가지고 있다.

다행히 인성의 도움을 받아 강한 재성을 취할 수 있게 되면서 인성과 편재가 다 유정하게 되었고, 인성을 用하여 偏財用印格으로 성격 되었다.

식상이 아니고 인성을 用하여 강한 재성을 취하니, 주식 등의 투자로 인해 3조 원 이상의 수익을 올린 인물로 알려져 있다.

『삼명통회』에 "행운이 왕상하면 복록이 들어오고, 운에서 관향을 만나면 발복도 하게 되고, 사주 중에 관성이 있으면 아주 좋은 명으로 간주하고, 비견인 형제의 무리가 나타나면 설령 관향이 들어온다고 하더라도 발복이 아득하게 된다"[200]고 하여, 신강 재왕하면 관을 생부 하기 때문에 좋은 명으로 간주한다 하였고, 분탈하는 조건이 되면 파격됨을 말하고 있다.

| 時柱 | 日柱 | 月柱 | 年柱 | 乾命 |
|---|---|---|---|---|
| 乙 | 戊 | 壬 | 壬 | |
| 卯 | 午 | 子 | 申 | |
| 乙 | 己<br>丁 | 壬<br>癸 | 戊<br>壬<br>庚 | |

위 명조는 戊土 일간이, 月과 年에 壬水가 변격하여 월령을 득하고 양투하였으며 재성 局을 이루고 있다.

時에 乙木 정관은 自坐하여 통근하고 있고, 일간은 日과 年에 통근하여 있다.

---

200 萬民英, 『三命通會』 「論偏財」: "運行旺相, 福祿俱臻, 一遇官鄉, 便可發福, 柱中原帶官星, 便作好命看, 若兄弟輩出, 縱入官鄉, 發福必渺."

강한 재성을 감당하기에는 일간이 약하나, 강한 재성이 정관을 생부 하면서 설기되니 근심이 사라지게 된다.

일간이 재성에 비해 약한 것이 흠이긴 하나, 財生官으로 인해 향후 탈재를 막을 수 있으니 명조가 안정되어 있다.

강한 재성의 설기를 돕고 있는 정관과 제왕을 用하여 偏財用官格으로 성격 되었다.

『자평진전』에 위 명조를 설명하기 전에, "재성은 뿌리가 깊을 것을 좋아하니, 너무 드러나는 것은 마땅치 않다. 그러나 한 자리에 투출하여 맑게 사용되면 격이 가장 좋아하는 것이며, 그것을 드러났다고 하지 않는다. 가령 월령이 용신이 아닌 경우에, 寅月에 乙木이 투출하거나 卯月에 甲木이 투출하는 것과 같은 부류는, 한 자리 또는 지나치다고 하지 않고, 너무 많으면 드러났다고 한다. 그러나 재성이 왕하여 관성을 生 하면 드러나도 꺼리지 않는다. 대개 드러남으로써 비겁을 방어하게 되는데, 〈재성이〉 관성을 生 하면 비겁이 물러나기 때문이다. 비유하자면, 관청 창고의 돈이나 식량을, 관리가 있어서 지키고 보호하는 것 같으니, 설령 드러내 보인다 한들 누가 감히 그것을 겁탈하겠는가?"[201]라고 하여, 재성격의 기본 성향과 재왕으로 관성을 생부 하면 분탈하는 비겁을 제어할 수 있음을 말하면서 위 갈참정의 명조를 설명하고 있다.

---

201  沈孝瞻, 『子平眞詮』「論財」: "財喜根深, 不宜太露, 然透一位以淸用, 格所最喜, 不爲之露, 卽非月令用神, 若寅透乙, 卯透甲之類, 一亦不爲過, 太多則露矣, 然而財旺生官, 露亦不忌, 蓋露不忌, 蓋露以防劫, 生官則劫退, 譬如府庫錢糧, 有官守護, 卽使露白, 誰取劫之."

| 時柱 | 日柱 | 月柱 | 年柱 | 乾命 |
|:---:|:---:|:---:|:---:|:---:|
| 丙 | 丙 | 庚 | 癸 | |
| 申 | 子 | 申 | 酉 | |
| 戊<br>壬<br>庚 | 癸 | 己戊<br>壬<br>庚 | 辛 | |

위 명조는 丙火 일간이, 月에 庚金이 월령을 얻고 局을 이루고 있어 강한 편재격이다.

年에 癸水는 월령을 얻고 局을 이루고 있어 강한 정관 겸격이다.

일간은 무근하고 時에 비견이 투출되어 있다.

강한 편재와 강한 정관에 약한 일간이 위태로운 것 같으나, 앞서 설명한 명조와 같이 강한 재성이 관성을 생부 해줌으로써 설기되어 유정하게 되었다고 봐야 한다.

관성으로 재성을 설기하게 되었으므로, 정관을 用하여 偏財用官格으로 성격되었다. 그러나 관성을 쓰게 되면 큰 문제가 생길 수 있으니 조심해야 한다.

중국 송대 말엽 재상을 지낸 가사도(賈似道)의 명조로, 3대 16년간 정권을 잡았다. 당시 송나라는 몽골과 함께 금나라를 멸망시켰으나, 이후 협약이 깨지면서 송나라는 원나라[몽골군]에 크게 패하고, 결국 망하게 된다.

서락오는 "丙火가 무근하여 태양이 서산으로 떨어지고 있어, 태양의 기운이 쇠약하다. 〈그러나 水氣로 인해〉 재성이 설기되어 재물이 본래 넉넉하게 되었고, 재성을 다스리지 못하면 재앙이 될 것이다"[202]고 하였다.

---

202　徐樂吾,『古今名人命鑑』「卷一」: "丙火無根, 日落西山, 陽氣衰矣, …, 財富本優, 子申化合爲煞, 洩財之氣, 則因財致禍, 爲必然之勢矣."

| 時柱 | 日柱 | 月柱 | 年柱 | 乾命 |
|:---:|:---:|:---:|:---:|:---:|
| 己 | 癸 | 丁 | 丁 | |
| 未 | 亥 | 未 | 卯 | |
| 丁<br>乙<br>己 | 甲<br>壬 | 丁<br>乙<br>己 | 乙 | |

위 명조는 중국 명대 당시(唐詩) 부흥 운동의 선구 주자였던 이동양(李東陽, 1447~1516)의 명조이다.

일간은 自坐하였다.

時에 己土 편관이 월령을 얻었고 自坐하여 강한 칠살격이다.

月과 年에 양투된 丁火가 월령을 얻었고, 時에 통근하여 강한 편재 겸격이다.

지지에는 식신이 局을 이루고 있어 칠살격이 편재와 식신 겸격이다.

편재와 편관과 식신이 서로 순행하면 격국이 청하게 된다.

겸격된 재성과 식신은 길성으로 순행하고, 강한 칠살격은 식신격으로 制煞되어 유정하게 되었다.

따라서 偏官用食格으로 성격 되었다.

서락오는 "癸亥는 스스로 왕하고, 식신은 취합되어 빼어나고, 未 중 丁과 己는 원신이 투출되어 財官이 아울러 득시 득지하여 왕하니, 귀함과 장수함이 마땅히 잇달아 나타난다"[203] 하였다.

---

203  徐樂吾,「古今名人命鑑」「卷二」: "癸亥自旺, 食神聚秀, 未中丁己元神投出, 才官並旺, 得時得地, 其貴顯而壽也固宜."

| 時柱 | 日柱 | 月柱 | 年柱 | 乾 |
|:---:|:---:|:---:|:---:|:---:|
| **丙** | **癸** | **丙** | **己** | **命** |
| **辰** | **未** | **寅** | **巳** | |
| 乙<br>癸<br>戊 | 丁<br>乙<br>己 | 戊<br>丙<br>甲 | 戊<br>庚<br>丙 | |

위 명조는 중국 명대 말기 장군이었던 웅정필(熊廷弼)이다.

癸水 일간이, 月과 時에 丙火가 득령하여 양투하였고 日과 年에도 통근하고 있어 강한 정재 변격이다.

年에 己土도 지지 전체에 통근하여 강한 편관 변격이다.

일간은 時에 통근하고 있어 강한 정재에 비해 약하게 되었다. 강한 정재가 年에 칠살을 생부 하여 설기되니, 칠살을 用하여 正財用煞格으로 성격 되었다.

그러나 재관의 강함으로 인해 상대적으로 일간이 약하게 되면 향후 형권(刑權)이 발생할 수 있다. 이때는 金을 통관으로 사용하면 명조가 안정될 것이다.

癸亥와 壬 대운에는 비겁 운으로 달려가니 길하였고, 戌 운에는 火氣가 더욱 강해지면서 관성이 더욱 강해지고 辰戌 沖과 戌未 刑으로 인해 寅巳 刑 까지 일어나 결국 재앙이 일어났다.[204]

웅정필은 후금에 맞서 공을 세웠지만, 억울하게 누명을 쓰게 되어 처형당한 인물이다.

---

204　徐樂吾,『古今名人命鑑』「卷二」: "亦湏運走劫鄕, 方能助其吉, 戌運會火沖辰, 不得其死, 然傳首九邊, 非其罪也, 衰哉." 참조.

| 時柱 | 日柱 | 月柱 | 年柱 | 乾命 |
|------|------|------|------|------|
| 乙 | 己 | 癸 | 戊 | |
| 亥 | 巳 | 亥 | 子 | |
| 甲 壬 | 戊 庚 丙 | 戊 甲 壬 | 癸 | |

위 명조는 중국 명대 말기 척계광(戚繼光)의 명조이다.

己土 일간이, 月에 癸水가 월령을 얻어 自坐하여 合하였다. 沖으로 인해 근기가 손괴된 듯하나, 日과 時가 甲己와 乙庚 合 되었고, 지지가 合局을 이루고 있다.

時에 乙木은 월령을 얻고 時에 통근하여 변격된 왕한 칠살 겸격이다.

일간은 月에 녹근하였고, 日에는 녹왕하다.

강한 재성이 財生煞하는 것을 겁재가 合去하여 칠살을 생부하지 못하고 일부 설기되니 선하게 되었고, 녹왕한 일간은 편관을 활용할 수 있고 巳를 통관하였다.

편관격에 비겁을 用하여 偏財用劫格으로 성격 되었다.

강한 재가 살을 生 하니 설기되었고, 일간은 제왕지[羊刃]를 얻어 병권을 쥐게 되었다. 20~30대 火 대운에 왜적의 침입에 크게 공을 세웠으며, 巳[刃]로 인해 서로 沖 되지 않아 공을 세워 널리 이름을 알렸다.[205]

조선 시대에는 임진왜란 이후 척계광의 『기효신서(紀效新書)』를 받아들여 훈련도감 등의 5군영과 속오군을 편성하기도 하였다.

---

205 徐樂吾, 『古今名人命鑑』 「卷二」: "才旺生煞, 日元坐刃, 煞刃相濟, 必握兵符, 三十等治, 滅震海疆, 煞旺得地也, 煞刃不相沖激, 功名所以終始."

| 時柱 | 日柱 | 月柱 | 年柱 | 乾命 |
|:---:|:---:|:---:|:---:|:---:|
| 甲 | 己 | 壬 | 癸 | |
| 戌 | 亥 | 戌 | 卯 | |
| 辛<br>丁<br>戊 | 甲<br>壬 | 辛<br>丁<br>戊 | 乙 | |

위 명조는 己土 일간이, 월령에서 투출된 천간과 卯戌 合 火氣로 투출된 천간이 없다.

月에 壬水와 年에 癸水가 日에 통근하여 정편재가 투출되니 편재격이다.

時에 甲木은 日과 年에 통근하였고, 合으로 木이 더욱 성하니 정관 겸격으로 크게 근기를 가지고 있다.

정편재가 혼잡할 경우에는 더욱 일간의 강왕함을 요하게 된다.

일간은 녹왕하였고, 時에 통근하였다.

일간의 왕함에 비해 정편재가 다행히 월령을 득하지 않았고, 투출된 정관을 생부 해주니 설기되어 선하게 되었다.

왕한 일간에 재성이 관성을 생부 해줌으로써 설기가 되었으므로 정관을 用하여 偏財用官格으로 성격 되었다.

당시 검사로 재직 중이었으며, 처가 모든 재정을 관리하고 있었다. 처는 재성에 좌하고 있고, 火氣가 있으니 사업을 확장하여 진행함에 대해 상담하게 되었다.

| 時柱 | 日柱 | 月柱 | 年柱 | 乾命 |
|---|---|---|---|---|
| 壬 | 戊 | 甲 | 庚 | |
| 子 | 子 | 申 | 寅 | |
| 癸 | 癸 | 己戊<br>壬<br>庚 | 戊<br>丙<br>甲 | |

위 명조는 戊土 일간이, 월령 본기에서 투출된 庚金과 甲木이 천전지충(天戰地沖)되니 지지에서 水局으로 강한 편재를 격으로 삼았다.

月에 甲木 칠살은 年에 통근하였고 근기가 약하지만, 강한 재성의 생부를 받아 일간을 위협하고 있다. 그러나 당장은 식신이 대두하고 있기 때문에 크게 문제 되지 않는다.

일간은 月과 年에 장생과 문창으로 녹근하였고 당장은 合으로 인해 괜찮지만, 沖氣를 가지고 있어 寅木이 위태로움을 염두에 두어야 한다.

편재가 강함으로 인해 재성의 활동이 두드러지고, 甲木은 申月에 沖으로 인해 생성되기 힘들어 자식과는 인연이 되지 않는다.

庚寅 대운에 寅申沖으로 인해 合이 풀리면서 재차 沖을 하게 되고, 이로 인해 식신이 무너졌으며 年에 寅 중 丙火까지 손괴되었다. 식사 중 심장마비로 死한 명조이다.

| 時柱 | 日柱 | 月柱 | 年柱 | 乾命 |
|---|---|---|---|---|
| 辛 | 庚 | 壬 | 壬 | |
| 巳 | 辰 | 寅 | 寅 | |
| 戊<br>庚<br>丙 | 乙<br>癸<br>戊 | 戊<br>丙<br>甲 | 戊<br>丙<br>甲 | |

위 명조는 庚金 일간이, 월령을 득해 투출된 천간은 없고, 月과 年에 木이 성하여 편재격이 되었다.

月과 年에 壬水는 日에 통근하여 양투되었다.

일간은 時에 통근하였고, 時에 비겁이 투출하였다.

재성을 비롯한 식신이 유정하고, 비겁 또한 유정하게 되었다.

일간이 편재에 비해 다소 약하지만, 식신과 비겁을 用하여 偏財用食格으로 성격 되었다.

일간 입장에서는 식신으로 하여금 편재를 생부 하니, 수(囚)보다는 휴(休)가 되어 설기가 다소 약해지게 된다.

그리고 격용에서는 비겁이 큰 도움이 되지만, 패재와 辰巳 合(개론 참조) 등을 고려하여 사회생활에서 어떤 것이 유리한지를 반드시 살펴야 한다.

『자평진전』에 "재격이 식신[식상]의 생조를 씀이 있는 것은, 身이 강하고 관성이 드러나지 않고, 대략 한 자리의 비겁을 지니면 더욱 유정함을 느낀다"[206] 고 하면서, 위 양시랑의 명조를 설명하였다. 재성격이 식상의 생부를 받게 되면 일간의 강함을 요하고, 이 상황에서 식상과 관성이 구별되어야 함과 때에

---

206  沈孝瞻,『子平眞詮』「論財」: "有財用食生者, 身强而不露官, 略帶一位比劫, 益覺有情."

따라 비겁이 있어야 함을 말하고 있다.

| 時柱 | 日柱 | 月柱 | 年柱 | 乾命 |
|------|------|------|------|------|
| 甲 | 甲 | 戊 | 丙 | |
| 子 | 戌 | 戌 | 寅 | |
| 癸 | 辛<br>丁<br>戊 | 辛<br>丁<br>戊 | 戊<br>丙<br>甲 | |

위 명조는 甲木 일간이, 月에 戊土가 월령을 득하여 自坐하고 日과 年에 통근하여 강한 편재격이다.

年에 丙火 역시 月과 日과 年에 득령하고 통근하니 변격된 강한 식신 겸격이다.

일간은 年에 통근하고 있고, 時에 비겁을 투출시켜 편재와 식신을 설기하는데 큰 도움이 되고 있다.

따라서 일간의 설기가 심하긴 하나 비겁이 있고, 재성이 식신의 생부를 받아 겸격이 각각 유정하게 되었으므로 식신과 비겁을 用하여 偏財用食格으로 성격 되었다.

상담 당시 법인을 설립하여 토목 건설업을 하고 있었고, 그로 인한 부를 축적하고 있는 명조이다.

時에 비견은 분탈을 의심하지 않아도 되니, 법인 설립으로 크게 도움이 되었다.

다만, 정처보다는 戊土를 더 아끼고 있으며, 재정적인 문제도 戊土에게 맡겨 운용하고 있다.

| 時柱 | 日柱 | 月柱 | 年柱 | 乾命 |
|:---:|:---:|:---:|:---:|:---:|
| **丙** | **甲** | **戊** | **壬** | |
| **寅** | **戌** | **申** | **辰** | |
| 戊<br>丙<br>甲 | 辛<br>丁<br>戊 | 己戊<br>壬<br>庚 | 乙<br>癸<br>戊 | |

위 명조는 중국 전국시대(B.C. 8C~B.C. 3C) 위나라 사람 의돈(猗頓)이다.

月에 戊土는 지지에 모두 각각 득근하여 강한 편재 변격이다.

일간 甲木은 時와 年에 통근하였으나 강한 편재에 비해 쇠약하다.

年에 壬水는 月과 年에 통근하였으나, 月에 강한 재성으로 인해 財剋印되어 패할 위기에 있다. 이때 월지 申金이 통관되어 생부 해주니 인성이 유정하게 되었다.

時에 丙火는 日에 통근하고 時에 장생하였으며, 食神生財되어 생부 해주니 역시 유정하게 되었다.

재성에 비해 약한 일간이 申月에 生 함으로 조후적으로도 약하게 된 듯하나, 丙火가 조후가 되어 명조가 선하게 되었다.

식신을 用하여 生財하니 偏財用食格으로 성격 되었다.

의돈은 가난한 선비로 태어나 농사를 짓고 누에를 키워도 항상 헐벗음을 애석해 하다가, 도주공[207]을 찾아가 소, 말, 돼지, 양, 나귀 등 다섯 종류의 암컷을 키울 것을 권유받았고, 이어 10년 동안의 이익이 계산할 수 없을 정도로 쌓인 부자가 되었다고 한다.

---

207 『사기』의 「화식열전」에 도주공[범려](B.C. 517~?)은 춘추전국시대 월나라의 군인 겸 정치가로 설명하고 있다. 벼슬을 버리고 장사로 인해 막대한 부를 얻었으며, 스스로 도주공이라고 자칭하였다.

서락오는 "나라에서 인정하는 부자이다. 〈만약〉 寅申과 辰戌이 相沖을 벗어나지 못하면, 먼저 부자가 되지만 후에 안타깝게 빈한하게 된다"[208]고 하였다.

| 時柱 | 日柱 | 月柱 | 年柱 | 乾命 |
|---|---|---|---|---|
| 壬 | 庚 | 甲 | 丁 | |
| 午 | 寅 | 辰 | 酉 | |
| 己<br>丁 | 戊<br>丙<br>甲 | 乙<br>癸<br>戊 | 辛 | |

위 명조는 庚金 일간이, 月에 甲木이 月과 日이 木旺하여 강한 편재 변격이다.

時에 壬水는 월령을 득하여 변격된 식신 겸격이다.

年에 丁火는 局을 이루어 火旺하다.

일간은 年에 통근하였고, 月과 年이 합하여 생부 해주고 있다.

일간이 생왕하고, 변격된 식신과 편재가 食神生財와 財生官해주니 전체 유정하여 선하게 된 것을 알 수 있다. 따라서 정관을 用하여 偏財用官格으로 성격 되었다.

위 명조는 중국 명대 정치가이며 학자인 심일관(沈一貫, 1531~1615)이다. 임진왜란 때 군사 파견을 적극 건의하여 성사시키기도 하였다.

서락오는 "재가 청하고 관이 왕하고, 또 좋은 운을 얻으니 마땅히 귀하게 되었다"[209]고 하였다.

---

208 徐樂吾, 『古今名人命鑑』「卷一」: "富稱敵國, 惜寅申辰戌互沖, 不免先富後貧."
209 徐樂吾, 『古今名人命鑑』「卷二」: "官旺才淸, 又得運助, 宜乎貴矣."

| 時柱 | 日柱 | 月柱 | 年柱 | 乾 |
|:---:|:---:|:---:|:---:|:---:|
| 癸 | 甲 | 戊 | 丙 | 命 |
| 酉 | 申 | 戌 | 戌 | |
| 辛 | 戊<br>壬<br>庚 | 辛<br>丁<br>戊 | 辛<br>丁<br>戊 | |

위 명조는 甲木 일간이 통근된 것은 없고, 金이 왕하여 오히려 신약하게 되었다.

月에 戊土는 월령을 얻어 自坐하였고 日과 年에 통근하여 강한 편재격이다.

年에 丙火 역시 월령을 얻고 年에 통근하여 변격 투출된 강한 식신격이다.

지지에는 金局을 이루고 있어 칠살격이 되었고, 時에 癸水는 日에 통근하여 칠살의 생부를 받아 생왕하다.

강한 편재격으로 일간의 강왕함이 절실히 요구되는 가운데, 일간은 근기가 없어 큰 근심에 이르게 된 것처럼 보인다. 또한, 金局의 극제를 받아 위태롭기까지 해 보인다.

그러나 時에 癸水가 통관이 되어 강한 金局 氣를 설기시키고 있고, 다시 일간을 생부 해주니 인성을 用하게 된다.

변격된 식신은 왕한 火氣로 따뜻하게 재성을 생부 해줌으로써, 인성과 상관을 잘 활용하는 예라 하겠다.

투출된 천간이 다 유정하게 되었고, 인성을 用하여 偏財用印格으로 성격 되었다.

조상 덕도 있고, 조모의 영향으로 크게 어려움 없이 살고 있으며, 癸水가 장생지에 앉아 있고 통관용신이 되니 처복이 있고, 재산관리 등을 잘하여 복 있게 살아가는 명조이다.

『자평진전』에 "재격이 佩印이 있는 것은, 대개 외로운 재성은 귀하지 않으나, 佩印하고 신을 돕는다면 곧 귀를 취하게 된다"[210] 하면서 아래 증참정의 명조를 설명하고 있다. 재성격이 佩印하게 되면 일간을 생부 하기 때문에 귀하게 됨을 말한다.

| 時柱 | 日柱 | 月柱 | 年柱 | 乾命 |
|------|------|------|------|------|
| **庚** | **丙** | **甲** | **乙** | |
| **寅** | **申** | **申** | **未** | |
| 戊<br>丙<br>甲 | 戊<br>壬<br>庚 | 己戊<br>壬<br>庚 | 丁<br>乙<br>己 | |

위 명조는 丙火 일간이, 時에 庚金이 월령을 얻고 日에 통근한 편재격이다.

月에 甲木은 時와 年에 통근하였다. 時에는 沖으로 인해 근기가 약한 것으로 보이나, 年에 乙木 비겁이 투출되었다.

일간은 時와 年에 통근하였으나 강한 재성으로 인해 쇠하다.

다행히 月과 年에 인성이 생부 해주면서 일간을 돕고 있어 재성을 剋 함에 망설임이 없어졌다.

편재격이 투출된 천간이 다 선하게 되었고, 인성을 用하여 偏財用印格으로 성격 되었다.

---

210  沈孝瞻,『子平眞詮』「論財」: "有財格佩印者, 蓋孤財不貴, 佩印幫身, 即印取貴."

| 時柱 | 日柱 | 月柱 | 年柱 | 坤命 |
|:---:|:---:|:---:|:---:|:---:|
| 乙 | 丁 | 癸 | 丁 | |
| 巳 | 酉 | 丑 | 未 | |
| 戊<br>庚<br>丙 | 辛 | 癸<br>辛<br>己 | 丁<br>乙<br>己 | |

위 명조는 丁火 일간이, 月에 癸水가 월령을 득한 칠살격이다.

지지에는 金局을 이루어 편재 겸격이 되었다.

時에 乙木은 年에 통근하였다.

일간 丁火는 時와 年에 통근하였고, 年에 비견을 투출시켰다.

강한 편재가 칠살을 생부 해주면서 일간에게 큰 위협이 되고 있는 듯하나, 年에 비견이 칠살의 극제를 분산시켜주고 있고, 時에 인성으로 생부 되니 큰 위협이 사라지게 된다.

財生煞이 다시 煞印相生으로 변하였으니 인성을 用하여 偏財用印格으로 성격 되었다.

다만 인성을 甲木으로 활용하느냐, 乙木으로 활용하느냐에 대한 관점이 달라질 수 있다.

甲木은 동량(棟梁)이기 때문에 丁火의 인화(引火)에 있어서는 더 크게 활용할 수 있고, 金局을 제련할 수 있으나, 乙木은 引火하기에 지엽(枝葉)이므로 甲木에 비해서 큰 차이가 있다.

따라서 내 재물보다는 편재격의 성향을 살린 것으로 보이고, 상담 당시 중소기업에서 경리 업무를 총괄하고 있었다.

무엇보다 당시 30대 후반이었을 때, 개인적인 생활여건은 좋았으나, 壬水

정관은 일간보다 年에 비견에 먼저 合 했다가 오는 형태가 되어 유부남을 사귀고 있었고, 방문할 때마다 사귀는 사람은 바뀌었지만 공통적인 특성은 전부 유부남이라는 것이었다.

『자평진전』에 "壬水가 巳月에 生 하고 재성이 단독으로 투출해도 역시 귀하게 된다. 丙火가 투출하고 戊土를 간직하여, 칠살을 버리고 재성을 따라서, 아름다운 것은 보존되고 미운 것은 버려지기 때문이다"[211]고 하였다.

| 時柱 | 日柱 | 月柱 | 年柱 | 乾命 |
|---|---|---|---|---|
| 壬 | 壬 | 癸 | 丙 | |
| 寅 | 戌 | 巳 | 辰 | |
| 戊<br>丙<br>甲 | 辛<br>丁<br>戊 | 戊<br>庚<br>丙 | 乙<br>癸<br>戊 | |

위 명조는 壬水 일간이, 年에 통근하여 時와 月에 비겁을 투출시키고 있다.

年에 丙火는 월령을 얻었고 日과 時에 통근하여 강한 편재격이다.

편재의 강함으로 인해 일간의 강왕함이 요구되나, 재성에 비해 근기가 약하다. 이때 비겁의 도움을 받아 명조가 안정된 듯하다.

그러나 편재가 투출되고 비겁이 투출되어 쓰지 못하면 분탈을 의미하므로, 관성의 도움이 있어야 한다.

巳 중 戊土가 暗官하여 月에 癸水와 合 해주니 분탈을 막을 수 있고, 火로 化出하니 유정하게 되었다.

---

211 沈孝瞻, 『子平眞詮』 「論財」: "壬生巳月, 單透財而亦貴, 以其透丙藏戊, 棄煞就財, 美者存而憎者棄也."

『자평진전』에는 왕태복의 명조로 소개되어 있고, 반대로 暗官하고 있는 戊土를 염려하는데, 癸水가 合去 하여 칠살을 버리고 재성을 따랐다고 설명하고 있다.

## 4) 편재격의 성격

〈표 9〉 편재격의 성격 방법

| 격국 | 용신 | 간략 설명 |
|---|---|---|
| 편<br>재<br>격 | 편재용인격<br>(偏財用印格) | · 편재가 인성을 파하지 않거나 合去 하지 않는 범위 내에서, 편재가 강할 때 상대적으로 약한 일간을 生 해주는 정인을 반드시 用해야 한다.<br>· 편재격에 살이 대동하면, 상대적으로 약해진 일간을 구하기 위해서 정인을 用하여 化煞한다. |
| | 편재용살격<br>(偏財用煞格) | · 편재를 겁재 또는 양인이 등극하여 분탈(分奪)할 때, 살을 用하여 겁재 또는 양인을 극제하고 재성을 살린다. |
| | 편재용식격<br>(偏財用食格) | · 편재격으로 인해 일간이 약해지므로, 식신을 用해 食神生財시키면 설기를 다소 약하게 할 수 있다.<br>· 편재격에서 일간이 강할 때, 食神生財하게 되면 노력하여 재를 취하며, 살을 두려워하지 않으니 식신을 用한다. |
| | 편재용상격<br>(偏財用傷格) | · 편재격에서 일간이 강할 때, 상관생재하게 되면 이재(理財)가 밝아 노력하여 재를 취하며, 살을 두려워하지 않으니 상관을 用할 수 있다. |
| | 편재용록격<br>(偏財用祿格) | · 편재격으로 일간의 설기가 심해 약해질 때에는 祿劫을 用할 때도 있다. |
| | 파격 | · 비겁이 강하고 편재격이 약하면 군겁쟁재되어 파격이 된다. |
| | | · 일간이 재성격보다 약하고 칠살이 투출되면 財生煞되어 일간이 위협되어 파격이 된다. |
| | | · 일간이 신약한데 식상까지 투출되어 재성격을 生財해 주면 일간의 설기가 심해 파격이 된다. |

# V 관성격(官星格)

정관격과 편관격은 사주 내에서, 나를 剋 하는 것이 강한 세력을 가짐으로 인해 이루어진 격으로, 사주의 모든 부분을 관성이 주재하게 된다.

인성에 의해 化 하거나 재성이 생부 해주거나 때에 따라 식상으로 制煞 되면, 그 성향이 관성을 활용한 인성과 관성이 활용된 재성 또는 관성을 활용한 식상의 성향으로 각각 나타나게 된다. 그리고 일간이 강함을 충족하게 되면 관성격의 성향이 그대로 나타나는 경향이 있다. 다만 정관격은 정관의 성향이 최대치에 이르게 되고, 편관격은 기본적으로 일간의 강왕을 요하게 되고, 일간이 쇠약할 때는 재성과 구별되어 있는 비겁, 재성 또는 인성, 食傷制煞에 의해 성격 되어야, 각각 선한 기운들이 더욱 선하게 된다.

현대 사회에서는 정관격과 편관격은 각각 길신과 흉신이므로 서로 구별해야 하지만, 재성 또는 인성을 같이 활용하게 되면 그 성향이 더욱 다양하게 나타나게 되므로, 유년 시절부터 솔선수범하되 명예를 중시하여 인정을 받으려 하고, 일간의 강왕에 따라 귀로 인한 부를 각각 얻을 수 있으며, 명예를 중시하면서 귀함에 귀함을 얻는 최상의 양상으로 나타나게 된다. 식상과 구별되어 있지 않으면 정관격은 파격이 되고, 오히려 편관격은 명예를 중시하면서 윗사람에게는 인정받고 아랫사람에게는 존경받게 되는 양상으로 나타나기도 한다.

정관격은 길신이다. 편관격은 흉신이며, 일간의 강왕을 요하게 되고, 정편관이 둘 다 투출되는 것을 꺼리며, 만약 보게 된다면 일간은 비겁의 도움으로 더욱 강왕하거나 극제 하거나 化 해야 길하게 된다.

용신이 되는 경우는 여러 형태가 있지만, 정관격은 생부 해주는 재성 또는 인성이 용신이 될 경향이 강하다. 그러나 칠살이거나 정관이 살이 될 경우에는, 칠살은 비겁으로 일간이 강왕해 지거나 재성으로 化 해야 하고, 인성으로

官印相生[官印雙全]하거나 식상으로 制煞해야 하므로, 재성 또는 인성 또는 식상이 용신이 될 경향이 강하다.

따라서 정관격과 편관격은 서로 다른 성향이 나타나지만, 일간의 강왕과 생부의 성향, 비겁 또는 식상의 극제 등의 형태에 따라 비슷한 성향이 나타나기도 한다.

본 책에서 인용하고 있는 격국과 관련된 원문에서는, 모두 정관격을 가장 우선하여 배치 설명하고 있다.

한편, 『자평수언』에는, "살이 가벼운 경우에는 편관이라고 명명하고 살이라고 명명하지는 않는다. 그러므로 재자약살(才滋弱煞)은 바로 재관이니, 재관격과 동일하게 논한다. 서에 이르기를, '관이 많으면 살과 같다'고 했으니, 살이 약하면 관이다. 또 관살이 혼잡한 경우에 살로 논하는 것은 음간과 양간의 성질이 같지 않아 이렇게 설명하는 것으로 보호하고 구제해 주어야 하기 때문이다"[212]고 하여, 정관도 많으면 살이 되고, 편관과 살을 구별해야 함을 강조하고 있다.

---

212  徐樂吾, 『子平粹言』 「論體性」: "煞輕者名偏官, 不名爲煞, 故才滋弱煞卽是才官, 與才官格同論, 書云, 官多同煞, 煞淺卽官, 又官煞混雜, 者以煞論, 正以陰陽干性質不同, 不能不爲此設以補求也."

## 1. 정관격(正官格)

### 1) 정관의 기본 의미

『연해자평』에 "정관이라는 것은 甲木이 辛金을 보는 종류로 음이 양을 보면 관이 되고, 양이 음을 보면 귀(鬼)가 되는데 음양의 배합으로 그 도가 이루어진다. 대개 관이 왕지로 흐르기를 요하는데 월령이 이것이다. 월령은 제강(提綱)[주가 되는 것]인데 간명할 때 먼저 제강을 보고 바야흐로 그 나머지를 본다. 경에 이르기를, 통변으로써 神이 된다는 것이 이것인데 정관이 혹 많으면 오히려 복이 되지 않으니 어찌 말로써 다 할 것인가?"[213] 하였다. 정관이 왕하게 되면 복이 되며, 상관을 보거나 정관이 많아 살이 되면 복이 되지 않음까지 설명하고 있다.

또, 관성은 편안하고 공손하며, 귀기가 드높고, 성품은 유유자적하며, 인자하고 관대하다. 가슴에 품은 생각은 활발하고, 목소리는 화창하다. 넉넉한 자태는 아름답고 수려하며, 성격은 민첩하고 총명하다.[214]

『삼명통회』에는 "정관은 甲이 辛을 보는 것, 乙이 庚을 보는 류가 되는데, 음양이 배합을 이루어 서로 剋 하는 도가 된다. 이 정관은 六格의 우두머리가 되어 일위만 있어야 하고 많으면 좋지 않다. 월령에 정관이 존재하는가를 먼저 보고, 연후에 남은 다른 곳을 살펴봐야 하는데 오행의 기는 오직 월령을 얻은 때에 최고가 되기 때문에 그러하고 남은 다른 격도 마찬가지다. 가령 甲이 辛酉를 보고, 乙이 庚申을 본 예가 되는 것으로, 일컬어 장간이 천간으로 투출되어야 하고, 남은 위치에서 다시 관성을 보는 것은 마땅치 않다"[215]고 하여, 정

---

213  徐大升, 『淵海子平』 「論正官」: "夫正官者, 甲見辛之類, 乃陰見陽爲官, 陽見陰爲鬼, 陰陽配合成其道也, 大抵要行官旺鄕, 月令是也, 月令者, 提綱也, 看命先看提綱, 方看其餘, …, 正官或多, 反不爲福, 何以言之."

214  徐大升, 『淵海子平』 「論正官」: "官星愷悌, 貴氣軒昂, 性優游而仁慈寬大, 懷豁達而和暢聲音, 豊姿美而秀麗, 性格敏而聰明."

관은 월령의 힘을 받아 투출되어야 청하게 된다는 것으로 볼 수 있다.

『명리정종』에는 "무엇을 정관이라고 하는가? 대개 양이 음을 보고, 음이 양을 만나는 것이다. 그러므로 역에서 한 개의 음과 한 개의 양을 도라 하고, 음양이 배합됨이 중요하거니와 이것은 또한 지아비와 한 아내가 배합하는 이치와 같다. 그러면 어떤 것을 관이라 하는가? 관이란 말은 통제한다는 뜻인바 사람은 반드시 사회생활을 하여야 하고, 사회생활을 하는 데 반드시 관에 의해 통제가 되어야 비로소 사람의 질서와 옳음을 세울 수 있고, 편안하게 살며 간사해지는 것을 방비하게 되는 것이다. 따라서 관이란 나의 주인이라는 것을 말한다"[216]고 하여, 관이 사회생활에서 정당하게 통제받는 일종의 통상적인 법률이므로 당연한 이치이며, 일간의 정신이 된다고 설명하고 있다.

『명리약언』에는 "양이 음을 剋 하고 음이 양 신을 剋 하는 것은 관청과 백성 간에 다스림을 받는 것과 유사하여 진실로 이치가 옳고 형세가 바르니, 甲이 辛酉를 만나거나 乙이 庚申을 만나는 경우인데, 혹 辛이 丑戌에 저장되었으니 그것을 취하여 甲의 배필로 삼기도 하고, 혹 庚이 巳에 생지가 되니 그것을 도와서 乙의 군으로 삼기도 한다"[217]고 하였다.

또, "관을 보는 법은 먼저 일간의 강약을 논하여, 일간이 강하면 마땅히 관을 부조해야 하고 일간이 약하면 일간을 부조해야 하는데, 다시 관성의 득시 득세 여부를 보아서 월령에 해당하고 또 천간에 투출하면 알맞은 것이다"[218]고 하였다.

---

215  萬民英, 『三命通會』 「論正官」: "正官者, 乃甲見辛, 乙見庚之例, 陰陽配合, 相制有用, 成其道也, 故正官爲六格之首, 止許一位, 多則不宜, 正官先看月令, 然後方看其餘, 以五行之氣, 惟月令當時爲最, 況四柱各管年限, 年管十五, 失之太早, 時管五十後, 失之太遲, 故只此月令爲正, 餘格例此, …, 如甲見辛酉, 乙見庚申之例, 謂之支藏干透, 餘位不宜再見."

216  張神峯, 『命理正宗』 「正官格」: "正官者, 何以言之, 蓋以陽見陰, 陰見陽, 故曰, 一陰一陽之謂道, 如人之一夫一妻之有配對也, 何以爲之官, 蓋官者管也, 如人焉必順官管然後, 循規蹈居人由義, 不敢放逸爲非, 故爲制我身主也."

217  陳素庵, 『命理約言』 「正官賦」: "陽剋陰日, 陰剋陽神, 固理順而勢馴, 甲見干辛支酉, 乙遇天庚地申, 或辛藏丑戌, 取爲甲配, 或庚生巳地, 扶作乙君."

218  陳素庵, 『命理約言』 「看正官法」: "看官之法, 先論日干强弱, 日干强則當扶官, 日干弱則當扶日, 再看官星得時得勢與否, 適當月令, 又透天干爲止."

『자평진전』에는 "정관은 身을 剋 하니, 비록 칠살과 다름이 있다 하더라도, 결국 그것의 제복을 당하는데, 어찌하여 刑沖破害를 간절히 꺼리고 정관을 존중해야 하는가? 사람이 천지에 태어남에, 반드시 강하게 스스로 자기를 높이는 이치가 없고, 비록 귀함이 천자에 이른다 하더라도, 또한 천조(天祖)가 천자에게 임함이 있는 것을, 어찌 알겠는가? 정관이란 것은 마땅히 존중해야 할 것으로 분류되니, 나라에서는 군주가 있고 집에서는 부모가 있는 것과 같다. 刑沖破害는 아래로서 위를 범하는 것이니, 옳지 않은 것이다."[219]라고 하였다.

정관의 심리적 특성은 다음과 같다. "일간이 정신적 자아 주체가 될 때, 정관을 만나면 내가 剋을 받으면서 또한 상흡하는[극아차아흡(剋我且我吸)] 관계가 된다. 순종적이며 법규를 준수하고 자아 강박이 있으며, 일상적인 규율을 준수하고 과거의 경험을 존중한다. 스스로 구속하고 마음속에 담아두고 근심하며 반성하고, 때로는 중상모략을 당한다. 책임감과 충성심이 있고, 객관적·이성적이며 어떤 일을 반복하고, 열등감이 있고 융통성이 없다. 양심적이며 사회적 공론을 중시하고, 단체의 결정을 존중하고 대중을 따른다. 그리고 육체적 자아를 박해하거나 제한하면서 육체적 자아와의 관계가 밀접한 것을 대표한다."[220]

정관이 성격 되었을 때의 성향을 분석하면, 모범적이며, 명예를 중시하며, 중용의 정신이 있으며, 책임감이 강하고 교만하지 않으며, 용모가 뛰어나고 인품이 있으며, 많은 사람보다 일대일 만남을 지향하고, 보수적이고 사치하지 않으며, 책임감과 충성심이 있어 인정을 받는다.

그러나 중하거나 범하여 일간에 문제가 생기면, 자존심이 너무 강해 일을 그

---

219  沈孝瞻,『子平眞詮』,「論正官」: "官以剋身, 雖與七煞有別, 終受彼制, 何以切忌刑沖破害, 尊之若是乎, 豈知人生天地間, 必無矯焉自尊之理, 雖貴極天子, 亦有天祖臨之, 正官者分所當尊, 如在國有君, 在家有親, 刑沖破害, 以下犯上, 烏乎可乎."

220  何建忠,『八字心理推命學』,「十星的含義」: "當日干爲精神主體我, 則所遇的正官爲剋我且與我相吸, 順從, 守法, 自我强迫, 守常規, 常用過往的經驗, 合乎理則的心, 拘束, 人云亦云, 掛念, 反省, 被中傷, 責任感, 忠, 自卑感, 客觀, 理性, 重覆某些事, 刻板, 良心感, 重視社會公論, 重視團體炔定, 從衆, …, 則所遇的正官卽可代表摧害肉體我, 限制肉體我, 但與肉體我關係密切的."

르치기 쉬우며, 융통성이 부족하고 인색하며, 관용과 이해가 부족하여 타인을 힘들게 하고, 환경 적응력이 부족하여 타인과 갈등이 심하다.


### 2) 정관의 육친 의미

남자에게 정관의 육친은 여식, 증조모, 질녀가 되고, 여자에게는 남편, 며느리, 증조모가 된다.

정관격이 성격 되면 해당하는 육친과의 관계에도 큰 영향을 받을 수 있으나, 파격 또는 刑沖破害를 만나게 되면 해당하는 육친의 나쁜 영향이 나타나기도 하고, 정관의 부정적인 성향이 나타난다.

현대적 의미에서는 남녀 모두 직장과 관록 및 명예와 관련이 많다.

일간의 강왕에 따라 변화가 있지만, 財生官이면 재정관, 괴강이 정관격이 성격 되면 수사관 또는 조사관, 양인이 合去 되면 법조계, 문창과 동주하면 교육계로 나가는 경우가 많다.


### 3) 정관격의 성패(成敗)

| 時柱 | 日柱 | 月柱 | 年柱 | 乾命 |
|------|------|------|------|------|
| 乙 | 戊 | 丁 | 壬 | |
| 卯 | 申 | 未 | 戌 | |
| 乙 | 戊<br>壬<br>庚 | 丁<br>乙<br>己 | 辛<br>丁<br>戊 | |


위 명조는 戊土 일간이, 時에 乙木이 월령을 득하고 時에 통근하고 相合하니 정관 변격이다.

月에 丁火는 월령을 얻고 年에 통근하였고, 年에 壬水는 日에 통근하였다.

月에 정인과 年에 재성이 合去 하였다.

일간은 녹왕하고, 年과 日에 통근하여 강하다. 時에 정관을 사용하여 正官用官格으로 성격 시키고, 정관을 길신으로 삼아야 한다.

따라서 관성을 생부 해주는 재성과 관성을 보호해 주는 인성은 사용할 수 없게 된다. 이 같은 경우 향후 상관 운이 오게 되면, 방어체계를 구축할 수 없기에, 벼슬을 내려놓든지 관재(官災)로 고생할 수 있다.

年과 時에서 戌未刑은 月의 우합(偶合)과 時의 相合으로 刑하지 않는다.

『자평진전』에는 "잡기정관격으로, 〈정관이〉 천간에 투출하고 지지에 회합하여 가장 귀격이 된다. 그러나 壬水 재성과 丁火 인성이 서로 합이 되고, 그래서 외로운 관에 보좌[재성]가 없는 것으로 논하니, 〈벼슬이〉 칠품을 오르지 못한 까닭이다"[221]고 하였다.

| 時柱 | 日柱 | 月柱 | 年柱 | 乾命 |
|---|---|---|---|---|
| 戊 | 甲 | 辛 | 癸 | |
| 辰 | 子 | 酉 | 卯 | |
| 乙癸戊 | 癸 | 庚辛 | 乙 | |

위 명조는 甲木 일간이, 月에 辛金이 월령을 득하여 정관격이다.

年에 癸水는 日과 時에 局을 이루고 있고, 時에 戊土는 自坐하여 있다.

일간은 年에 통근하였다.

---

221  沈孝瞻, 『子平眞詮』, 「論正官」: "雜氣正官, 透干會支, 最爲貴格, 而壬財丁印, 二者相合, 仍以孤官無輔論, 所以不上七品."

관성과 재성이 강왕한 명조는, 일간도 강왕을 요한다. 官印相生하나 조후할 火氣가 없어 평생 올바른 처재와 직장을 가질 수 없었다.

『명리약언』에 "일간이 재관을 감당할 수 있는 것을 중요하게 여기니, 만일 일간이 너무 쇠하거나 너무 왕한 경우에 운이나 원국 중에 다시 생극 하거나 돕거나 누르는 것[부억(扶抑)]이 없다면 비록 재와 관이 함께 있더라도 빈천을 면치 못한다"[222]고 하였다.

| 時柱 | 日柱 | 月柱 | 年柱 | 乾命 |
|---|---|---|---|---|
| **辛** | **甲** | **己** | **壬** | |
| **未** | **子** | **酉** | **戌** | |
| 丁<br>乙<br>己 | 癸 | 庚<br>辛 | 辛<br>丁<br>戊 | |

위 명조는 甲木 일간이, 時에 辛金이 월령을 득하고 年에 통근한 정관격이다.

月에 己土는 時와 年에 통근하였고, 年에 壬水는 日에 통근하였으며, 일간은 時에 통근하였다.

재성은 관성을 생부 해주나, 인성은 財剋印으로 궁지에 몰려 있다. 다행히 일간과 합으로 인해 탐합(貪合)되니 손괴되지 않았고, 酉金을 통관으로 用하기 때문에 선하게 되었다.

따라서 인성을 用하여 正官用印格으로 성격 되었다.

중국 명대 문신이었던 방종철(方從哲)의 명조로, 서락오는 "관성의 쓰임이 맑

222  陳素庵, 『命理約言』 「看正官法」: "日干能任財官爲要, 苟日干太衰太旺, 運局中又無生剋扶抑, 卽財官俱有, 亦不免貧賤."

고, 재성 또한 귀함을 얻었다. 비록 관성의 청함과 인성을 갖추었으나, 관성과 인성을 겸하여 얻는 것은 불가능하다"[223]고 하였다. 관성의 쓰임이 좋을 때는 재성이 필요 없으며, 재성과 인성이 구별되어 있어야 한다.

『명리약언』에 "관을 만나면 재를 보아야 하는 말에 이르러서는 비록 일정한 이치이나, 관이 쇠하여 재에 의지하는 경우에는 많은 것을 귀하게 여기지만, 관이 왕하면 재에 크게 의지하지 않는다"[224]고 하였다.

| 時柱 | 日柱 | 月柱 | 年柱 | 乾命 |
|------|------|------|------|------|
| **庚** | **乙** | **戊** | **壬** | |
| **辰** | **未** | **申** | **申** | |
| 乙<br>癸<br>戊 | 丁<br>乙<br>己 | 己戊<br>壬<br>庚 | 戊<br>壬<br>庚 | |

위 명조는 乙木 일간이, 時에 庚金이 월령을 득하고 年에 통근하여 강한 정관격이다.

月에 戊土는 월령을 득함과 동시에 모든 지지에 통근하여 강한 정재 겸격이다.

年에 壬水는 월령을 득하고 時와 年에 통근하여 역시 강한 정인 겸격이다.

일간은 日과 時에 통근하였다.

강한 재성의 생부를 받은 관성이 더욱 강해지니, 일간의 강왕을 요하게 된다. 재성은 申金을 통관하여 用하니 선하게 되었다.

---

223　徐樂吾, 『古今名人命鑑』「卷二」: "官星爲用明矣, …, 而財亦得貴, 雖官淸印正, 而二者不可得兼."
224　陳素庵, 『命理約言』「看正官法」: "至於逢官看財, 雖一定之理, 然官衰倚財, 以多爲貴, 官旺亦不甚倚財."

재성이 관성을 生 하고, 강한 관성에 비해 쇠약한 일간이 인성을 생부 해줌으로써 선하게 되어 正官用印格으로 성격 되었다.

앞 명조와 비슷한 형상을 취하고 있다. 그러나 앞 명조는 일간이 무근하고, 위 명조는 강함의 근기가 있음이 다르다.

그리고 강한 정관은 향후 칠살이 될 수 있으므로 조심해야 하고, 상대적으로 일간이 쇠약할 때 근기가 손괴되면 수명에 문제가 생길 수 있다.

명대 말엽 청렴한 관리로 칭송받았던 양련(楊漣, 1572~1625)의 명조이다. 당시 환관 위충현이 실권을 잡았는데, 癸丑 대운 乙丑年(1625)에 양련을 무고(誣告)하여 투옥되었고, 가혹한 형벌을 당하다가 옥사하였다.

서락오는, "강하고 날카로운 庚金의 기운을 壬水를 用하여 설기하였다. 천계 5년 乙丑에 위충현에 의해 해를 당해 옥사하였다. 이것은 丑 운에 양 丑이 〈일간의〉未庫를 沖 했기 때문이다"[225]고 하여, 乙木의 근기인 未와 辰[백호와 음인]을 沖刑한 것을 말하고 있다.

『자평진전』에 "만약 재성과 인성 둘 다를 쓰지 않는다면, 인성 하나만 쓰는 것이 재성 하나만 쓰는 것만 못하다. 인성으로 정관을 보호할 수도 있고, 또한 정관의 기운을 설할 수도 있으나, 재성은 정관을 生 하기 때문이다. 만약 정관을 변화시켜 인성이 되고 재성이 투출하면, 또 매우 빼어나게 되어 크게 귀한 격이 된다"[226]고 하여, 정관격에는 재성과 인성 두 개 다를 쓰는 것이 가장 귀하고, 인성과 재성 하나만 사용할 때는 재성이 더 나음을 설명하고 있다. 다만, 인성과 인성의 칠살인 재성이 반드시 구별되어 있어야 한다.

『자평수언』에도 "정관격을 또 녹신으로도 명명하는데, 재관격과 관인격으로 두 종류로 나누니, 정관은 격이고 재와 인은 용신이다. 재관인 세 가지가 모두

---

225　徐樂吾, 『古今名人命鑑』 「卷二」: "用壬水洩庚金剛銳之氣, …, 天啓五年乙丑, 爲魏忠賢所害死錦衣獄, 必財丑運中, 兩丑沖未庫也."

226　沈孝瞻, 『子平眞詮』 「論正官」: "若財印不以兩用, 則單用印不若單用財, 以印能護官, 亦能泄官, 而財生官也, 若化官爲印而透財, 則又爲甚秀, 大貴之格也."

온전한 것을 삼기격(三奇格)이라고 명명하는데 용신도 재와 관 또는 관과 인 두 갈래로 나뉜다. 관성이 반드시 생왕 하다면 극제 할 필요가 없다. 인수를 사용하여 관을 조화롭게 하는 것은 재가 生 해주는 아름다움만 못하다"[227]고 하여, 정관은 재의 생부에 의한 재관과 인성을 생부 해주는 관인의 형태가 중요하고, 재관인이 다 온전하면 삼기격이라 말하고 있다.

『자평진전』에 "〈정관이〉 상관을 만남은 인성을 차는 것에 〈달려〉 있고, 살을 혼잡함은 취하여 맑게 하는 데서 귀하게 된다"[228]고 하여, 正官佩印에 대해 기술하고 있다. 이어 선참국의 명조를 설명하였다.

| 時柱 | 日柱 | 月柱 | 年柱 | 乾命 |
|------|------|------|------|------|
| 辛 | 壬 | 辛 | 己 | |
| 亥 | 寅 | 未 | 卯 | |
| 甲壬 | 戊丙甲 | 丁乙己 | 乙 | |

위 명조는 壬水 일간이, 年에 己土가 월령을 얻어 강한 정관격을 이루고 있고, 지지에는 木局으로 강한 상관격을 이루고 있어 정관격과 상관 겸격이다.

月과 時에 양투된 辛金은 통근된 것이 없고, 일간은 時에 통근하였다.

상관이 정관을 손괴시킬 위험에 노출되어 있다. 그러나 양투된 인성이 정관의 생부를 받아 상관을 제복하니 선하게 되었다.

이 명조 또한 正官佩印을 말하는 것으로, 인성을 用하여 正官用印格으로 성

---

227  徐樂吾,『子平粹言』「體性」: "正官格, 又名祿神, 分才官格官印格兩種, 正官爲格, 才印爲用也, 財官印三者俱全者名三奇格, 而用亦分才官, 或官印兩格, 官星必順生旺, 不宜剋抑, …, 用印化官, 不如才生之爲美."

228  沈孝瞻,『子平眞詮』「論正官」: "然而遇傷在於佩印, 混煞貴乎取淸."

격 되었다.

『연해자평』에도 "정관이 다시 관 왕지로 대운이 행하거나 혹은 격국을 이루거나 상관을 보지 않는 곳으로 흐르고 아울러 재가 왕지로 행하면 이는 모두 복을 짓는 곳이니 정관은 이내 귀한 것이 된다. 刑沖破害를 크게 꺼리고 年月時에 모두 관성이 투출하지 않으면 복이 적어질까 두렵다"[229]고 하였다. 정관이 격국을 이룰 때는 청해야 하며, 상관을 보지 않고 재왕 함을 요구하는 것에 대해 설명하고 있다.

『삼명통회』에도 "일주가 건왕하여야 하고, 재와 인이 도와야 하고, 주 중에서 상관과 살이 없어야 하고, 행운에 관이 들어오면 대부 대귀한 명이 된다. 크게 꺼리는 것은 刑沖破害가 되고, 상관과 칠살을 만나고, 탐합망관(貪合忘官)하고, 겁재가 복을 나누어 가져가면 파격이다. 모름지기 관성은 오직 순수하고 오행이 화합하고, 순수한 곳이 되어야 정관으로 논할 수 있다. 만약 전술한 꺼리는 것이 있어, 주 중에 비록 그 물을 제거한다 하더라도 순수하게 되는 것은 아니다. 만약 관성이 局이 되고, 또 재가 재를 도와 신왕한 지에 있지 않으면 불발하게 된다"[230]고 하여, 상관과 관살 혼잡이 되지 않아야 하며, 정관이 合去하든지 刑沖破害 등을 하여 선하지 않게 되면 복이 순수하지 않다는 것을 설명하고 있다.

『명리약언』에는 좀 더 나아가, "만약 관성이 너무 많으면 또한 반드시 식상으로 그것을 제압하지만 살로 논하지 않으며, 관이 심하게 꺼리는 것이 두 가지가 있으니, 하나는 沖破이고 하나는 상관이다. 반드시 기피해야 할 것이 세 가지가 있으니, 하나는 식신이 많아서 은밀히 손상하는 것이고, 하나는 인성이

---

229  徐大升, 『淵海子平』 「論正官」: "既曰正官, 運複行得官旺之鄉, 或是有成局, 又行不得傷官之地, 並金財旺之鄉, 皆是作福之處, 正官乃貴氣之物, 大忌刑沖破害, 及於年月時干, 皆有官星隱露, 恐福渺矣."

230  萬民英, 『三命通會』 「論正官」: "又須日主健旺, 得財印兩扶, 柱中不見傷殺, 行運引至官鄉, 大富大貴命也, 大忌刑衝破害, 傷官七殺, 貪合忘官, 劫財分福, 爲破格, …, 須是官星純一, 五行和粹, 方以正官論, 若見前忌柱中, 雖有物去之, 亦不純粹, 若官星結局, 又有財資扶, 非行身旺地不發."

많아서 기를 누설하는 것이며, 하나는 관이 사(死)나 절(絶)에 귀착하는 것이니, 대체로 관이 강왕한 경우에는 이 다섯 가지 꺼리는 것을 만나더라도 다만 귀기를 감할 뿐이지만, 관이 쇠약한 경우에는 다섯 가지 꺼리는 것을 만나면 파괴된다"[231]고 하였다.

또, "상관에게 얽매이는 것을 깊이 미워하고 다시 또 실령하여 존귀하지 못함을 꺼리니, 양일의 식신은 합을 탐하여 관의 염려할 만함을 망각하며, 음일의 식신이 무리를 이루어도 역시 귀를 손상하므로 참되지 않는다"[232]고 하였다.

| 時柱 | 日柱 | 月柱 | 年柱 | 乾 命 |
|---|---|---|---|---|
| 壬 | 丁 | 甲 | 戊 | |
| 寅 | 酉 | 子 | 午 | |
| 戊<br>丙<br>甲 | 辛 | 壬<br><br>癸 | 己<br>丁 | |

위 명조는 丁火 일간이, 時에 壬水가 월령을 득하여 강한 정관 변격이다.

月에 甲木은 時에 통근하였고, 年에 戊土는 年과 時에 통근하였다.

일간은 時와 年에 녹근하였고, 月과 年은 甲己와 戊癸가 相合하니 근기가 손괴되지 않는다.

정관격이 인성으로 하여금 상관으로부터 보호하니 선하게 되었고, 甲木을

---

231  陳素庵,「命理約言」「看正官法」: "若官星太多, 亦順食傷制之, 然不作殺論, 其切忌有二, 一曰沖波, 一曰傷官, 順忌有三, 一曰食衆暗損, 一曰印衆洩氣, 一曰時歸死絶, 大抵官之强旺者, 遇此五忌, 但減貴氣, 官之衰弱者, 遇此五忌, 則壞矣."

232  陳素庵,「命理約言」「正官賦」: "深惡傷官爲累, 更嫌失令不尊, 陽日食神, 貪合而忘官可慮, 陰日食神, 成黨亦損貴不眞."

쪼개어 불을 이끄는 벽갑인정(劈甲引丁)되니 더욱 길하게 된다.

따라서 인성을 用하여, 正官用印格으로 성격 하였다.

청나라 5대 황제 세종(世宗) 옹정(雍正. 1678~1735)의 명조이고, 서락오는 "관살이 월령을 얻어 왕한 기운을 얻고, 甲木을 이끌어 보급되니 그 뜻이 기쁘게 되었다"[233]고 하였다.

위 명조는 正官佩印함으로써, 인성이 정관의 칠살을 억제하는 좋은 예라 하겠다.

『자평진전』에 "정관격에 상관이 투출하여 인성을 쓰는 경우에는 재성 보는 것을 꺼린다. 재성은 인성을 제거할 수 있고 아직 정관을 生 할 수 없는데, 바로 그렇게 해서 상관을 보호하기 때문이다. 그러나 또한 재성을 만났는데도 도리어 크게 귀한 것도 있다"[234]고 하였다. 위 명조는 상관을 인성이 극제 해줌으로써 선하게 되었지만, 상관이 투출되었을 때 인성을 用할 때는 재성을 보게 되면 칠살이 되어 손괴되니 파격된다.

| 時柱 | 日柱 | 月柱 | 年柱 | 乾命 |
|------|------|------|------|------|
| **庚** | **戊** | **乙** | **辛** | |
| **申** | **戌** | **未** | **丑** | |
| 戊<br>壬<br>庚 | 辛<br>丁<br>戊 | 丁<br>乙<br>己 | 癸<br>辛<br>己 | |

위 명조는 戊土 일간이, 지지에 모두 통근하여 강하다.

---

233  徐樂吾, 『古今名人命鑑』 「卷一」: "官煞得月令旺氣, 喜得甲木引通其情."

234  沈孝瞻, 『子平眞詮』 「論正官」: "至於官格透傷用印者, 又忌見財, 以財能去印, 未能生官, 而適以護傷故也, 然亦有逢財而反大貴者."

月에 乙木은 월령을 득하여 강한 정관격이 되었으나, 時에 庚金과 年에 辛金은 日과 時와 年에 통근하여 강한 상관이 되니, 정관이 약하게 되었다.

신강한 일간이 정관이 있음으로 인해 명조가 선하게 되었으나, 상관이 정관을 손괴시켜 파격되었다.

이것은 첫째, 正官佩印 하지 못함 때문이고, 둘째는 재성의 생부가 없기 때문이다.

20대 巳 대운에 金氣가 더욱 왕성해져 정관이 손괴되었고, 정관은 곧 일간의 정신을 대표하는 것인데 손괴되니 우울증으로 안타깝게 자살하게 된다.

| 時柱 | 日柱 | 月柱 | 年柱 | 乾命 |
|------|------|------|------|------|
| 辛 | 己 | 丁 | 甲 | |
| 未 | 卯 | 卯 | 午 | |
| 丁<br>乙<br>己 | 乙 | 甲<br>乙 | 己<br>丁 | |

위 명조는 己土 일간이, 年에 甲木이 局을 이루고 있어 강한 정관 변격이다.

일간은 時와 年에 통근하였고, 時에 辛金은 통근한 것이 없어 일간에 비해 상대적으로 강한 정관을 제어하기에는 역부족이다.

그러나 月에 丁火는 時와 年에 통근하였고, 강한 정관을 설기하여 化 하고[正官佩印] 일간을 생부 하게 되니 명조가 전체 선하게 되었다.

따라서 인성을 用하여 正官用印格으로 성격 하였다.

중국 명대 재상이었던 상로(商輅, 1414~1486)의 명조이다. 명대 300년 동안 과거시험에 삼원급제(三元及第)한 유일한 인물로 알려져 있고, 영종, 대종, 헌종 삼조에 걸쳐 병부상서 등을 역임하였다.

서락오는 "인성이 관을 득해 지키고, 재가 없으니 〈인성을 극제 하지 않아〉 더욱 기쁘고, 인수가 다치지 않아 그 기가 맑기 때문에, 문장이 뛰어나 거침이 없어 천하에 이름을 얻었고, 안팎으로 몸가짐이 너그럽고 후덕하여 재상의 그릇이 되었다"[235]고 하였다.

| 時柱 | 日柱 | 月柱 | 年柱 | 坤命 |
|------|------|------|------|------|
| 己 | 壬 | 丙 | 乙 | |
| 酉 | 寅 | 戌 | 丑 | |
| 辛 | 戊<br>丙<br>甲 | 辛<br>丁<br>戊 | 癸<br>辛<br>己 | |

위 명조는 壬水 일간이, 時에 己土가 월령을 득하고 日과 年에 통근한 정관 변격이다.

月에 丙火는 월령을 득하고 日에 통근하여 변격된 편재 겸격이다.

年에 乙木은 日에 통근하였다. 일간은 年에 통근하였으나 상대적으로 약하다.

상관은 편재를 생부 하니 선하게 되었고, 재성은 관성을 생부 하니 또한 선하게 되었다.

변격된 정관격을 기본으로 한 편재 겸격으로, 일간의 강왕을 요구하게 되나 현재 쇠약하니 관이 살이 되어 파격된 명조이다.

편재에 이어 부모궁과 조상궁이 刑破되니 부모덕이 전혀 없고, 관성이 강한데 20대 초 다시 관성 己丑 대운이 들어와 남자와 동거하였다가 얼마 후 유산

---

235　徐樂吾,『古今名人命鑑』「卷二」: "官得印衛, 尤喜無才, 印綬不傷, 氣定神淸, 所以文才縱橫, 名聞天下, 內方外圓, 寬厚有容, 宰相器也."

과 동시에 바로 헤어졌다. 그때부터 몇 번의 동거와 유산이 있었고, 상담 당시 30대 중반이었는데 계속 주류업계[술 접대]에서 15년 가까이 방황하고 있는 명조이다. 삶의 방식에 대해 구체적인 다른 방법을 설계해 주었으나, 재성과 관성이 일간에 비해 너무 강하고 인성의 부재로 재물과 능력 있는 남자만을 갈구하고 있다.

| 時柱 | 日柱 | 月柱 | 年柱 | 坤命 |
|---|---|---|---|---|
| 丁 | 癸 | 壬 | 戊 | |
| 巳 | 酉 | 戌 | 申 | |
| 戊<br>庚<br>丙 | <br>辛 | 辛<br>丁<br>戊 | 戊<br>壬<br>庚 | |

위 명조는 癸水 일간이, 年에 戊土가 월령을 얻고 時와 年에 통근한 정관격이다.

時에 丁火는 월령을 득하고 時에 自坐하여 편재 겸격이다.

지지에는 金局을 이루고 있어 편인 겸격이다.

일간은 年에 통근하고, 月에 壬水 비겁을 투출시켰다.

정관격이 재성격과 인성격을 겸하고 있고, 官印相生이 일간을 생부하니 효신이 될 상황에 이르렀으나, 재성과 겁재가 각각 財剋印되고 설기되니 正官用財格으로 성격 되었다.

戊土 남편은 인성보다는 재성[정편재]의 투출이 강해 사업을 하고 있고, 생활은 넉넉하다고 볼 수 있다. 그러나 남편은 본처[본인]보다 다른 처재를 거느리고 있다고 봐야 한다. 정작 본인은 크게 개의치 않고 있다.

위 명조는 늦은 결혼에 10년 동안 인공수정을 하였으나 계속 실패하였고, 11

년 되는 丁亥年(2007) 40세에 어렵게 자식을 얻게 된다. 이후 아들은 국내 학교에 적응하지 못하고, 베트남에서 초·중학교를 다니고 있으며, 많은 병치레를 하고 있었다. 명조가 성격은 되었으나, 인성의 과다는 식신을 약하게[偏印倒食] 하기 때문이다.

| 時柱 | 日柱 | 月柱 | 年柱 | 乾命 |
|------|------|------|------|------|
| **丙** | **辛** | **庚** | **丙** | |
| **申** | **巳** | **寅** | **寅** | |
| 戊<br>壬<br>庚 | 戊<br>庚<br>丙 | 戊<br>丙<br>甲 | 戊<br>丙<br>甲 | |

위 명조는 辛金 일간이, 丙火가 時와 年에 월령을 득하여 양투하였고, 日과 年에 통근하여 강한 정관 변격이다.

일간은 日과 時에 통근하였고, 月에 비겁을 투출시켜 놓고 있다.

강한 관성에 비해 일간이 쇠약하나, 인성으로 통관시키지 못해 어려움을 겪고 있다. 다행히 月에 비겁을 用하여 年에 丙火를 설기시키니 正官用劫格으로 성격 되었다.

20대 말 壬辰 대운에 직업군인으로 복무하였으나, 40대 甲午 대운에 관이 살이 되어 관재구설로 인해 결국 제대하게 되었다.

관성이 강할 때 인성의 부재가 겸하게 되면, 비겁을 用하거나 때로는 정관을 극제 시켜야 할 때도 있다.

『명리약언』에 "沖破를 만나면 귀의 근원이 무너지고 刑害를 만나면 수기가 순수하지 못하며, 만약 칠살이 관과 서로 혼잡된 경우에는 특히 사주에서 가장 진노할 일이나 오직 剋이나 合에 방도가 있다면 병을 제거할 수 있으며, 만일

관과 살의 기세가 서로 겨루는 경우에는 身을 상하게 하지 않음이 없다"[236] 하였다.

| 時柱 | 日柱 | 月柱 | 年柱 | 坤命 |
|---|---|---|---|---|
| 丙 | 丁 | 甲 | 壬 | |
| 午 | 卯 | 辰 | 戌 | |
| 己<br>丁 | 乙 | 乙<br>癸<br>戊 | 辛<br>丁<br>戊 | |

위 명조는 丁火 일간이, 壬水가 年에 월령을 얻어 투출된 정관 변격이다.

月에 甲木도 월령을 얻고 日에 통근하여 변격 투출된 정인 겸격이다.

일간은 時와 年에 통근하였고, 時에 비겁이 투출하였다.

정관과 인성은 官印雙全하고, 인성은 생아자(生我者)하니 순행하여 선하게 되어 正官用印格으로 성격 하였다.

학생 시절이나 사회생활에서 늘 상위권에 있으나, 丙午時는 한낮이기 때문에 丙火에게 빛을 뺏겨 1등은 놓치게 된다.

---

236 陳素庵, 『命理約言』 「正官賦」: "逢沖波兮, 貴元必壞, 値刑害兮, 秀氣不純, 若七殺之相混, 尤四柱之最嗔, 唯剋合之有方, 斯能去病, 苟氣勢之相抗, 無不傷身."

| 時柱 | 日柱 | 月柱 | 年柱 | 坤命 |
|:---:|:---:|:---:|:---:|:---:|
| 甲 | 乙 | 甲 | 乙 | |
| 申 | 酉 | 申 | 亥 | |
| 戊<br>壬<br>庚 | 辛 | 己戊<br>壬<br>庚 | 甲<br>壬 | |

위 명조는 乙木 일간이 年에 통근하였고, 月과 日과 年에 비겁을 투출시켰다.

지지에는 金局을 이루고 있어 관성이 과하다. 다행히 비겁이 즐비하여 극 신약은 면했으나, 金왕으로 생명에 위험을 느끼고 있다.

11세 乙酉 대운 乙酉年에 金이 재립(再立)하니 더욱 위험하게 된다. 상담 당시 행방불명 상태였고, 경찰도 수색하고 있었지만 별다른 진척이 없다고 하였다. 어렵게 말하기를, 생명이 유지되기 힘들고, 성폭행 또는 타인에 의해 숨졌을 가능성과 운이 비겁이니 가까운 곳에서 찾아볼 것을 권장하였다. 안타깝게 이웃 정신이상자에 의해 성 폭행당한 후 사망하였다는 소식을 전해 들었다.

| 時柱 | 日柱 | 月柱 | 年柱 | 乾命 |
|------|------|------|------|------|
| 甲 | 己 | 丙 | 甲 | |
| 子 | 丑 | 寅 | 子 | |
| 癸 | 癸<br>辛<br>己 | 戊<br>丙<br>甲 | 癸 | |

위 명조는 己土 일간이, 甲木이 時와 年에 월령을 얻어 양투된 정관격이다.

月에 丙火는 역시 월령을 얻어 정인 겸격이다.

일간은 녹근하였고 自坐하였다.

甲己 합과 子丑 합으로 천지덕합(天地德合)이 되었고, 官印雙全하니 더욱 선하게 되었으며, 正官用印格으로 성격 되었다.

寅月에 아직 한기(寒氣)가 남아 있는데, 丙火가 전원(田園)을 생부 해주고 甲木을 이루니 官印雙全하는 명조가 되었다.

중국 청대 재상이고 서예가로 알려진 유용(劉鏞, 1719~1804)의 명조이다. 서락오는 "甲己와 子丑이 천지덕합하여 귀기를 이루었고, 〈일간〉己土는 윤습하나 초봄 한기에 태어나 약하다. 寅 中 甲과 丙이 아울러 투출되니 관성이 청하고 인성이 갖추게 된다. 용신이 청순하고 다시 동남 운으로 좋게 흐르니 기쁘게 되었다"[237]고 하였다.

---

237  徐樂吾,『古今名人命鑑』「卷二」: "甲己子丑, 名天地德合, 貴氣所鍾, 己土卑濕, 生於初春, 氣寒勢弱, 得寅中甲丙並透, 官淸印正, …, 用神淸純, 更喜運走東南."

| 時柱 | 日柱 | 月柱 | 年柱 | 乾 |
|:---:|:---:|:---:|:---:|:---:|
| **甲** | **己** | **庚** | **庚** | 命 |
| **子** | **丑** | **辰** | **寅** | |
| | 癸 | 乙 | 戊 | |
| | 辛 | 癸 | 丙 | |
| 癸 | 己 | 戊 | 甲 | |

위 명조는 己土 일간이, 時에 甲木이 월령을 얻고 年에 통근한 정관 변격이다.

月과 年에 양투된 庚金은 日에 통근하였고, 일간은 녹근하고 自坐하였으며 年에 통근하였다.

앞 명조처럼 甲己와 子丑이 득합 하였으나, 상관이 대두되어 관성을 위협하고 있다. 재성으로 생부 하게 하면 명조가 선하게 되나, 재성 또는 인성이 없어 정관격이 파격되었다.

따라서 직장 또는 공동체 생활에서 처음에는 적성에 맞았다고 생각하지만, 배움 또는 결과를 위해 상관을 활용하여 끈기 있게 있었기 때문이며, 배움 또는 결과가 도출되고 나면 명령체계 또는 단체 생활에는 적응하기 힘들어 지시 받지 않는 본인의 일을 하게 된다.

20대 후반에 잠깐 컴퓨터 관련 일을 하다가, 혼자 할 수 있다는 생각에 30대에 관련 업종을 개인 회사를 운영하게 된다.

30대 후반 申 대운에 申子辰 水局을 이루고, 상관이 설기되고 傷官生財되니 크게 재산을 축적하였다.

50대 丙戌 대운에 상관이 극제 되어 평소 가족들과 소원했었던 일을 반성하며, 가정적으로 바뀌었다. 그러나 관성과 일간의 근기가 손괴되어 자식으로 인한 큰 고통도 있었고, 본인도 크게 손해를 보게 된다.

『삼명통회』에 "관이 한두 개가 되는데 재는 없고, 인이 있다면 신약하여도 해롭지 않다. 만약 재관이 꽉 차 있는데 일주가 쇠약하면 짐을 감당하지 못하여 헛수고만 하게 되고 크게 이루지 못한다. 운에서 다시 재살이 왕하게 들어오면 질병이 많이 생기고 방랑하는 명이 된다."[238]라고 하였다.

| 時柱 | 日柱 | 月柱 | 年柱 | 乾命 |
|---|---|---|---|---|
| 乙 | 乙 | 庚 | 壬 | |
| 酉 | 卯 | 戌 | 申 | |
| 辛 | 乙 | 辛<br>丁<br>戊 | 戊<br>壬<br>庚 | |

위 명조는 乙木 일간이, 月에 庚金이 局을 이루어 칠살이 강하게 투출된 정관 변격이다.

年에 壬水는 年에 통근하였고, 일간은 自坐하였고 時에 비겁이 투출하여 있다.

강한 정관에 비해 상대적으로 약한 일간이 壬水를 用하여 正官用印格으로 성격 되었다.

方合 局으로 인해 日과 時가 沖 하지 않고, 인성이 천을귀인(天乙貴人)과 동주하고 있어 더욱 선하게 되었다.

---

238  萬民英, 「三命通會」 「論正官」: "官止一二, 無財有印, 身弱無妨, 若四柱皆歸背祿, 宜推歲運向背財官旺地, 何如, 若財官滿目, 日主衰弱, 不能負荷, 徒勞無用, 運至財殺旺鄕, 多染癆瘵, 但有七殺行運復遇, 便是徒流之命."

중국 청대 채성훈(蔡成勳)의 명조로, 서락오는 "乙卯가 전록하고 있고, 申酉戌 西方의 기가 있는데 庚金이 투출되어 있어 관이 왕해 살이 되었다. 다행히 년간에 壬水가 투출되어 庚金을 설기하고 申이 天乙이 되어 귀기를 취하게 되었다"[239]고 하였다.

| 時柱 | 日柱 | 月柱 | 年柱 | 乾命 |
|:---:|:---:|:---:|:---:|:---:|
| 癸 | 庚 | 甲 | 辛 | |
| 未 | 午 | 午 | 未 | |
| 丁<br>乙<br>己 | 己<br>丁 | 丙<br>己<br>丁 | 丁<br>乙<br>己 | |

위 명조는 庚金 일간이, 근기는 없고 비겁을 年에 투출시키고 있다. 일간에 비해 지지에는 火局을 이루고 있어 관성이 살이 되었다.

月에는 甲木이 時와 年에 통근하였으나, 火多할 때 木은 반드시 水氣가 있어야 말라 죽지 않는다.

마침 時에 癸水는 근기가 없으나, 비겁의 생부를 받아 칠살을 일부 극제하고 있고, 재성을 생부 해줌으로써 생명을 불어넣게 되었다.

따라서 상관을 用하여 偏官用傷格으로 성격 되었다.

그러나 甲木은 관살이 양쪽에 대두되었고 午午 自刑으로 인해 생사를 알 수 없고, 인성은 역시 燥土가 되어 인연이 없다.

어릴 때 버려져 양자로 가게 되었고, 양부에게 일부 유산을 받아 생활은 괜찮으나, 火氣가 강하고 水氣가 약해 성격이 급하고 순간적인 거짓말 또는 재

---

239  徐樂吾, 『古今名人命鑑』 「卷三」: "乙卯專祿, 申酉戌氣全西方, 庚金透露, 官旺化煞, …, 幸得年干透壬, 庚金洩氣, 而申爲天乙, 貴己所聚也."

치로 상황을 모면하려 하고, 마음이 다변하여 주위 사람들에게 인정을 받지 못하고 있다.

| 時柱 | 日柱 | 月柱 | 年柱 | 乾命 |
|------|------|------|------|------|
| 己 | 壬 | 壬 | 丙 | |
| 酉 | 申 | 辰 | 申 | |
| 辛 | 戊<br>壬<br>庚 | 乙<br>癸<br>戊 | 戊<br>壬<br>庚 | |

위 명조는 壬水 일간이, 時에 己土가 월령을 득하고 日과 年에 통근한 정관변격이다.

年에 丙火는 辰月에 근기가 없고, 식상도 없으며, 金水 氣로 인해 극제 되어 쇠약하다.

일간은 녹왕하고 日과 年에 통근하였으며, 월에 비겁을 투출시키고 金水 氣가 많아 강하다.

일간에 비해 약한 관성과 재성이 인비(印比)에 가로막혀 서로 생부 하지 못하니 파격되었다.

丙火는 궁지에 몰려 부친이 병약하게 되었고, 관성 또한 약해 직장을 자주 옮기게 된다.

결국, 癸 대운에 丙火가 꺼져 부친이 사망하였고, 인비가 많으면 재성이 극제 되어 올바른 처를 얻을 수 없다. 만약 올바른 처를 얻게 되면 다른 사람과 가거나, 남의 부인이었던 사람이 처로 들어오게 되고 또한 일부 현명치 못함이 나타난다.

일간은 강하나, 비견이 되어 내향적 성향을 가졌고, 己土에 水氣가 많아져

탁수(濁水)되니 총명하지 못하다.

| 時柱 | 日柱 | 月柱 | 年柱 | 乾命 |
|:---:|:---:|:---:|:---:|:---:|
| 丙 | 甲 | 辛 | 癸 | |
| 寅 | 申 | 酉 | 未 | |
| 戊<br>丙<br>甲 | 戊<br>壬<br>庚 | 庚<br><br>辛 | 丁<br>乙<br>己 | |

위 명조는 甲木 일간이, 月에 辛金이 월령을 득하고 金왕한 정관격이다.

時에 丙火는 時와 年에 통근하였고, 年에 癸水는 日에 통근하였다.

일간은 時에 통근하였으나, 金왕으로 근기가 일부 손상될 위험에 처해 있다. 다행히 時에 丙火가 극제 시켜줌으로써 위험에서 벗어나게 된다.

그러나 그 궁들이 沖 되고, 관성이 강하면 재성이 약해지므로 처는 약해진다고 봐야 한다.

丙火는 조후로도 활용되고 편관이 강해 칠살이 되는 것을 化煞시켜 주었다. 인성은 煞印相生해 준다.

따라서 丙火를 用하고 癸水를 喜하여 正官用食格으로 성격 되었다.

중국 청대 군인이었던 유진화(劉鎭華)의 명조이다. 1926년 4월 중국 근대화 격동기 시절, 군부세력이었던 유진화는 서안성(西安城)을 둘러싸고 압박하여 성내 백성 4만여 명의 목숨을 잃게 했던 인물로 인식되어 있다.

서락오는 丙火와 癸水로 인해 관이 일간을 剋 하지 못하는 배치가 되어 있고, 운이 식상과 인겁으로 운행하니 자연 발복하였다고 하였다.[240]

---

240  徐樂吾, 『古今名人命鑑』, 「卷四」: "幸得丙火制申, 不傷寅祿, 年干癸水遠隔, 不傷丙火, 旺金洩秀 於癸, 官不剋身, 配置得宜, 運逢食傷印劫之鄕, 自然發福." 참조.

| 時柱 | 日柱 | 月柱 | 年柱 | 乾 |
|:---:|:---:|:---:|:---:|:---:|
| 癸 | 辛 | 甲 | 丙 | 命 |
| 巳 | 未 | 午 | 子 | |
| 戊<br>庚<br>丙 | 丁<br>乙<br>己 | 丙<br>己<br>丁 | 癸 | |

위 명조는 辛金 일간이, 年에 丙火가 火局을 이루어 되니 칠살이 변격된 강한 정관격이다.

月에 甲木은 日에 통근하였고, 時에 癸水는 年에 통근하였으며, 일간은 時에 녹근하였다.

財生官으로 정관이 더욱 강해 살이 되었으나, 癸水가 制煞해 줌으로써 식신을 用하여 正官用食格으로 성격 되었으며, 고립되어 있는 재성까지 生해 주고 있다.

인성까지 겸비하였다면 좀 더 청한 명조가 되었을 것이다. 참모총장을 거쳐 국방부 장관과 국정원장을 역임하였다.

## 4) 정관격의 성격

〈표 10〉 정관격의 성격 방법

| 격국 | 용신 | 간략 설명 |
|---|---|---|
| 정 관 격 | 정관용인격<br>(正官用印格) | · 정관격이 인성을 用하면 관인을 같이 사용할[官印相生 · 官印雙全] 수 있으니 더욱 귀하다. 정관격이 너무 강하여 살이 될 경우에도 인성을 用하게 되면 일간이 약하더라도 생부 하는 효과가 나타나고, 正官佩印하면 정관의 칠살인 상관을 겁내지 않는다. |
| | 정관용재격<br>(正官用財格) | · 정관격이 재성을 用하면 재관을 다 사용[財生官]할 수 있으나, 이 때는 일간의 강왕함을 요한다. |
| | 정관용식격<br>(正官用食格) | · 정관격에 식신과 구별되어 있을 때는 정관과 식신을 같이 사용할 수 있다.<br>· 정관격이 강해 살이 되면, 일간이 심한 극제를 받으니 식신을 用해야 할 때가 있다. |
| | 정관용상격<br>(正官用傷格) | · 정관이 강하여 살이 필요할 때 상관으로 制煞하니 用할 수 있다. |
| | 정관용록격<br>(正官用祿格) | · 정관이 강하고 일간이 약할 때는 祿劫을 用하여 일간을 부조해 주어야 한다. |
| | 파격 | · 정관이 식상에 의해 극제되거나 合去되면 파격이 된다.<br>· 정관이 중첩하여 살이 되면 파격이 된다.<br>· 정관과 칠살을 겸하게 되면 살이 되니 파격이 된다. |

## 2. 편관격(偏官格)

### 1) 편관의 기본 의미

『연해자평』에 "편관은 甲木이 庚金을 보는 것과 같은 종류를 말하고, 양이 양 음이 음을 보면 이를 편관이라고 한다. 비유하여 말하면, 경에 이르기를, '두 여자가 같이 살 수 없으며 두 남자가 한곳에 살 수 없는 것과 같다'고 하였으니 짝을 이루지 못한 것이다. 편관은 칠살인데 제복 됨을 요한다. 대개 편관칠살은 소인으로, 소인은 무지하여 흉포하고 어렵게 여기고 꺼리는 것이 없다. 이내 노력하여 군자를 양육하고 복역함으로써 군자를 보필함이 마땅한 것이 소인이다. 오직 이는 징계함 없이는 경계 되지 않는다. 법칙에 의해 빼거나 제복하여 다스리지 않으면 쓸 수 없는 것이 소인이다. 양자(楊子)가 이르기를, '그 도를 얻어 제어하거나 다스려 복종시키면 관리로 쓰지만, 그 도를 잃고 제어하지 못하면 원숭이처럼 교활하거나 적이 되는 것이 소인'이라고 하였으니, 어루만지고 제어하여 그 도를 얻어야 한다. 한번 도를 잃어 통제하지 못해 소인이 권력을 잡으면 화가 일어남을 볼 것이다"[241]고 하여, 편관칠살을 소인에 비유하였고, 소인의 무지와 흉포함과 꺼리는 것이 없는 것과 교활함과 권력을 잡으면 화가 됨에 대한 부정적인 내용을 기술하고 있다. 반면 소인은 어루만지고 제복 해야 함 또한 기술하고 있다.

또, "경에 이르기를, 사주에 편관이 있으면 호랑이를 안고 자는 것과 같다. 비록 그 위세를 빌려 발로써 뭇 짐승들을 끌어모으지만 점차 그 방비함을 잃고 반드시 후회할 것이니 실로 근심스럽지 않음이 없다. 삼형(三刑)이 있고,

---

241 徐大升, 『淵海子平』「論偏官」: "夫偏官者, 蓋甲木見庚金之類, 陽見陽陰見陰, 乃謂之偏官, 不成配偶, 猶如經言, 二女不能同居, 二男不可並處」是也, 偏官即七殺, 要制伏, 蓋偏官七殺即小人, 小人無知, 多凶暴, 無忌憚, 乃能勞力以養君子, 而服役護禦君子者, 小人也, 惟是不懲不戒, 無術以控制之, 則不能馴伏而爲用, 故楊子曰, 禦得其道, 則馴伏或作使, 禦失其道, 則狙詐或作敵, 小人者狙詐也, 要控禦得其道矣, 一失控禦, 小人得權, 則禍立見矣."

양인이 日과 時에 있으며, 또 육해(六害)가 있고, 또 괴강(魁罡)의 相沖을 만나게 되면, 이와 같은 사람의 흉은 가히 말로 할 수가 없다. 또 이르기를, 제복함이 있으면 편관이 되고 제복 함이 없으면 칠살이 된다. 모든 소인에게 비유하여 그 도를 얻어 제어하면 가히 관리가 될 수도 있으나 그 도를 잃은즉 대적하기 어렵다. 제복의 도가 나에게 있는바 그것은 어떤 것인가? 무릇, 이 칠살을 보면 흉하다고만 말하지 말 것이니, 유독 이 살을 대동한 자가 귀가 많은 명임을 알지 못할 것인가? 三刑과 六害를 만나거나 양인과 괴강이 相沖하면 이와 같은 흉은 제복 되지 않는다고 말하나, 다만 대운이 제복의 곳으로만 흘러 준다면 이는 귀명이 되는 것이다"[242]고 하여, 극제 되면 편관이 되고, 극제 되지 않으면 칠살이 됨과 길흉에 대해 말하고 있다.

또, "권세가 삼공을 압도하고, 주색을 좋아하며 쟁투하기를 좋아한다. 위풍당당한 것을 좋아하며, 약한 사람을 좋아하고 강한 사람은 업신여긴다. 성정은 호랑이같이 사납고, 바람같이 조급하다"[243]고 하였다.

『삼명통회』에는 "편관은 예를 들어, 甲이 庚을 보고, 乙이 辛을 보는 것인데, 두 남자가 같이 살지 못하거나 두 여자가 같이 살지 못하는 것처럼 짝을 이루지 못하는 것을 편관이라고 한다. 일곱 번째 위치로 서로 尅 하고 싸우는 위치가 되어 칠살이라고 한다. 비유하면, 소인은 흉포하고, 어렵게 여기고 꺼리는 것이 없고, 예법도 없고, 제어하지 않으면 조심하지 않고, 반드시 주(主)에 손상이 있게 된다. 편관은 제어가 있는 것을 말하고, 제어가 없는 것은 칠살이라고 한다"[244]고 하였다.

---

242　徐大升, 『淵海子平』 「論偏官」: "經曰, 人有偏官, 如抱虎而眠, 雖借其威, 足以攝群畜, 稍失關防, 必爲其噬臍, 不可不慮也, 如遇三刑俱全, 陽刃在日及時, 又有六害, 複遇魁罡相沖, 如是人之凶不可具述, …, 又云, 有制伏則爲偏官, 無制伏則爲七殺, 譬諸小人, 禦之得其道則可使, 失其道則難敵, 在吾控禦之道何如耳, 凡見此殺, 勿便言凶, 殊不知帶此殺者, 多有貴命, 如遇三刑六害, 或陽刃魁罡相沖, 如是之凶, 不可謂之制伏, 但運行制伏, 此貴人命也."

243　徐大升, 『淵海子平』 「論偏官」: "偏官七殺, 勢壓三公, 喜酒色而偏爭好鬪, 愛軒昂而扶弱欺强, 情性如虎急躁如風."

그리고 "일주가 건왕하고 인수가 도와 살을 化 해야 한다. 즉, 경에 이르기를, 살이 인을 보아야 영달하게 되는데, 마땅히 인성이 生 해주어야 하고 재성의 생부가 있어야 한다. 경에 이르기를, 살이 재를 보았을 때 신강하고 살이 약하면 재성은 곧 길이 되고, 신약한데 살이 강하다면 재는 기운을 빼앗아 도리어 귀(鬼)를 끌어들이는 것으로 가난하지 않으면 단명하게 된다. 그러므로 식신이 투출되어 제어해야 한다. 경에 이르기를, 하나를 보아 제복하면 귀하게 되고, 양인이 배합되어 있어야 한다. 경에 이르기를, 살이 양인이 없으면 영달하지 못하고 살이 양인이 있어야 한다는 것을 말한다. 이상의 모든 제복 함과 〈양인의〉 合 함과 生 함과 化 하게 되어 태과하거나 불급하지 않으면 소인은 세력을 빌리고, 군자는 지키고 보호하여 위엄있는 권력을 이룸으로써 큰 권력과 대귀한 명이 되고 또한 성격도 총명하다. 일주가 쇠약한 것을 꺼리고, 칠살이 중하고 三刑과 六害, 겁재와 相合하지 않거나 괴강과 相沖하면 그 흉을 기술할 수가 없다"[245]고 하여, 극제 되면 높은 벼슬을 얻게 되는 등과 극제 되지 못하면 빈한하고 단명하게 되는 등에 대해 말하고 있다.

또, "일간을 剋 함은 '내가 제압을 받는다'는 뜻으로 이를 관살이라고 한다. 관은 관(棺)[시관(屍官)]이며 살은 해를 뜻한다. 사람이 조정의 관직에 들어가면 시키는 대로 말[馬]을 돌보거나 물을 끓여야 한다. 만약 그 일을 감당하지 못하거나 위반이 있을 때는 관(棺) 속에 들어가야 하는 것이니 관(官)은 해로운 것이다. 사람은 보통 관(棺)을 꿈꾸면 관(官)을 얻는다는 뜻이 있으므로 관살이라고 한다"[246] 하였다.

---

244  萬民英, 『三命通會』 「論偏官」: "偏官者, 乃甲見庚, 乙見辛之例, 猶二男不同處, 二女不同居, 不成配偶, 故謂之偏官, 以其隔七位而相剋戰, 故謂之七殺, 譬小人多凶暴, 無忌憚, 若無禮法控制之, 不懲不戒, 必傷其主, 故有制謂之偏官, 無制謂之七殺."

245  萬民英, 『三命通會』 「論偏官」: "如日主健旺, 有印綬助化, 即經云, 殺見印而顯殺, 助印生有財星生扶, 即經云, 逢殺看財, 如身强殺弱, 有財星則吉, 身弱殺强, 有財引鬼盜氣, 非貧則天, 有食神透制, 即經云, 一見制伏, 卻爲貴本, 有陽刃配合, 即經云, 殺無刃不顯, 逢殺看刃是也, 以上諸制合生化, 須要無太過不及, 是借小人勢力衛護君子以成威權, 乃大權大貴之命, 又性格聰明, 忌日主衰弱, 七殺重逢, 三刑六害劫亡相並, 魁罡相衝, 其凶不可具述."

『명리정종』에는 "편관은 양이 양을 보고 음이 음을 보는 것이니 원래 음양의 배합이 이루어지지 않았고, 비록 나를 剋 하는 흉신이나, 식신이나 상관이 그 흉을 제거하게 되면 이제는 그 흉함을 다스려 반대로 나를 돕는 노복이 된다. 편관을 쓰는 것을 사람 일로 보면 노복을 기르는 것과 같다. 목에 칼을 채우듯이 제어함이 태과하면 가히 진법무민(盡法無民)과 같고, 노복의 힘이 약해져 나를 도와줄 수 없다. 만약에 반대로 목에 칼을 채우듯이 제어하는 힘이 미치지 못하면 노복이 주인이 되니 편관은 칠살이 된다. 甲 일간이 일곱 번째 수인 庚을 보게 되면 칠살이라고 하고, 身을 剋 하는 도검(刀劍)이다. 일반적으로 편관이 제어되지 않으면 칠살이라 하니 제복 되는 것이 좋고, 제어되면 칠살이 아니다. 또 태과하거나 미치지 않으면 두려워하게 된다"[247]고 하여, 역시 극제 되면 편관이 되어 길하게 되고, 극제 되지 않으면 칠살이 되어 흉하게 됨을 말하고 있다.

『명리약언』에는 "양이 양과 서로 剋 하고 음이 음과 서로 다투는 것인데, 일간으로부터 몇 자리씩 떨어져서 모두 일곱 번째 자리에 머물며, 같은 종류끼리 거처하면서 서로 대적하므로 살성이라고 부른다. 壬과 亥는 丙을 剋 하고, 癸와 子는 丁을 손상하는데, 申 안에서도 壬이 있어서 丙이 그것을 만나면 반드시 해롭고, 丑과 辰에도 癸가 잠복해 있어서 丁이 그것을 만나면 무정하게 된다"[248]고 하였다.

---

246  萬民英, 『三命通會』 「論偏官」: "剋我者, 我受制於人之義, 故立名官煞, 官者棺也, 煞者害也, 朝廷以官與人, 此身屬之公家, 任其驅使, 赴湯蹈火, 不敢有違, 至於蓋棺而後已, 是官害之也, 凡人夢棺則得官, 亦是此義, 故曰官煞."

247  張神峯, 『命理正宗』 「偏官格」: "偏官, 陽見陽陰見陰, 原非陰陽配合, 更得食神傷官, 以制去其凶銳, 雖先爲剋我之凶神, 今則馴致其凶而返爲我之奴僕也, 用偏官, 如人之畜奴僕, 箝制者太過, 則可爲盡法無民, 則奴僕力衰, 不能爲我運動, 若箝制之不及則奴反主矣, 偏官卽七殺也, 如甲日干, 數之第七箇字, 逢庚字號爲七殺, 乃剋身之刀劍, 一般偏官無制曰七殺, 故, 宜制伏, 亦畏太過不及."

248  陳素庵, 『命理約言』 「偏官賦」: "陽爲陽剋, 陰與陰爭, 從日干而數去, 蓋具七位, 處同類而相賊, 故號殺星, 壬與亥而剋丙, 癸及子而傷丁, 申內有壬, 丙逢必害, 丑辰伏癸, 丁遇無情."

『자평진전』에는 "칠살은 身을 공격하기 때문에 아름다운 물건이 아닌 것 같다. 그러나 크게 귀한 격은 많이 칠살격에 있으니, 대개 통제함이 알맞음을 얻으면, 칠살은 나의 쓰임이 되기 때문이다. 예컨대, 대영웅이나 대호걸은 통제하기 어려운 것 같으나, 그들을 다스리는데 법도가 있으면, 경천동지할 만한 공로가 갑자기 이루어진다. 이것이 왕후장상이 많이 칠살격에 있는 까닭이다"[249]고 하였다.

편관의 심리적 특성은 다음과 같다. "일간이 정신적 자아 주체가 될 때 편관을 만나면 내가 剋을 받으면서 배척하는[극아차아척(剋我且我斥)] 관계가 된다. 마음속에 명령을 담아 두면서도, 한편으로 그 명령을 배척하는 심리를 보이고 한 마리의 야생마로 연상되나 허둥대지 않으며, 어렵고 힘든 일이어도 굴복하지 않는다. 온전치 못한 대중적 관념을 존경하고 탄복하는 성향과 권위·의지력·기백은 있으나 의심과 패배에 대한 불복과 혼자의 생각대로 일을 처리하고[전제(專制)] 도리를 쫓아서 변화하는 성향을 지녔다. 기민함, 난폭함, 굳센 힘, 자아 억제, 한(恨), 자제력, 절제, 규율, 매서움, 근면, 굳은 인내, 자아 좌절, 의리이다. 그리고 우주 만상 중에서 자아의 육체를 손상하고 제한하면서 서로 배척하는 관계가 된다."[250]

편관이 성격 되었을 때의 성향을 분석하면, 책임감이 강하여 조직 생활에 충실하고, 총명하고 결단성이 있으며, 원만한 대인관계와 자유주의자 성향, 의협심이 있어 약자를 도와주고, 타인을 이끄는 능력이 있고, 무관으로 성공하거나 명성을 얻는 등의 역할을 한다.

---

249 沈孝瞻,「子平眞詮」「論偏官」: "煞以攻身, 似非美物, 百大貴之格, 多存七煞, 蓋控制得宜, 煞為我用, 如大英雄大豪傑, 似難駕馭, 而處之有方, 則驚天動地之功, 忽焉而就, 此王侯將相所以多存七煞也."

250 何建忠,「八字心理推命學」「十星的含義」: "日干爲精神之主體我時, 其所應對的偏官爲剋我且我斥, 命令掛在心靈, 但卻想排斥命令, 想像-隻無拘野馬, 但荒唐不來, 難事, 惡勢力壓著我, 但卻不屈服, 尊服於不具大衆性的觀念, 權威, 志氣, 氣魄, 猜疑, 不服輸, 專制, 推移道理, 機敏, 暴氣, 勁力, 自我摧剋, 恨, 自制, 節制, 規律, 嚴厲, 勤勞, 堅忍, 自我壓抑, 義氣, …, 義, 對我肉體利益有所剋損, 限制, 且與我關係相排斥."

그러나 중하거나 범하여 일간에 문제가 생기면, 타협을 싫어하며, 성질이 급하고, 고집이 세며, 권모술수에 능하며, 목적을 위해 수단과 방법을 가리지 않으며, 관살 혼잡이면 판단력이 흐리고, 타인과 타협하기 싫어하여 구설이 많으며, 지나친 추진력으로 인해 독선적인 면이 보이고 능력보다 큰일을 벌리다 큰 손해를 보는 경우가 있고, 부모의 유산을 받았다면 선거 등으로 명예를 추구하다가 몰락할 수 있으며, 신경이 예민하고 가정에 폭력을 행사하기도 하고, 때로는 난폭하여 형액을 당할 수 있다.

### 2) 편관의 육친 의미

남자에게 편관의 육친은 자식, 고조부, 외조모, 매부가 되고, 여자에게는 정부(情夫)[애인], 시누이, 질녀가 된다.

편관격이 성격 되면 해당하는 육친과의 관계에도 큰 영향을 받을 수 있으나, 파격 또는 刑沖破害를 만나게 되면 해당하는 육친의 나쁜 영향이 나타나기도 하고, 정관의 부정적인 성향이 나타난다.

현대적 의미에서는 남녀 모두 직장과 관록, 무관(武官) 및 명예와 관련이 많다.

일간의 강왕에 따라 변화가 있지만, 의협심이 강한 법조계 군인 경찰 등의 표상으로 통솔력이 강하고, 용신이 되면 권력계통으로 진출하거나 진급 영전 승진 등을 할 수 있으며, 여성이 혼잡 되면 올바른 남편이 있기가 힘들다.

## 3) 편관격의 성패(成敗)

| 時柱 | 日柱 | 月柱 | 年柱 | 乾命 |
|---|---|---|---|---|
| 乙 | 乙 | 丁 | 辛 | |
| 酉 | 卯 | 酉 | 酉 | |
| | | 庚 | | |
| 辛 | 乙 | 辛 | 辛 | |

위 명조는 乙木 일간이, 年에 辛金이 월령을 득하고 金局을 이루고 있어 편관격이다.

月에 丁火는 통근한 것이 없고, 일간은 自坐하였으며 時에 비겁을 투출시켰다.

편관이 왕하여 살이 되었으나, 일간이 근기가 있고 식신으로 制煞되어 偏官用食格으로 성격 되었다.

日支 卯木의 相沖도 역시 두려우나, 식신이 극제 해주고 있어 천금과도 같은 역할을 하고 있다.

중국 한대 한신(韓信, ?~B.C. 196)의 명조로, 처음 항우(項羽)를 섬겼으나 인정받지 못하였고, 뒤에 하후영(夏侯嬰)의 천거로 유방(劉邦)의 수하가 되어 대장군에 봉해졌다. 유방이 한나라를 세우면서 한신의 능력이 의심되어 병권을 빼앗고 초나라 왕으로 임명하였다. 그러나 결국 토사구팽(兔死狗烹)이란 말을 남기고 유방의 계획에 의해 참형되었다.

이때가 壬癸水의 운으로, 인성이 식신이 탈식된 때문이다.

서락오는 乙卯 전록이, 편관 원신이 투출하여 제어되니 귀하게 되었으며, 신강살왕하다. 운이 水향으로 진행하여 식신이 강제로 빼앗겨 칠살을 제어하지

못하니 身이 상하게 되었고, 金의 무리를 만나 화를 당해 죽게 되었다고 하였다.[251]

『연해자평』에 "칠살을 제복하고 운이 다시 제복의 운으로 행하면 이는 대귀의 명이다. 진실로 전자에서는 흉신이 모여 운이 살 왕의 향으로 흐르면 흉해가 말할 수 없음을 알 것이다. 하나의 살이 있어 제복되면 복이 되나 사주에 두세 개의 살이 있고 다시 대운이 제복 운으로 행하면 도리어 복 될 수 없으니 말해 무엇 하겠는가? 대개 진법무법(盡法無法)되면 비록 사나운 이리와 같으니 제복할 수 없다"[252]고 하여, 칠살은 반드시 제어되어야 함과 제복이 다하게 되면 오히려 무법이 되는 것을 설명하고 있다.

『삼명통회』에는 "경에 이르기를, 살이 제복하면 복이 되지만, 제복되지 않으면 살이 화가 되는 것이다고 하였다"[253]고 하여, 역시 칠살이 제복되어야 함을 말하고 있다.

『명리정종』에는 "무릇 명조를 살피는 데 있어서는 먼저 칠살을 보아야 한다. 만약 칠살이 있을 때는 칠살이 제어되어야 한다. 만약 칠살이 제어되지 않는다면 살성이 나의 생명을 위협한다. 비유하면, 사람이 금은과 전답이 있다 할지라도 그 생명이 유지될 수 없다면 이 모든 보물은 필요 없게 됨과 같다"[254]고 하여, 역시 칠살 제어에 대한 당위성을 말하고 있다.

한발 더 나아가 『명리약언』에는 다음과 같이 정리하여 기술하고 있다. "관을 제거하는 방법은 두 가지에 불과하니, 식신과 상관을 쓰는 것이 모두 옳으며,

---

251 徐樂吾, 『古今名人命鑑』 「卷一」: "乙卯專祿, 偏官秉令, 元神透出, 得制爲貴, 身强煞旺, …, 運入水鄉, 食神被奪, 七煞無制而傷身, 卒遭鐘至之禍." 참조.

252 徐大升, 『淵海子平』 「論偏官」: "制伏得位, 運複經行制伏之鄉, 此大貴之命也, 苟於前者, 凶神俱聚, 運遊殺旺之鄉, 凶害有不可言者可知也, 如有一殺, 而制伏有二三, 複行制伏之運, 反不作福, 何以言之, 蓋盡法無法, 雖猛如狼."

253 萬民英, 『三命通會』 「論偏官」: "故經云, 原有制伏, 殺出爲福, 原無制伏, 殺出爲禍, 此之謂也."

254 張神峯, 『命理正宗』 「偏官格」: "凡看命, 先看七殺, 若有七殺, 就要將此七殺處置了, 方能用得別物, 若不能制去其七殺, 則殺星能害我性命, 譬如人雖有金銀田産, 無性命, 此寶亦爲閑物."

살과 合하는 것은 合하여 불러오거나 合하여 제거하면 당연히 사주가 청해지
며, 하나의 살이 권세를 이루면 관직이 청고한 요직에 머물고, 살이 많아도 억
제함이 있으면 身이 권력을 잡는다"[255]고 하여, 식상으로 칠살을 制煞하거나
合煞해야 함을 말하고 있다.

이어 인성과의 관계에 대해, "살이 인성을 生 하고 인성이 身을 도우면 용[황
제]의 정원[궁궐]에서 크게 걷고[벼슬을 얻고], 身이 재를 감당할 만하고 재가
살을 자양하면 안탑(雁塔)[256]에 이름을 적으며, 만약 살이 중하고 身이 가난하
지 않으면 요절하고, 만약 살이 미약한데도 억제함이 지나치면 비록 배우더라
도 이루는 것이 없다"[257]고 하였다.

『자평진전』에도 "칠살의 격국도 또한 한결같지 않다. 칠살격이 식신의 제복
을 쓰는 것이 상급이다. 칠살이 왕성하고 식신이 강하면서 身이 강건한 것이,
최고로 귀한 격이 된다"[258]고 하였다.

『자평수언』에는 "편관격은 또 칠살이라고 명명하는데 식신이 관살을 제압하
고 인수가 살을 조화롭게 하는 두 가지 격이 있다. 월령이 편관인지 아닌지를
막론하고 한가지 사례로 동일하게 추측한다. 칠살이 제압을 반기는 것도 양간
을 가리켜 말한 것이다. 양이 양을 보고 피차가 모두 생왕 한 기운이면 자신이
왕성하고 살이 높아 제압함이 있으니 본래 상격이다. 음간이라면 곧 이렇게 논
하지 않는다. 음간은 살을 용신으로 하지 않는 경우가 대부분이니 왕성한 살을
본다면 대부분 인수를 취해 조화롭게 한다. 마땅함과 꺼림이 각기 달라 동일한

---

255  陳素庵, 『命理約言』「偏官賦」: "去官不過兩端, 用食用傷皆可, 合殺總爲美事, 合來合去宜淸, 獨
    殺成權, 職具淸要, 衆殺有制, 身掌權衡."
256  고대 인도 마가다국에 있었다고 하는 탑을 말한다. 인드라사일라구아산(帝釋窟山)의 동쪽 봉우리에
    있었다고 하며, 옛날 한 보살이 고기를 먹는 중을 바로잡기 위해서 기러기로 化 하여 하늘에서 떨어진
    흔적이라고 전한다.
257  陳素庵, 『命理約言』「偏官賦」: "龍墀高步, 身任財而財滋殺, 雁塔題名, 若殺重而身輕, 非貧則
    夭, 苟殺微而制過, 雖學無成."
258  沈孝瞻, 『子平眞詮』「論偏官」: "七煞之格局亦不一, 煞用食制者, 上也, 煞旺食强而身健, 極爲
    貴格

방식으로 포괄하기가 아주 어렵다"[259]고 하였다.

또, "거듭된 것이 칠살이라 제압을 반기는 것은 바로 자신이 왕성한 것을 가리켜 말한 것이다. 약함이 드러난다면 반드시 식신으로 제압하는 것이 인수로 조화롭게 하는 것보다 못한지를 양쪽으로 함께 돌아봐야 한다. 음간은 인수를 용신으로 살을 조화롭게 하는 것이 대부분이다. 그러나 살의 본성이 쇠약하다면 극제 하는 것이 조금 지나칠지라도 무방하니 그대로 식신으로 제압할 수 있다. 양간인데 자신이 쇠약하다면 인수로 생조하는 것이 아니라면 안 된다. 어떤 경우에도 식신을 사용할 수 없다. 자신과 살 둘이 있어도 인수로 살을 조화롭게 하여 자신을 돕게 해야 하니, 막 나오는 기운은 조금도 꺾으려고 하지 않기 때문이다"[260]고 하였다.

이어 "관살이 혼잡할 경우에는 대개 인수를 사용하니, 『적천수』에서 말한 '같이 흘러가고 같이 머문다'는 것이 여기에 해당한다. 이렇게 하는 것 이외에 통관으로 관을 사용하거나 조후로 관을 사용하니, 그 분별은 모두 편 또는 정에 있지 않다"[261]고도 하였다.

---

259 徐樂吾, 『子平粹言』「體性」: "偏官格, 又名七煞, 有食辛制煞及印化煞兩格, 不論其是否月令偏官, 一例同推, 七煞喜制, 亦是指陽干而言, 陽見陽, 彼此皆生旺之氣, 身旺煞高而有制, 自是上格, 若陰干, 卽非此論, 陰干以不宜用煞者爲多, 如見煞旺, 多取印化, 宜忌各異, 殊難以同一方式槪括之也."

260 徐樂吾, 『子平粹言』「體性」: "官煞混雜者大都用印, 適天髓所謂同流同止是也, 此外通關用官或調候用官, 其分別皆不在偏正, 詳下用神節."

261 徐樂吾, 『子平粹言』「體性」: "官煞混雜者大都用印, 適天髓所謂同流同止是也, 此外通關用官或調候用官, 其分別皆不在偏正, 詳下用神節."

| 時柱 | 日柱 | 月柱 | 年柱 | 乾 命 |
|:---:|:---:|:---:|:---:|:---:|
| 辛 | 辛 | 庚 | 丁 | |
| 卯 | 酉 | 戌 | 未 | |
| 乙 | 辛 | 辛<br>丁<br>戊 | 丁<br>乙<br>己 | |

위 명조는 辛金 일간이, 年에 丁火가 월령을 득하고 年에 통근하였으나, 지지에 刑沖破害가 어지럽게 섞여 근기가 손괴되어 편관 변격이 파격되었다.

일간은 녹왕하고 自坐하였고, 月과 時에 비겁을 투출시켰다.

月에 庚金이 丁火의 공격을 막아 주고 있다. 그러나 양인과 일인(日刃)과 비인(飛刃)이 刑沖破害되고 호환(互換) 양인이 되며, 卯木 또한 酉의 沖으로 인해 두 다리를 사용하지 못한다.

30대 丙 대운에 결혼하여 자식까지 얻었으나, 午 대운에 부인이 힘들어해 결국 이혼하였다.

천간의 근기가 손괴되거나 일간의 극제가 심해 명조가 탁하게 되면, 천간의 본기인 정신 또한 청하지 않게 된다. 따라서 부인 입장에서는 힘든 결혼 생활을 하였다고 보인다.

『명리약언』에 "살을 보는 법은 먼저 일간의 강약을 헤아려서, 일간이 강할 때에는 한 점의 살성은 억제하지 않아도 되나, 일간이 약할 때는 살이 많고 적음을 불문하고 반드시 그것을 억제해야 한다. 만약 살성이 너무 약하면 마땅히 재성으로 그것을 자양해야 하고, 억제하는 神이 너무 지나치면 마땅히 편인으로 그것을 파괴해야 한다"[262]고 하였다. 다시 말해 편관이 칠살로 변하게 되면 반드시 극제 해야 하고, 칠살이 일간에 비해 약하면 재성으로 그것을 생부 해주어야 함을 말하고 있으며, 식상이 약한 관성을 극제 할 때는 편인으로 식상을 제어해야 함을 말하고 있다.

| 時柱 | 日柱 | 月柱 | 年柱 | 乾命 |
|------|------|------|------|------|
| 辛 | 乙 | 丁 | 己 | |
| 巳 | 未 | 丑 | 酉 | |
| 戊<br>庚<br>丙 | 丁<br>乙<br>己 | 癸<br>辛<br>己 | 辛 | |

위 명조는 乙木 일간이, 年에 己土가 월령을 득하고 日과 時에 통근한 편재격이다.

時에는 辛金이 局을 이루어 투출되니 강한 편관 겸격이다.

月에 丁火는 日과 時에 통근하였고, 일간은 日에 통근하고 있다.

편재와 편관 두 격은 서로 생부 하니 청해졌지만, 편관은 칠살이 되어 乙木을 위협하고 있다. 이때 식신이 制煞하니 食神制煞되어 편관으로 순화되었다.

따라서 식신을 用하여 偏官用食格으로 성격 되었다.

무관 공무원으로 근무하고 있었으나, 여자와 재물에 심취하게 되면 관재가 따르게 되어 있는 명조이다.

40대 壬 대운에 식신이 合去 하니, 재성이 칠살을 생부 해주게 되고, 재물을 일부 탐하다가 결국 불명예 퇴직하게 되었다.

---

262　陳素庵,「命理約言」「看偏官法」: "看殺之法, 先論日干強弱, 日干強, 則一點殺星亦可不制, 日干弱, 則不問殺之多寡, 必須制之, …, 弱殺星太弱, 宜財神滋之, 制神太過, 宜印破之, 至殺星太強而無制."

| 時柱 | 日柱 | 月柱 | 年柱 | 乾命 |
|:---:|:---:|:---:|:---:|:---:|
| 癸 | 辛 | 乙 | 丁 | |
| 巳 | 未 | 巳 | 巳 | |
| 戊<br>庚<br>丙 | 丁<br>乙<br>己 | 戊<br>庚<br>丙 | 戊<br>庚<br>丙 | |

위 명조는 辛金 일간이, 年에 丁火가 局을 이루어 투출된 편관 변격이다.

月에 乙木은 日에 통근하였고, 時에 癸水는 근기가 없다.

일간은 녹왕하고, 時와 年에 통근하였다.

재성은 편관을 생부 해줌으로써 財生煞되어 더 크게 칠살을 만드는 역할을 하였고, 약한 식신이 制煞함으로 인해 아슬아슬하게 청한 명이 되었다.

따라서 식신을 用하여 制煞하니 偏官用食格으로 성격 되었다.

일간과 식신을 활용하여 공부를 활용하였고, 10대와 20대 초 壬癸水 식상 대운에는 칠살을 완전 制煞하니 서울대에 무난하게 합격하였으며, 우수한 성적으로 장학금도 받게 되었다.

財生煞하는 부친과 火局에 들어 있는 모친은 아무런 도움이 되지 못하는데, 부모가 말하기를 '이미 고시 합격한 성적이 좋지 않으니 반납하고 군대를 갔다 오고 나서 다시 고시를 공부를 하라'고 권유하여 20대 중반 좋은 운에 결국 입대를 하게 되었다.

상담 당시에는 제대하고 20대 중반을 넘어 寅 대운이었고, 연이어 고시 공부를 하였지만 실패로 이어지게 된다. 안타깝게도 30대 초반까지 寅 대운으로 관살이 더욱 강하게 되었기 때문에 더 좋은 결과는 힘들게 되었다.

| 時柱 | 日柱 | 月柱 | 年柱 | 乾命 |
|:---:|:---:|:---:|:---:|:---:|
| 丙 | 壬 | 壬 | 戊 | |
| 午 | 戌 | 戌 | 戌 | |
| 己<br>丁 | 辛<br>丁<br>戊 | 辛<br>丁<br>戊 | 辛<br>丁<br>戊 | |

위 명조는 壬水 일간이, 年에 戊土가 네 개의 지지에 통근하여 강한 편관격이다.

時에 丙火는 월령을 득하고 局을 이루고 있어 변격된 강한 편재 겸격이다.

일간은 통근한 것은 없고, 月에 비겁을 투출시켰다.

편재는 편관을 생부 해주면서 財生煞이 되어 칠살을 부각시켰고, 식상으로 칠살을 制煞하거나 인성으로 일간을 생부 해주든지 혹은 일간이 강왕을 이루어야 한다.

月에 壬水에 의해 칠살이 설기되었다. 그러나 재성을 취하려 하면 많은 문제가 생기는데, 위 명조는 어렸을 때부터 재성을 쫓아 부지런히 다녔지만 계속 실패를 하였으며 올바른 직장도 없이 평생을 떠돌아다니게 되었다.

| 時柱 | 日柱 | 月柱 | 年柱 | 乾 |
|---|---|---|---|---|
| 己 | 乙 | 辛 | 庚 | 命 |
| 卯 | 酉 | 巳 | 申 | |
| 乙 | 辛 | 戊<br>庚<br>丙 | 戊<br>壬<br>庚 | |

　위 명조는 乙木 일간이, 月과 年에 庚辛金이 월령을 득하고 局을 이루고 있어 편관 변격이다.

　時에 己土는 월령을 득하고 年에 통근하여 편재 겸격이다.

　일간은 時에 통근하였고, 卯木은 局 合으로 인해 沖 하지 않는다.

　재성이 財生煞하여 칠살이 더욱 강하게 되었고 용신이 없어 파격되었으며, 일간은 卯木과 巳火에 의존해 근근이 버티고 있다.

　일간이 약하고 관살 혼잡으로 인해 폭력적이며, 신경이 예민하여 신경질적이고, 모든 직장에서 올바르게 적응하기 힘든 명조이다.

| 時柱 | 日柱 | 月柱 | 年柱 | 乾 |
|---|---|---|---|---|
| 壬 | 丙 | 壬 | 己 | 命 |
| 辰 | 申 | 申 | 卯 | |
| 乙<br>癸<br>戊 | 戊<br>壬<br>庚 | 己戊<br>壬<br>庚 | 乙 | |

　위 명조는 丙火 일간이, 壬水가 月과 時에 양투하여 월령을 얻고 日과 時에

통근한 강한 편관 변격이다.

年에 己土 역시 월령을 득하고 日과 時에 통근한 상관 겸격이다.

일간은 통근한 것이 없고, 卯木만 있으니 편관에 비해 매우 약하다.

다행히 강한 상관이 月에 칠살을 制煞해 주어 化煞 되니 선하게 되었고, 時는 편관으로 쓰게 된다. 따라서 상관을 用하여 偏官用傷格으로 성격 되었다.

일간은 약한지만, 재성에 좌하여 투출되지 않으니 역시 청하게 되어 재물을 크게 얻게 되나, 신약재왕으로 인해 향후 칠살을 조심해야 한다.

중국 진대(晉代) 문인과 관리로 알려져 있는 석숭(石崇, 249~300)의 명조이다. 항해와 무역으로 부를 누렸고 사치의 대명사로 여겨져 있는 인물이다. 집안에 하인이 800여 명이 있었고, 10여 명의 시녀가 있을 정도로 큰 부를 누렸다고 한다.

50대 寅 대운 庚申年(300)에 寅卯가 상관을 극제하고, 재성의 투출과 申金으로 칠살이 등극하였다. 사마윤(司馬允)과 사마경(司馬冏) 등과 함께 모반을 꾀하다 사로잡혀 참수되었다.

서락오는 "가을에 金이 왕한 時를 얻었고, 丙申이 오로지 녹을 얻으니 국가에서 칭하는 부자가 되었다. 己土가 制煞하고 卯木 인성으로 기쁘게 된 것이다. 〈운에서〉 인성이 미치니 〈식상이〉 탈식하여 파하게 되었고, 金의 골짜기에 이르니 살의 무리를 만나 화를 당해 죽게 되었다"[263]고 하였다.

---

263   徐樂吾, 『古今名人命鑑』 「卷一」: "丙申專祿, 生於秋金旺時, 富稱敵國, 喜己土制煞, 卯印滋身, 治印破食奪, 空負金谷之名, 卒遭殺身之禍."

| 時柱 | 日柱 | 月柱 | 年柱 | 乾命 |
|------|------|------|------|------|
| 癸 | 壬 | 壬 | 戊 | |
| 卯 | 申 | 戌 | 戌 | |
| 乙 | 戊<br>壬<br>庚 | 辛<br>丁<br>戊 | 辛<br>丁<br>戊 | |

위 명조는 壬水 일간이, 年에 戊土가 월령을 득하고 日과 年에 통근하여 강한 편관격이다.

일간은 가을에 生 하고 日支에 통근하였으며, 月과 時에 비겁을 투출시켜 왕하게 되었다.

日支 申金과 비겁 壬癸水의 도움으로 명조가 선하게 되었고, 비겁을 用하여 偏官用劫格으로 성격 되었다.

중국 송대 주자(朱子)[주희]의 제자이고, 『대학연의(大學衍義)』를 지은 것으로 유명한 진서산(眞西山)[덕수(德秀)]의 명조이다.

가을의 水는 맑은 물이 되고, 춘·하·동절에는 土가 중하면 탁수가 되니 명조의 구성을 잘 살펴야 한다. 위 명조는 가을의 맑은 물이 土 중으로 탁수가 될 듯하나, 金水로 이루어져 있어 청한 水로 간명한다.

서락오는 "가을에 水의 원류가 미치고 힘이 있다. 편관이 우두머리가 되었고, 천을귀인 卯가 밝게 하고 있다. 오행 火가 이지러지고 천지간에도 火의 형체가 없으니, 〈일간이〉 성장하는 데 유정하게 된다. 이 때문에 문장의 덕업(德業)이 아주 오랜 세월 뛰어나게 되었다"[264]고 하였다.

---

264  徐樂吾, 『古今名人命鑑』「卷一」: "秋水通源, 偏官秉令, 得力在卯, 天乙照臨, 五行缺火, 而得天地間無形之火, 生化有情, 此所以德業文章, 爲天古所宗歟."

『자평진전』에 "칠살격이 식신의 제복을 쓰는 것은, 재성이 드러나거나 인성이 투출하는 것을 바라지 않는다. 재성은 식신을 바꾸고 칠살을 生 할 수 있고, 인성은 식신을 제거하여 칠살을 보호할 수 있기 때문이다. 그러나 재성이 앞에 있고 식신이 뒤에 있는 경우에 재성이 칠살을 生 하나 식신으로써 그것을 제복하고, 혹은 인성이 앞에 있고 식신이 뒤에 있는 경우에, 식신이 심히 왕하더라도 인성이 그것을 제복하면, 격이 대귀를 이룬다"[265]고 하여, 칠살격에 재성이 식신과 같이 있더라도 제복할 수 있음과 인성과 왕한 식신이 같이 있더라도 인성이 왕한 식신을 제복하게 되면 칠살을 편관으로 化 하니 귀하게 된다고 하였다. 이어 탈승상의 명조를 소개하고 있다.

| 時柱 | 日柱 | 月柱 | 年柱 | 乾命 |
|---|---|---|---|---|
| 戊 | 丙 | 甲 | 壬 | |
| 戌 | 戌 | 辰 | 辰 | |
| 辛<br>丁<br>戊 | 辛<br>丁<br>戊 | 乙<br>癸<br>戊 | 乙<br>癸<br>戊 | |

위 명조는 丙火 일간이, 時에 戊土가 지지에 모두 통근하여 강한 식신격이다.

年에 壬水는 월령을 득하고 年에 통근한 편관 변격이다.

月에 甲木은 역시 월령을 득하고 年에 통근한 편인 변격이다.

잡기인 월령의 辰土 중 암장 된 천간이 모두 투출되어 잡기관인식신격이다.

일간은 강한 식신에 비해 쇠하였으나, 日과 時에 통근하였고 官印相生으로

---

265  沈孝瞻, 『子平眞詮』 「論偏官」: "煞用食制, 不要露財透印, 以財能轉食生煞, 而印能去食護煞也, 然而財先食後, 財生煞而食以制之, 或印先食後, 食太旺而印制, 則格成大貴."

그 설기를 모면할 수 있게 되어 선하게 되었다.

여기에서 심효첨이 말하는 것은, 왕한 식신을 인성이 극제 해줌으로써 탈식이 아님을 강조하고 있고, 칠살을 인성이 化煞시킴으로써 역시 선하게 됨을 강조하고 있다.

심효첨은 위 명조를 "辰土 중에 암장된 〈癸水가〉 壬水로써 칠살을 투출시키고, 戊土가 네 지지에 앉아 있어서 식신이 너무 중하나, 甲木 인성이 투출하여 너무 지나친 〈식신을〉 줄이니, 어찌 귀격이 아니겠는가? 만약 칠살이 강하고 식신이 약한데 인성이 드러나면 국이 파괴된다"[266]고 하여, 칠살이 강하고 식신이 약할 때 인성이 식신을 극제 시키면 파격이 된다고 덧붙여 설명하고 있다.

서락오는 위 명조를 고고(庫庫)라는 사람으로 설명하고, "사주가 순양으로 되어 있고, 천간에 壬水와 甲木과 丙火와 戊土가 서로 상생하고 지지에 辰戌이 서로 어지럽지 않으니, 이에 순한 식신격이 되었다"[267]고 하였다.

| 時柱 | 日柱 | 月柱 | 年柱 | 乾命 |
|---|---|---|---|---|
| 丁 | 乙 | 辛 | 癸 | |
| 亥 | 酉 | 酉 | 未 | |
| 甲<br>壬 | 辛 | 庚<br>辛 | 丁<br>乙<br>己 | |

위 명조는 乙木 일간이, 月에 辛金이 월령을 득하고 日에 통근하여 강한 편

---

266  沈孝瞻,『子平眞詮』,「論偏官」: "辰中暗煞, 壬以透之, 戊坐四支, 食太重而透甲印, 以損太過, 豈非貴格, 若煞强食泄而印露, 則破局矣."

267  徐樂吾,『古今名人命鑑』,「卷一」: "四柱純陽, 天干壬甲丙戊, 以次相生, 地支辰戌, 次序不亂, 乃順食格也."

관격이다.

時에 丁火는 年에 통근하였고, 年에 癸水는 時에 통근하였으며, 일간은 年과 時에 통근하였다.

편관이 일간에 비해 너무 강해 살이 되었으나, 인성과 식신이 구별되어 있다. 식신이 칠살을 편관으로 化 하였고, 인성은 煞印相生하니 역시 명조가 선하게 되었다. 특히 가을에 乙木이 火를 조후로 사용하니 더욱 선하게 됨도 눈여겨보아야 한다.

따라서 식신을 조후하고 用하며 인성을 희용하여 偏官用食格으로 성격 되었다.

서락오는 위 명조를 염양산(閻錫山)으로 소개하였고, "乙木이 酉月에 태어났으나, 위아래 반이 근기가 없어 숙연하고 엄중하여 木이 시들었다. 〈절기〉 백로(白露) 후에는 인성[水]을 기뻐하고 추분(秋分) 후에는 햇볕[火]을 마주 받으면 기뻐하게 된다. 경에 이르기를, 乙木이 酉月에 生 하고 巳酉丑을 만나지 않을 때, 水火[坎離宮]는 부귀를 두르게 하고, 申酉가 지치고 있으면 빈궁하게 된다. 〈이 명조는〉 年과 時에 癸와 丁이 투출하여, 이른바 水火궁[坎離]이 된다"[268]고 하여, 乙木이 金왕에 水와 火가 상제하니 더욱 귀하게 되었다고 설명하고 있다.

268   徐樂吾, 『古今名人命鑑』「卷三」: "八月乙木, 氣肅木凋, 上下半月不同, 白露後喜印, 秋分後喜向陽, 經云, …, 乙木生居酉, 莫逢巳酉丑, 富貴坎離宮, 貧窮申酉守, …, 年時癸丁透出, 所謂坎離宮是也."

| 時柱 | 日柱 | 月柱 | 年柱 | 乾命 |
|:---:|:---:|:---:|:---:|:---:|
| 丙 | 乙 | 戊 | 辛 | |
| 戌 | 酉 | 戌 | 丑 | |
| 辛<br>丁<br>戊 | 辛 | 辛<br>丁<br>戊 | 癸<br>辛<br>己 | |

위 명조는 乙木 일간이, 月에 戊土가 월령을 득하고 時와 年에 통근하여 강한 정재격이다.

時에 丙火는 역시 월령을 득하고 時에 통근한 상관 변격이고, 年에 辛金 역시 월령을 득하고 지지 전체에 통근하여 강한 편관격으로, 잡기상재관격이다.

가을에 乙木 일간은 근기가 전혀 없어 신약하다.

강한 재성이 강한 관성을 생부 해줌으로써 살이 되었으나, 丙火가 조후하고 制煞하니 선하게 되었다. 따라서 상관을 用하여 偏官用傷格으로 성격 되었다. 그러나 일간의 쇠약함은 이후 큰 흠이 될 수 있으니, 丙火가 合去 또는 극제되는 운을 잘 살펴야 한다.

앞 명조는 절기상 같은 가을에 水와 火를 用하였으나, 위 명조는 火를 用하게 되니 서로 비교할 수 있다. 현재 변호사로 활동하고 있다.

| 時柱 | 日柱 | 月柱 | 年柱 | 乾命 |
|:---:|:---:|:---:|:---:|:---:|
| 丙 | 庚 | 丁 | 甲 | |
| 戌 | 寅 | 丑 | 申 | |
| 辛<br>丁<br>戊 | 戊<br>丙<br>甲 | 癸<br>辛<br>己 | 戊<br>壬<br>庚 | |

위 명조는 庚金 일간이, 월령에서 투출된 것은 없고, 月과 時에 관살이 日과 時에 통근하고 火氣가 合하여 투출되니 편관격이다.

年에 甲木은 日에 통근하였고, 일간은 月에 녹왕하고 年과 時에 통근하였다.

재성은 관살을 財生煞하고, 庚金은 추동절에 火氣가 조후용신이 되고 녹근하니 偏官用煞格으로 성격 되었다.

20대 초에 초등학교 선생을 하다가, 부인의 권유로 경찰 생활을 하게 되었으며, 이후 수사과장으로 정년퇴직하였다.

| 時柱 | 日柱 | 月柱 | 年柱 | 乾命 |
|:---:|:---:|:---:|:---:|:---:|
| 辛 | 壬 | 戊 | 丙 | |
| 丑 | 戌 | 戌 | 寅 | |
| 癸<br>辛<br>己 | 辛<br>丁<br>戊 | 辛<br>丁<br>戊 | 戊<br>丙<br>甲 | |

위 명조는 壬水 일간이, 月에 戊土가 월령을 득하고 지지 전체에 통근하여 강한 편관격이다.

年에 丙火는 월령을 득하고 日과 年에 통근하여 역시 강한 편재 변격이고, 時에 辛金은 역시 월령을 득하고 日과 時에 통근하여 왕한 정인 변격으로 잡기재관인격이다.

일간은 時에 통근하여 투출된 격에 비해 약하다.

재성이 財生煞해 줌으로써 안 그래도 강한 편관을 더욱 생부 해주어 강한 살이 되었지만, 정인이 煞印相生되어 일간을 생부 하니 격이 선하게 되었다. 그리고 재성과 인성이 구별되어 있어 전체 유정하게 되었다. 따라서 인성을 用하여 偏官用印格으로 성격 되었다.

『자평진전』에 위 명조 하참정에 대해, "칠살격이 인성을 씀이 있는 것은, 인성은 칠살을 보호할 수 있으니 본래 마땅한 것이 아니다. 그러나 칠살과 인성이 유정하면 곧 귀격이 된다. 하참정은 戊土와 辛金이 월령에 한가지로 통근하니, 이것이 칠살과 인성이 유정한 것이다"[269]고 하였다.

또, 『자평진전』에 "칠살이 중하고 身이 가볍게 되면, 식신을 쓰면 身이 감당하지 못하니, 바꾸어서 인성을 따르는 것만 못하다. 〈인성이〉 비록 월령을 통근하지 않았더라도, 또한 무정이지만 유정하게 된다. 격도 또한 귀함을 허락하지만, 다만 크지 않을 뿐이다"[270]고 하여, 칠살로 인해 일간이 약할 때 식신을 用하는 것보다는 인성을 用하게 되면 化煞 되니, 비록 인성이 월령을 득하지 않았더라도 유정하게 됨을 말하고 있다.

"칠살격으로서 재성을 씀이 있는 것은, 재성은 칠살을 돕기 때문에 본래 좋아하는 것은 아니다. 그러나 혹 식신이 인성에게 제복을 당하여 칠살을 제복할 수 없는데, 재성으로써 인성을 제거하고 식신을 보존하면 곧 귀격이 된다"[271]고 하여, 원래 재성은 財生煞이 되니 마땅치 않으나, 칠살을 제어해 주어야 할 식

---

269  沈孝瞻, 『子平眞詮』 「論偏官」: "有七煞用印者, 印能護煞, 本非所宜, 而印有情, 便爲貴格, 如何參政命, …, 戊與辛同通月令, 是煞印有情也."

270  沈孝瞻, 『子平眞詮』 「論偏官」: "亦有煞重身輕, 用食則身不能當, 不若轉而就印, 雖不通根月令, 亦爲無情而有情, 格亦許貴, 但不大耳."

신이 인성의 제복을 당할 때는 재성이 財剋印해야 함을 설명하고 있다.

"또 身이 중하고 칠살이 경함이 있는데, 칠살이 또 인성을 化 하여 용신이 맑지 않지만, 재성을 빌려서 격을 맑게 하면, 또한 귀격이 된다"[272]고 하였다. 일간이 강하고 칠살이 약할 때는 칠살이 관성 역할을 하지 못한다. 그러나 인성을 用하여 化 하게 되면 성격은 되나 역시 청하지는 않은 명조가 된다. 이때 재성으로서 財生煞 해주고, 官印相生이 되면 명조가 청해지고 그 격이 귀격이 됨을 말하고 있다.

| 時柱 | 日柱 | 月柱 | 年柱 | 乾命 |
|---|---|---|---|---|
| 壬 | 壬 | 戊 | 庚 | |
| 寅 | 辰 | 寅 | 子 | |
| 戊丙甲 | 乙癸戊 | 戊丙甲 | 癸 | |

위 명조는 壬水 일간이, 月에 戊土가 월령을 득하고 日과 時에 통근한 편관 변격이다.

年에 庚金은 통근한 것이 없고, 일간은 日과 年에 合水되어 통근하였으며 時에 비견을 투출시켰다.

편관은 인성을 통해 煞印相生하여 化煞되었고, 일간을 생부 해주면서 명조를 유정하게 만들었다.

따라서 인성을 用하여 偏官用印格으로 성격 되었으며, 편관과 인성과 왕한

---

271  沈孝瞻,『子平眞詮』「論偏官」: "有煞而用財者, 財以黨煞, 本非所喜, 而或食被制, 不能伏煞, 而財以去印存食, 便爲貴格."

272  沈孝瞻,『子平眞詮』「論偏官」: "又有身重煞輕, 煞又化印, 用神不淸, 而借財以淸格, 亦爲貴格."

일간을 활용하여 당시 장교로 복역하고 있었던 명조이다.

| 時柱 | 日柱 | 月柱 | 年柱 | 乾命 |
|---|---|---|---|---|
| 壬 | 癸 | 乙 | 己 | |
| 戌 | 亥 | 亥 | 巳 | |
| 辛<br>丁<br>戊 | <br>甲<br>壬 | 戊<br>甲<br>壬 | 戊<br>庚<br>丙 | |

위 명조는 癸水 일간이, 월에 녹왕하고 自坐하였으며, 時에 비겁을 투출시켜 강한 녹겁격이다.

年에 己土는 월령을 득하고 年과 時에 통근한 편관 변격이다.

月에 乙木은 월령을 득한 식신 변격이다.

편관이 왕해 칠살이 되었어도 식신이 制煞하고 있으며, 일간이 강해 편관을 두려워하지 않는다. 다만 재성이 투출하지 않아 강한 일간에 비해 오히려 편관이 다소 약하지만 왕지에 좌하고 있다.

自刑은 우합이 되어 있고, 沖은 乙庚 合과 甲己 合으로 해소되었다. 합참의 장을 지냈으며, 자식을 얻을수록 득이 되는 명조라고 할 수 있다.

『연해자평』에 "〈칠살이 있는데〉 신왕하고 또 운이 신왕지로 흐르면 복이 되고, 신약한데 또 운이 신약지로 향하면 화가 미쳐도 발길을 돌려 돌아가야 된다"[273]고 하였다.

『삼명통회』에 "사언에 이르기를, 칠살은 인성을 떠나서는 안 되고, 인성은 칠살을 떠나서는 안 되니 煞印相生이 되면 공명이 현달한다 하였다. 요결에 이

---

273  徐大升, 『淵海子平』 「論七煞」: "身旺又行身旺之運爲福, 如身弱又行身弱之向, 禍不旋踵."

르기를, 편관은 창검을 지녀서 해외를 정복하고 또 살이 권력으로 변하게 되면 한천한 집안에서 큰 벼슬을 한다 하였다."[274]라고 설명하였다.

『명리약언』에도 "예전에 이르기를, '칠살은 인성을 떠나지 않고, 인성은 칠살을 떠나지 않는다'고 하였고, 또 '인성은 살이 없으면 드러나지 않고, 살은 양인이 없으면 위엄이 없다'고 하였다. 무릇 인성은 일주를 生 하는 것이고, 양인은 일주를 보호하는 것이니, 비록 身을 돕는다고 말하지 않았지만 身을 돕는다는 뜻이 그 가운데 있으며, 또 칠살이 일주보다 강한데도 칠살 운으로 행할 때 도리어 이로운 경우가 있으니, 이것은 반드시 일주가 본래 쇠약한 것이 아니고, 원국의 인성이 상을 이루고 힘이 있어서 칠살이 인성을 生 하고 인성이 身을 生 하기 때문이며, 다만 재성 운으로 행하는 것을 꺼리니 인성을 파괴하고 칠살을 도우면 반드시 재앙이 되기 때문이다"[275]고 하였다. 역시 煞印相生의 중요한 관계와 양인은 칠살로부터 일간을 보호하는 것과 칠살 운이 좋을 때는 인성이 있기 때문임을 말하고 있다. 또한, 인성이 用일 때 인성을 파괴하는 재성은 마땅치 않음을 말하고 있다.

여기에서 잠시 칠살을 自坐하고 있는 일간에 대해 짚고 넘어가자.

『연해자평』에 "甲申, 乙酉, 丁丑, 戊寅, 己卯, 辛未, 癸未 일의 이 일곱 개의 生은 주로 성격이 급하고 영리하며 심성이 교묘하고 총명하다. 이 살을 많이 가진 사람은 주로 사람이 흉하고 요절하지 않으면 빈천할 것이다. 〈다시 칠살을〉 月에서 보면 화가 중하고 時에서 보면 좀 더 가볍다. 그 이유는, 日支 칠살은 다만 일위에 그쳐야 하는데 年이나 時에서 다시 만나면 이는 살이 많아 화가 된다. 이런 경우는 운이 제복의 방위로 흘러감을 필요로 한다. 또 신왕

274 萬民英,『三命通會』「論偏官」: "四言云, 殺不離印, 印不離殺, 殺印相生, 功名顯達, …, 要訣云, 偏官或持劍鋒海外坦服, 又云, 以殺化權, 定顯寒門貴客."

275 陳素庵,『命理約言』「看偏官法」: "古云, 殺不離印, 又云, 印無殺不顯, 殺無刃不威, 蓋印所以生日主, 刃所以護日主, 雖不言扶身, 而扶身在其中矣, 又有殺強於主, 行殺運反利者, 此必日主本非衰絕, 而原局印綬成像有力, 殺生印, 印生身也, 惟忌行財運, 壞印助殺, 則必爲禍矣."

할 것을 요하고 제복 함이 있으면 분별된다"[276]고 하였다. 다시 말해 칠살에 좌하고 있고 재차 칠살이 투출된 일간은, 더욱 칠살에 노출되어 있으므로 반드시 제복 해야 함에 대한 중요성을 말하고 있다.

| 時柱 | 日柱 | 月柱 | 年柱 | 乾命 |
|---|---|---|---|---|
| 庚 | 壬 | 戊 | 庚 | |
| 子 | 辰 | 寅 | 子 | |
| 癸 | 乙<br>癸<br>戊 | 戊<br>丙<br>甲 | 癸 | |

위 명조는 壬水 일간이, 月에 戊土가 월령을 득하고 日에 통근한 편관 변격이다.

時와 年에 양투된 庚金은 통근한 것이 없다.

일간은 水局을 이루어 통근하고 있고, 인성이 생부 해주니 신왕하게 되었다.

일간에 비해 편관이 약해 재성의 생부가 아쉽지만, 인성을 살려 官印雙全하니 장교가 되었고, 운이 남방으로 돌아 영관급 장교까지 되었다.

그러나 40대 후반에서 50대 초에 癸未와 甲 대운에는 재차 칠살의 부재로 인해 더 이상 진급이 힘들어졌다.

『삼명통회』에 "정진에 이르기를, 양인은 병기인데 살이 없으면 존재하기 어렵고, 살은 군령으로 양인이 없으면 존귀하지 못하고, 양인과 칠살이 둘 다 있으면 그 위엄이 하늘과 땅을 진동시킨다 하였다."[277] 즉 양인은 칠살이 있어야

---

276  徐大升, 『淵海子平』 「論七煞」: "甲申, 乙酉, 丁丑, 戊寅, 己卯, 辛未, 癸未, 此七日生主殺, 性急伶俐, 心巧聰明, 如見殺多者, 主人凶天貧薄, 月見之重, 時見之輕, 何也, 日七殺, 只一位見之, 如年時再見, 殺多爲禍, 卻要制伏之鄕, 又要身旺有制伏爲權."

그 귀함을 얻을 수 있다는 것을 설명하고 있다.

『연해자평』에는 "신왕하고 대운이 신왕지로 흐르면 복이 되고, 신약한데 운이 신약으로 행하면 화를 걷잡을 수 없게 된다. 사주 중 원국에 제복함이 있으면 칠살의 운으로 흐르는 것을 기뻐하나 원국에 제복함이 없으면 칠살을 만나면 화가 된다"[278]고 하였다.

| 時柱 | 日柱 | 月柱 | 年柱 | 乾命 |
|------|------|------|------|------|
| **甲** | **戊** | **辛** | **甲** | |
| **寅** | **午** | **未** | **午** | |
| 戊<br>丙<br>甲 | 己<br>丁 | 丁<br>乙<br>己 | 己<br>丁 | |

위 명조는 戊土 일간이, 녹왕하고 지지 전체에 통근하여 강하다.

時와 年에 양투된 甲木은 월령을 득하고 時에 통근한 편관 변격이다.

月에 辛金은 통근한 것이 없고, 지지는 火局을 이루고 있다.

年에 편관은 상관으로 制煞되었으나 時에 칠살은 극제가 힘들다. 다행히 局을 이룬 인성으로 化煞 되니 명조가 선하게 되었다. 따라서 偏官用印格으로 성격 되었다.

마침 申酉 대운에는 金旺으로 좋았지만, 28세 시작된 甲戌 대운에 재차 칠살이 들어와 위험하게 되었고, 戌 대운에는 양인이 三合하고 刑殺이 발동하니 결국 死한 명조이다.

---

277  萬民英, 『三命通會』 「論偏官」: "定真云, …, 刃爲兵器, 無殺難存, 殺爲軍令, 無刃不尊, 刃殺兩顯, 威鎭乾坤."

278  徐大升, 『淵海子平』 「論偏官」: "身旺又行身旺之運爲福, 如身弱又行身弱之鄕, 禍不旋踵, 四柱中元有制伏, 喜行七殺運, 元無制伏, 七殺出爲禍."

이 명조를 서락오는 "일간이 양인에 좌하고 있고, 시에 칠살이 봉하고 있다. 칠살과 양인이 강하게 자리하여 나타나 있고, 合煞 하여 제어함이 있으니 예사롭지 않은 명이다. 운이 申酉로 가서 月에 투출된 辛金을 기뻐하니 소년에 병권을 가진 지방관이 되었으며, 그 기개가 스스로 빼어났다. 다만, 살이 왕한데 칠살 운으로 행하게 되면, 학문과 공로가 머무르게 되고, 칼과 검 아래 반드시 죽게 된다. 양인이 많은데 다시 양인 운이 돌아오니, 甲 운에는 죽지 않았으나 戌 운에는 역시 죽게 되었다"[279]고 하였다.

279　徐樂吾,「古今名人命鑑」,「卷三」: "日坐陽刃, 時逢七煞, 煞刃雙顯, 位至王侯, 合煞有制, 非常之命, 喜月透辛金, 運逢兌酉, 小年振兵符, 意氣足以自豪, 但煞旺復行煞地, 建業立功處, 必死於刀劍之下, 刃多復行刃地, …, 甲運不死, 戌運亦必死."

## 4) 편관격의 성격

〈표 11〉 편관격의 성격 방법

| 격국 | 용신 | 간략 설명 |
|---|---|---|
| 편<br><br>관<br><br>격 | 편관용인격<br>(偏官用印格) | · 칠살이 인성을 用하면 化煞되어[煞印相生] 길격이 되며, 일간이 약할 때에도 생부 되니 유정하게 된다. 단, 식신이 있을 때는 구별되어 있어야 한다. |
| | 편관용재격<br>(偏官用財格) | · 칠살이 인성으로 인해 식상이 극제를 당할 때, 재성을 用하면 인성을 극제하여 식상을 살릴 수 있다.<br>· 일간은 강하고 편관격이 약할 때, 정인에게 너무 설기되면 煞印의 조화가 어려워 재성으로 살을 생부 해주면[財生煞] 좋다.<br>· 일간이 양인으로 강할 때는 편관을 用해야 하나, 편관이 약하게 되면 극제가 힘들게 되니, 이때 재성이 살을 생부 해주어[財生煞] 양인을 극제 시켜[陽刃露煞] 준다.<br>· 일간이 건록과 비견으로 강함이 지나칠 때는 살로써 극제 해줌으로써 성격된다. |
| | 편관용인격<br>(偏官用刃格) | · 편관이 살이 될 때는 양인이 合煞시켜주어 성격된다. |
| | 편관용식격<br>(偏官用食格) | · 칠살을 식신으로 用하면 칠살이 극제 된다[食神制煞]. |
| | 편관용상격<br>(偏官用傷格) | · 칠살을 상관을 用하면 상관과 칠살이 化되니[傷官制煞] 상관을 用할 수 있다. |
| | 편관용록격<br>(偏官用祿格) | · 칠살을 제어해 줄 식상 또는 양인이 合煞해 주지 못할 때는 祿劫을 用하여 부조해주면 편관격으로 성격 될 수 있다. |
| | 파격 | · 편관이 재성으로 인해 財生煞이 되면 파격이 된다.<br>· 일간이 강하고 편관이 약할 때 인성이 있으면, 편관이 설기되어 파격이 된다.<br>· 일간이 강하고 편관이 약할 때 식상이 制煞하게 되면 制煞太過되어 파격이 된다.<br>· 일간이 약하고 편관이 강할 때 식상의 설기가 부담되면, 制煞이 힘들어져 파격이 된다.<br>· 정편관 혼잡 될 때 칠살이 극제되지 않으면 파격이 된다. |

# Ⅵ 인성격(印星格)

정인격과 편인격은 사주 내에서, 나를 生 하는 것이 강한 세력을 가짐으로 인해 이루어진 격으로, 사주의 모든 부분을 인성이 주재하게 된다.

관살을 모두 참된 관으로 化 해주거나 일간의 지나친 설기를 하게 하는 강한 식신과 상관을 극제 해주게 되면, 그 성향이 인성을 활용한 관성과 인성이 활용된 식상의 성향으로 각각 나타나게 된다. 그리고 인성에 의해 일간이 강함을 충족하게 되면 인성격의 성향이 그대로 나타나는 경향이 있다. 다만 정인격은 정인의 성향이 최대치에 이르게 되고, 편인격은 기본적으로 일간이 강할 때나 식신과 구별되어 있지 않을 때는 효신(梟神)이 되므로 재성으로 財剋印을 요하게 된다. 일간이 강할 때 인성격 역시 강하다면 재성 또는 비겁을 요할 때도 있다. 일간이 쇠약할 때는 정인과 더불어 재성을 두려워하고, 재성이 있다면 반드시 구별되어 있어야 선하게 되어 성격 된다.

현대 사회에서는 정인격과 편인격은 각각 길신과 흉신이므로 서로 구별해야 하지만, 관성 또는 식상을 같이 활용하게 되면 그 성향이 더욱 다양하게 나타나게 되므로, 따뜻한 마음의 소유자로 생각과 마음이 같아 덕망이 있고 자비로움이 나타나며, 선비의 유형과 모성의 유형을 가져 잘 이끌기는 하나 혼자 연구하는 것을 더 좋아한다. 식상을 같이 활용하려면 정인격과는 구별되어 있어야 하고, 편인격은 상관을 다스리지만 효신은 식신을 도식(倒食)한다. 인성격이 식상과 구별되어 있거나 길신으로 유지되거나 길신으로 바뀌게 되면 학문적 교류를 이루거나 연구적 기질을 가진 존경받는 양상으로 나타나기도 한다.

정인격은 길신이다. 편인격은 흉신이며, 일간이 쇠약할 때는 편인이 되고 강할 때나 식신을 도식하면 효신이 된다. 정편인이 둘 다 투출되는 것을 꺼리며, 만약 보게 된다면 일간은 비겁으로 인성을 분산시키거나 재성으로 극제

해야 길하게 된다.

용신이 되는 경우는 여러 형태가 있지만, 정인격은 생부 해주는 관성 또는 비겁과 재성이 용신이 될 경향이 강하다. 정인이 약할 때는 관성의 생부로 官印相生[官印雙全]이 필요하고, 정인이 다하거나 편인이 효신이 될 때는 식신의 칠살이 되므로 재성으로 극제 해야 하거나 비겁으로 다모성(多母性)을 분산시켜야 한다.

따라서 정인격과 편인격은 서로 다른 성향이 나타나지만, 일간의 쇠약과 생부의 성향, 재성의 극제와 비겁의 분산 등의 형태에 따라 비슷한 성향이 나타나기도 한다.

본 책에서 인용하고 있는 격국과 관련된 원문에서는, 모두 정인격을 가장 우선하여 배치 설명하고 있다.

한편, 『명리약언』에는 "구서에 인을 취할 때에 정인을 좋아하고 편인을 꺼리는데, 이것은 다만 천간을 논한 것일 뿐인데, 만약 지지도 이와 같이 추리하여 다섯 개의 양간이 寅申巳亥를 만나는 것을 효신이라 하고 子午卯酉를 만나는 것을 또 패(敗)라 하며, 다섯 음간이 子午卯酉를 만나는 것을 효신이라 하고 寅申巳亥를 만나는 것을 사(死)라 한다면, 지지에는 마침내 취할 만한 인이 없을 것이다. 다섯 양간이 寅申巳亥를 만나면 그것은 인을 生 하는 것이지 효신이 아니며, 子午卯酉를 만나는 것을 편인이라고 한다. 그러나 子는 乙의 귀인이 되고 午는 己의 녹이 되니, 어찌 효신으로 논할 수 있겠는가?"[280]라고 하여, 지지는 정과 편으로 나누지 않음을 설명하고 있다.

『자평수언』에는, "정편인격에 인수를 용신으로 하는 것은 반드시 신약하기

---

280 陳素庵, 『命理約言』 「看正偏印法」: "舊書取印, 喜正忌偏, 此只論天干耳, 若地支仿此推之, 五陽干遇寅申巳亥爲梟, 遇子午卯酉又爲敗, 五陰干遇子午卯酉爲梟, 遇寅申巳亥又爲死, 則地支竟無印可取矣, 不知五陽干遇寅申巳亥, 是生印非梟也, 遇子午卯酉, 是正印, 非敗也, 五陰干遇寅申巳亥, 亦正印, 非死也, 惟遇子午卯酉爲偏印, 然子爲乙貴, 午爲己祿, 何可以梟論乎."

때문인데, 신약한 것은 종종 관살이 너무 왕성하거나 식상이 너무 왕성하기 때문으로 모두 인성을 용신으로 해야 한다. 책에서 '인성이 상관을 제압하고 효신으로 식신을 빼앗는다'고 했으니, 이것이야말로 음간과 양간이 서로 제압하는 관계이다."[281]라고 하여, 신약할 때나 관성이 너무 왕성할 때 인성이 필요하며, 인성과 식상의 관계를 구별해야 함을 강조하고 있다.

---

281 徐樂吾, 『子平粹言』「論體性」: "正偏印格, 用印必綠身弱, 而身弱有種種原因, 或因官煞太旺, 或因食傷太旺, 或財太旺, 皆可用印, …, 書云, 印制傷, 梟奪食, 此乃陰陽干相制之關係也."

## 1. 정인격(正印格)

### 1) 정인의 기본 의미

『연해자평』에 "나를 生 하는 것[生我者]이 인수이다. 경에 이르기를, '관은 있는데 인수가 없으면 참된 관이 아니다. 인수가 있는데 관이 없으면 오히려 복을 이룬다'고 하였으니 어떤 이유인가? 대저 사람이 만물을 습득하고 만사를 성취한다는 일은 서로 生 하고 서로 도와주고 서로 길러야 하는 이치로부터 비로소 내가 만물을 성취하기에 이르는 것이니 어찌 묘하지 않겠는가?"[282] 하였다. 참된 관성이 활용되려면 인성이 있어야 하고, 생부 등을 통해 만물이 성취됨을 설명하고 있다.

또, 〈인수가 있으면〉 당 주인이 지혜가 많고 심성이 풍후하다. 대개 인수는 재를 두려워한다. 이것은 재성이 인수를 상해하기 때문이다. 사주 중이나 대운 중에 관성이 있으면 오히려 귀가 되고 복이 된다. 대개 관성은 인수를 生 해주나 재는 능히 오히려 인수를 상하게 하니 두렵다. 인수가 묘하다는 것은 부모의 음덕을 받는다는 것과 부친의 재물을 이어받아 편안하게 누리는 사람이라는 것이다. 만약 두세 개의 명조가 서로 비슷한 경우 당연히 인수가 많은 것을 상명(上命)으로 삼는다. 인수가 있으면 일생 병이 적고 음식을 잘 먹는데 혹 재가 많고 승왕하면 반드시 정체함이 많다. 비록 관성을 기뻐하지만 관성이 많아 혹 격국에 해당할지라도 오로지 인수에만 의지해서 말함은 불가하다[283]고 하였다.

인수가 있는 사람은 지혜와 생각이 많고 일생 병이 적다. 음식을 잘 먹고 신체가 풍후하고 재와 녹을 이루며, 만일 두세 개의 명조가 서로 비슷한 경우 당

---

282  徐大升, 『淵海子平』 「論印綬」: "所謂印, 生我者, 即印綬也, 經曰, 有官無印, 即非眞官, 有印無官, 反成其福, 何以言之, 大抵人生得物以相助相生相養, 使我得萬物之見成, 豈不妙乎."

283  徐大升, 『淵海子平』 「論印綬」: "故主人多智慮, 兼豐厚, 蓋印綬畏財, 主人括囊, 故四柱中及運行官貴, 反成其福, 蓋官鬼能生我, 只畏其財, 而財能反傷我, 此印綬之妙者, 多是受父母之蔭, 承父之貨財, 見成安享之人, 若又以兩三命相倂, 當以印綬多者爲上, 又主一生少病, 能飮食, 或若財多乘旺, 必多淹留, 雖喜官鬼, 而官鬼多或入格, 又不可專以印綬言之."

연히 인수가 많은 자를 취해 상명 길격으로 삼는다. 가장 꺼리는 것은 재가 와서 승왕 한 것인데 반드시 정체됨이 많다. 만일 관성이 많고 혹 별도의 격이 성립되더라도 오로지 인수로서만 말할 수 없다. 대저 인수는 月이나 時上에 있는 것이 묘하다. 月上이 가장 긴요하니 月의 기를 먼저 본 후에 생기를 논하고, 반드시 부모의 힘을 얻고 年에 인수가 있으면 조상의 덕을 볼 것이며, 시상에 있으면 반드시 자손에게서 덕을 본다. 수명도 길고 만년을 여유롭게 보낸다.[284]

『삼명통회』에는 "인수는 내 기의 원천이 되고, 생기가 되고, 부모가 되고 또 관성을 보호한다. 인생에 비유하면 사물을 얻는 데 서로 돕고 서로 기르고, 현재 이루어져 있는 곳에 복이 되니 어찌 뛰어난 것이 아니겠는가? 이 격의 주인은 총명하고, 지혜가 많고, 자애롭고, 언어가 선량하고, 느리고 말을 잘하지 않고, 모양새가 풍후하고, 음식에 재능이 있고, 평생 병이 적고, 흉이 갑작스럽게 발행하지 않는데 다만 재물이 인색하다"[285]고 하여, 정인의 긍정적인 작용에 대해 구체적으로 말하고 있다.

또, 정관이 있으면 벼슬로 나아가는데 임금이 칙서를 하사하고, 문무에 구애받지 않고 모든 관인을 장악한다. 그리고 관성이 좋은 것은 관은 인을 生 하기 때문이다. 경에 이르기를, '인은 관의 生에 힘입는다'고 하였다. 또 이르기를, '관은 있는데 인은 없으면 참된 벼슬이 되지 못하고, 관인이 같이 있으면 두터운 복을 이룬다'고 하였다.[286]

---

284  徐大升, 『淵海子平』 「論印綬」: "印綬之人智慮, 一生少病, 能飽食豐厚, 享見成財祿, 若兩三命相併, 當以印綬多者取之, 最忌財來乘旺, 必生淹滯, 若官鬼多, 或入別格, 又不可專以印綬論, 大凡月與時上見者爲妙, 而月上最爲緊要, 先論月氣之後有生氣, 必得父母之力, 年下有生氣, 必得祖宗之力, 於時上見之有生氣, 必得子孫之力, 壽元耐久, 晚景優遊."

285  萬民英, 『三命通會』 「論印綬」: "印綬者, …, 乃我氣之源, 爲生氣, 爲父母, 能護我官星, 使無傷剋, 譬人生得物相助相養, 受現成之福, 豈不爲妙, 此格主聰明, 多智慧, 性慈惠, 語善良, 遲訥, 體貌豐厚, 能飮食, 平生少病, 不逢凶橫, 但吝財耳."

286  萬民英, 『三命通會』 「論印綬」: "爲官多爲正官, 受宣敕不拘文武, 皆掌印信, 喜官星, 以官能生印, 經云, 印賴官生, 又云, 有官無印, 即非眞官, 有印有官, 方成厚福是也."

재성을 꺼리는데 재는 인을 파괴하기 때문이다. 인수는 손상되지 않아야 하는데, 그러면 부모의 음덕이 있고, 부를 이룰 수 있고, 부귀가 안녕하게 된다. 명조에서 인수가 뛰어난 자가 가장 상이 되는데, 月에 있는 것이 제일 중요하고, 日과 時는 그다음이다. 만약 年에 인이 있고 月日時에 없으면 일을 구제할 수 없고, 사주에 관성이 있으면 더욱 묘하다. 인수가 많은 자는 고독하다. 구집에 이르기를, 인수가 많은 자는 고독을 벗어나기 어렵다 하였다.[287]

『명리정종』에는 "정인격과 편인격은 부모가 나를 生 해준다는 뜻인바 일주가 재물을 얻는 데 힘을 얻는 격을 말한다"[288]고 하여, 부모의 음덕에 대해 부연하고 있다.

『명리약언』에는 "양이 음일에 生 하고 음이 양간을 生 하는 것인데, 비유하자면 관직에 머물며 도장을 받아서 이에 녹을 누리고 권세를 지니는 것이다. 정관을 도와서 영화와 현달을 더욱 불어나게 하고 흉살을 인화하여 주선에 묘함이 있게 하므로 거기에 의지하여 身을 돕는 것이니, 인이 왕하면 身은 쇠약함을 근심하지 않고 그것을 취하여 격으로 삼으며, 인이 파괴되면 곧바로 나아가기 어려움을 만나게 된다"[289]고 하여, 역시 정관을 복되게 하고 일간의 쇠약을 돕는다는 것을 설명하고 있다.

또, "비겁이 많으면 어미[母]가 허하게 되는데 이것은 비겁이 중첩되었기 때문이며, 어미가 많으면 자식이 병드는 것은 다만 효신과 정인이 이어져 있기 때문이며, 인이 힘을 얻으면 재를 탐하다가 파괴되는 것을 매우 꺼리고, 인이 태과하면 도리어 나타나 만나는 것을 기쁨으로 삼는다"[290]고 하여, 일간이 비겁이 많고 정인이 약하거나 반대로 정인이 다하고 비겁이 없으면 흉함을 말하

287 萬民英, 『三命通會』 「論印綬」: "忌財星, 以財能破印, …, 印綬不逢損傷, 多受父母庇蔭, 資財見成, 安享富貴, 諸命相比, 當以印綬多者爲上, 月最要, 日時次之, 年干雖重, 須歸祿月日時, 方可取用, 若年露印, 月日時無, 亦不濟事, 四柱原有官星爲妙, …, 拘集云, 印多則淸孤, 不免是也."

288 張神峯, 『命理正宗』 「印綬格」: "正印偏印格者, 如父母生身之義也, 蓋日主得其資助."

289 陳素庵, 『命理約言』 「正印賦」: "陽生陰日, 陰生陽干, 譬居官而受印, 爰享祿而持權."

고 있고, 효신의 작용도 구체적으로 기술하고 있다.

대체로 인은 정인과 편인으로 논하지 않으나, 다만 월령을 맡고 있어서 그것을 취하여 격으로 삼을 때에는 반드시 손상해서는 안 되며, 비록 월령을 담당하지 않더라도 그것에 의지하여 용신으로 삼을 때에는 더욱 손상해서는 안 되니, 원국에서든 운에서든 모두 그러한 것인데, 술가들이 왕왕 재관을 중히 여기고 인을 가볍게 여기니, 인이 손상당하면 관이 剋을 당하고 재가 위협을 당하는 것과 서로 같음을 모르기 때문이며, 혹 때에 따라 가볍게 여김이 있는 것은 원국에서 때때로 인을 쓰지 않는 경우가 있기 때문이다.[291]

정인의 심리적 특성은 "일간이 정신적 자아 주체가 될 때 정인을 만나면 나를 生 하면서 나를 흡수하는[생아차아흡(生我且我吸)] 관계이면서 나와의 관계가 양호한 대상이 된다. 번잡한 것을 간소화하며 새로운 관념을 낡은 관념과 결합하여 받아들이길 좋아하고, 사물의 공통관계를 추구하며, 범사를 차별 없이 바라본다. 정밀함과 분화력이 부족하고, 명성을 담백하게 바라보고 내적으로 약삭빠르지 않고 안정을 지향하며 보수적이다. 정서력이 부족하고 감촉력이 둔하며, 유창함은 부족하나 분수를 지키며 만족할 줄 안다. 생동감은 없으나 너그럽고 듬직하며 반대의견이 없다. 수양이 되었고 자애롭고 공손하다. 그리고 육체적 자아를 낳으면서 나와의 관계가 양호한 것이다.[292]

정인이 성격 되었을 때 성향을 분석하면, 따뜻한 마음의 소유자로 학문을 좋

---

290 陳素庵, 『命理約言』 「正印賦」: "助正官而彌增榮顯, 化凶殺而妙有周旋, 倚亦扶身, 印旺兮不愁衰弱, 取之爲格, 印破兮立見迍邅, 子衆母虛, 蓋因比劫重疊, 母多子病, 只爲梟正連綿, 印得力兮, 且忌貪財而壞, 印太過兮, 反以見財爲歡."

291 陳素庵, 『命理約言』 「看正偏印法」: "大抵印不論正偏, 但當月令而取之爲格, 必不可傷, 即不當月令而倚之爲用, 尤不可傷, 在局在運皆然, 術家往往重財官而輕印, 不知印被傷, 與官被克財被劫相同, 其有時而輕者, 局優不用印也."

292 何建忠, 『八字心理推命學』 「十星的含義」: "若日干爲精神主體我, 則正印應當爲, 能使我生長, 旦與我關係良好的, 因爲正印會剋傷官, 故而, 正印可以爲化繁爲簡(反復雜化)喜類化, 求得事物共同關係, 凡事看得差不多, 缺乏精細性及分化力, 看淡名聲, 內含不靈, 穩定, 守常, 缺乏情緒力, 缺乏感觸力, 缺乏流暢性, 是知足, 呆滯, 厚重, 沒有意見, 有修養, 慈祗的, …, 能生出肉體我, 且與我關係良好者."

아하며, 인정이 있고, 자비심과 봉사 정신이 있으며, 생각이 깊고 예의 바르며, 정직하고 신의를 지킬 줄 알며, 다양한 사람보다는 학문적 교류나 인간성이 깊고 좁은 인맥 쌓기를 좋아하고, 타인의 행동과 마음을 주시하여 잘 읽어 상담가의 기질도 가지고 있으며, 언행이 일치하고, 순간적인 판단력은 다소 늦지만 한번 시작한 일은 꾸준히 완성해 내며, 소심하고 내향적 기질이 있으나 타인에 대한 배려와 동정심이 많고, 지혜가 있고, 명분을 중시하며, 배움에 대한 열의와 상상력이 탁월하다.

그러나 중하거나 범하게 되어 일간에게 영향을 주면, 인다신약(印多身弱)이 되면 이기주의가 넘치고 가치관이 혼잡하며, 밖에서는 인정이 넘치나 집에서는 고집이 세고 편협하며, 계획한 일에 대해 실천이 약하면서 행동이 느리고, 정인이 과다하면 군인·경찰·교도관 등이 적합할 때도 있으나 사업은 멀리하여야 하고, 융통성이 부족하여 타인과의 마찰이 있으며, 예술적 기질은 많으나 너무 의존적이고 조급하며, 재정적 문제에 힘써야 한다.

### 2) 정인의 육친 의미

남자에게 정인의 육친은 모친, 장인, 숙모, 외손녀, 증손자가 되고, 여자에게는 모친, 손자가 된다.

정인격이 성격 되면 해당하는 육친과의 관계에도 큰 영향을 받을 수 있으나, 파격 또는 刑沖破害를 만나게 되면 해당하는 육친의 나쁜 영향이 나타나기도 하고, 정인의 부정적인 성향이 나타난다.

현대적 의미에서는 남녀 모두 스승, 문서, 음덕, 공부, 귀인 등을 의미한다.

일간의 강왕에 따라 변화가 있지만, 官印雙全하면 정·재계로 진출할 수 있고, 月에 정인이 있으면 부모의 음덕이 있고, 時에 정인이 있으면 자식의 발복이 있다. 배우자 궁에 정인이 있으면 남자는 처가 고부 갈등이 있고, 여자는 모친과 인연이 많다. 인수가 과다하면 관성이 약해져 남편이 발복 하지 못하고, 여자는 자궁이 흉하거나 자식 덕이 없게 되며, 학생은 학업을 중단하게 된다. 관성이 있는데 정인이 약하거나 없으면 관직을 얻을 수 있지만 장(長)은 되지 못한다.

### 3) 정인격의 성패(成敗)

| 時柱 | 日柱 | 月柱 | 年柱 | 乾命 |
|---|---|---|---|---|
| **庚** | **癸** | **庚** | **戊** | |
| **申** | **酉** | **申** | **戌** | |
| 戊<br>壬<br>庚 | <br><br>辛 | 己戊<br>壬<br>庚 | 辛<br>丁<br>戊 | |

위 명조는 癸水 일간이, 庚金이 月과 時에 양투되어 월령을 득하고 局을 이루고 있어 강한 정인격이다.

年에 戊土는 월령을 득하고 自坐하였으며, 時에 통근한 정관 겸격이다.

일간은 月에 녹왕하고 時에 녹근하여 왕하며, 정관격과 정인격이 官印雙全으로 서로 생부하니 명조 전체가 선하게 되었으며, 正印用官格으로 성격 되었다.

『연해자평』에는 위 명조를 "癸水가 七月 중기에 生 하고 月과 時에 모두 庚申 인수가 있으며 스스로 金旺의 자리에 있으니 인수격이다. 年干에 戊戌 관성이 투출하여 官印이 양전(兩全)하니 극히 귀한 명이 되었다"[293]고 하였다.

---

293 徐大升, 『淵海子平』 「論印綬」: "此命癸日生於七月中氣之後, 月時皆是庚申, 自坐金庫, 所以印綬, 歲干又透出戊官, 謂之官印兩全, 極爲貴命."

| 時柱 | 日柱 | 月柱 | 年柱 | 乾命 |
|---|---|---|---|---|
| 甲 | 甲 | 癸 | 癸 | |
| 子 | 寅 | 亥 | 亥 | |
| 癸 | 戊<br>丙<br>甲 | 戊<br>甲<br>壬 | 甲<br>壬 | |

위 명조는 甲木 일간이, 癸水가 月과 年에 양투되어 월령을 득하고 時와 年에 통근하여 강한 정인 변격이다.

일간은 월령을 얻어 녹왕하고 年에 녹근하였으며, 自坐하고 時에 비견을 투출시켜 역시 강하게 되었다.

인성도 강하고 일간도 비견 등으로 강하니 선하게 되었으며, 비견과 녹을 用하여 正印用劫格으로 성격 되었다.

『연해자평』에는 위 명조를 "甲日이 癸水를 인수로 삼고 인수가 왕하다. 재성이 없는 까닭으로 서로 도와 발복하니 그 복이 두텁지 않을 수 없다"[294]고 기술하고 있다. 정인의 칠살인 재성이 없으므로 정인과 일간이 서로 도와 그 복이 두텁다고 한 것이다.

---

294 　徐大升, 「淵海子平」 「論印綬」: "此甲日用癸爲印, 印卻旺, 緣無財星相助, 發福不厚也."

| 時柱 | 日柱 | 月柱 | 年柱 | 乾 |
|---|---|---|---|---|
| 壬 | 戊 | 庚 | 甲 | 命 |
| 子 | 戌 | 午 | 寅 | |
| 癸 | 辛<br>丁<br>戊 | 丙<br>己<br>丁 | 戊<br>丙<br>甲 | |

위 명조는 戊土 일간이, 월령을 얻어 투출된 천간은 없고 火局을 이루고 있는 왕한 인성격이다.

月에 庚金은 日에 통근하였고, 年에 甲木은 自坐하였으며, 時에 壬水도 自坐하여 천간들은 각각 근기를 얻었다.

일간은 月에 녹왕하고 年에 통근하였으며, 自坐하여 역시 강하게 되었다.

그러나 인성격은 칠살인 재성이 강함을 두려워한다. 인성이 투출되지 않고 비겁 또한 투출되지 않았을 때 강한 재성이 투출되면 인성은 큰 타격을 받게 된다. 火局이 투출된 인성이 없어 壬子 재성의 극제를 막아내지 못해 실명하게 되었음을 설명하고 있다. 木은 五官으로 눈의 질환에 해당하나, 시력은 인체에서 火와 연관된다.

위 명조를, "戊 일간에 丁火를 인수로 삼고 지지에 寅午戌 火局이 되어 좋다. 時에 壬子 水가 왕하고 丁火가 없어 合하지 못하므로 재가 인수를 충극하니 기운을 잃어 실명(失明)하였다. 丙·丁火는 木[시력]에 소속된다"[295]고 설명하고 있다.

『삼명통회』에 "보감에 이르기를, 인수가 재에 손상을 당하면 일찍 모친을 여

---

295 徐大升, 『淵海子平』「論印綬」: "此日戊用丁爲印綬, 有寅午戌火局爲好, 不合時上壬子水旺, 財能沖印, 所以失明, 生氣是丙丁火屬木故也."

의게 되고, 또 탐재괴인(貪財壞印)은 비겁 운이 좋다고 하였다.**[296]**라며 재성으로 인해 인성이 파괴될 때는 비겁이 좋음을 말하고 있다.

또 "경에 이르기를, 인수격에 재성을 많이 만나면 온갖 일이 막혀 통하지 않고, 또 月에 인이 순수한데 재성이 없으면 문장이 출중하고, 또 신왕한데 인이 많으면 재운도 무방하고 신약한데 인이 있으면 칠살 운에도 손상되지 않는다고 하였다. 또 인수에 뿌리가 있으면 재성을 만나도 기쁘고 인수가 뿌리가 없으면 재를 보는 것을 꺼린다. 인수에 뿌리가 있으면 재물이 일어나고, 벼슬을 하게 되고, 合을 하게 되면 어둡게 되고, 沖을 만나면 재앙이 있게 된다"**[297]**고 하였다.

| 時柱 | 日柱 | 月柱 | 年柱 | 乾命 |
|---|---|---|---|---|
| 壬 | 丙 | 丁 | 己 | |
| 辰 | 辰 | 卯 | 卯 | |
| 乙癸戊 | 乙癸戊 | 甲乙 | 乙 | |

위 명조는 丙火 일간이, 월령을 얻어 투출된 천간은 없고 木局을 이루고 있어 왕한 정인격이다.

時에 壬水와 年에 己土는 각각 日과 時에 통근하였다.

일간은 月에 겁재가 투출하였으나 통근한 것이 없어 쇠약한데, 마침 관성과

---

296  萬民英, 『三命通會』「論印綬」: "寶鑑云, …, 又云, 印綬財傷, 母年早喪, 又云, 貪財壞印, 喜行比劫之鄉."

297  萬民英, 『三命通會』「論印綬」: "經云, 印綬, 財星重見, 百事難通, 又云, 月印純粹無財星, 主文章中黃甲, 又曰, 身旺印多, 財運無妨, 身弱有印, 殺運何傷, 又曰, 印綬有根喜遇財星, 印綬無根忌見財曜, 官星者印綬之根也, 印綬有官有財, 則財生官, 官生印, 印生身, 身剋財則榮貴故不忌, 又云, 印綬有根, 逢財則發, 逢官則顯, 逢合則晦, 逢衝則災."

인성이 官印雙全하여 生 하고 있다.

칠살은 겁재가 合去하고, 관성의 칠살인 己土가 투출되고 辰土가 있어 근심이 없었으나, 庚申年에 관성이 장생하고 局을 이루어 인성을 극제 하니 칠살이 되었다.

『연해자평』에는 위 명조를 "官印이 양전한 까닭에 소년에 청귀하였다. 사십이삼 세의 癸亥 대운까지는 무방하였으나, 庚申年에 이르러 칠살인 水가 申 중에 장생하고 庚申이 인수 卯木을 剋 하여 길하지 못하였다"[298]고 설명하고 있다.

또 "인수가 있으면 관성이 있어야 官印兩全이 되어 귀명을 이룬다. 관성이 인수를 보면 부모의 힘을 얻고 복이 두텁다. 모름지기 운이 관성 운으로 행하거나 혹은 인수 운으로 행하여도 역시 발복한다. 만일 관성이 없고 인수를 취용할 때에 묘한 바가 있으니 사주 중에 세운이 재향으로 흘러 인수를 파하는 것을 꺼리는데 인수가 상해를 받으면 가정이 깨지고 조상을 떠난다. 또는 데릴사위로 간다. 또 인수가 대운의 死絶地에 임하면 관직을 떠나고 실직하지 않으면 요사하게 될 것이다"[299]고 하면서 위 네 개의 명조를 기술하고 있다.

『삼명통회』에 "골수가에 이르기를, 재를 만나 인을 깨게 되면 목을 매고, 물에 빠져 죽게 되는데 인이 재를 만나지 않으면 죽지는 않는다고 하였다."[300]

그리고 "만기부에 이르기를, 정인이 재를 보면 흉하고 관을 만나면 길하고, 관은 있고 인이 없으면 설령 부귀하더라도 서로 싸우고 해치게 되고, 인은 있고 관이 없으면 설령 영화가 있다고 하지만 쉽게 잃어버리고, 사주에 死絶을 만나면 근심이 있고 삼원은 장생을 보는 것이 좋다고 하였다."[301]라고 설명하

---

298  徐大升,『淵海子平』「論印綬」: "所以官印兩全, 少年淸要, 至四十二三歲, 癸亥運亦不妨, 至庚申年, 水七殺生於申, 乃被庚申破印, 故不吉也."

299  徐大升,『淵海子平』「論印綬」: "如帶印綬, 須帶官星, 謂之官印兩全, 必爲貴命, 若官星雖見成, 得父母力, 爲福亦厚也, 須行官星運便發, 或行印綬運亦發, 若用官不顯, 用印綬爲妙, 最怕四柱中歲運臨財鄕, 以傷其印, 若傷印, 主破家離祖, 出贅, 又臨死絶之地, 若非降官失職, 必夭其壽."

300  萬民英,『三命通會』「論印綬」: "骨髓歌云, 若是逢財來壞印, 懸樑落水惡中亡, 印不逢財身不死, 如前逐一細推詳."

고 있다.

| 時柱 | 日柱 | 月柱 | 年柱 | 乾命 |
|---|---|---|---|---|
| 戊 | 辛 | 戊 | 丙 | |
| 子 | 酉 | 戌 | 寅 | |
| 癸 | 辛 | 辛<br>丁<br>戊 | 戊<br>丙<br>甲 | |

위 명조는 辛金 일간이, 月에 戊土가 월령을 얻어 自坐하였고 年에 통근하였
으며 時에 비견을 투출시켜 강한 정인격이다.

年에 丙火는 월령을 득하고 年과 합한 火까지 득해 왕한 정관 변격으로 정인
과 정관 겸격이다.

일간은 金의 계절에 녹왕하고 自坐하여 강하다.

정관과 정인이 서로 官印雙全하여 유정하게 되니 正印用官格으로 성격 되었
다.

『자평진전』에는 "인수격으로서 정관이 투출함이 있는 것은, 정관은 취하여서
그 인수를 生 할 뿐만 아니라 곧 쓰임이 될 수 있으니, 칠살을 쓰는 것과 같지
않다. 그러므로 身이 왕성하고 인수가 강하면 너무 지나친 것을 근심하지 않
고, 다만 관성이 맑고 순수하기만을 바란다"[302]고 하였고, 위 장참정의 명조를
설명하였다.

정관과 편관의 쓰임이 다르다는 말은, 칠살이 겁재를 극제 해주는 역할을 하

---

301  萬民英, 『三命通會』 「論印綬」: "萬祺賦云, 正印見財則凶, 逢官則吉, 有官無印, 縱富貴而傷殘, 有
印無官, 縱榮華而有失, 四柱愁逢死絶, 三元喜見長生."

302  沈孝瞻, 『子平眞詮』 「論印綬」: "印綬之格局亦不一, 有印而透官者, 正官不獨取其生印, 而即可以
爲用, 與用煞者不同, 故身旺印強, 不愁太過, 只要官星淸純."

지만, 겁재가 없고 인성이 투출되지 않거나 약하면 일간을 충극하기 때문에 그 쓰임이 다를 수 있다는 것이다. 반대로 겁재가 일간에게 무정하게 된다면 오히려 칠살이 극제 해주니 유정하게 됨을 말하고 있다.

| 時柱 | 日柱 | 月柱 | 年柱 | 乾命 |
|---|---|---|---|---|
| 丁 | 庚 | 甲 | 己 | |
| 丑 | 午 | 戌 | 酉 | |
| 癸<br>辛<br>己 | 己<br>丁 | 辛<br>丁<br>戊 | 辛 | |

위 명조는 庚金 일간이, 年에 己土가 월령을 득하고 日과 時에 통근한 정인 변격이다.

時에 丁火는 월령을 득하고 日에 통근한 정관 겸격이다.

일간은 金의 계절에 生 하고 녹왕하며 年과 時가 합하고 있으니 강하다.

月에 甲木은 통근한 것이 없고 인성과 合去 하고 있다.

일간이 강하고 인성이 강함을 두려워하는데, 재성이 合去해주니 재성을 用하여 正印用財格으로 성격 되었다. 강한 일간을 설기 시켜주는 정관이 활용되어 당시 4급 서기관으로 재직 중이었다.

| 時柱 | 日柱 | 月柱 | 年柱 | 乾命 |
|:---:|:---:|:---:|:---:|:---:|
| 庚 | 己 | 辛 | 己 | |
| 午 | 巳 | 未 | 未 | |
| 己<br>丁 | 戊<br>庚<br>丙 | 丁<br>乙<br>己 | 丁<br>乙<br>己 | |

위 명조는 己土 일간이, 월령을 득한 비견이 있어 녹겁격이고, 지지에는 火局을 이루고 있는 정인격이다.

月에 辛金은 日에 통근하였고 時에 비겁이 투출되어 있다.

일주는 녹왕하고 지지 전체에 녹근하였으며, 年에 비견을 투출시켜 강하다.

時에 흉성 상관을 인성이 극제 해주니 선하게 되었고, 正印用傷格으로 성격되었다.

20대 戊辰 대운 丙戌年에 경성사범대학[서울대] 영문과 조교수로 영어를 가르치던 중 미 군정 중앙식량행정처 기획과장으로 발탁되었다. 己丑年(1949) 31세에는 유창한 영어 실력으로 외교관이 되었고, 30대 丁卯 대운에는 외무부 차관이 되었다. 40대 丙寅 대운에는 외교부 장관, 50대 乙丑 대운 辛亥年(1971) 53세에는 대통령 외교담당 특별보좌관이 되었고, 乙卯年(1975) 57세에는 국무총리가 되었다. 己未年(1979) 61세에는 제10대 대통령이 된 인물이다. 80대 壬戌 대운 辛巳年(2006) 83세에 노환으로 별세하였다.

정인격은 식신과 상관이 겸하여 있어도 귀하게 됨을 알 수 있다.

| 時柱 | 日柱 | 月柱 | 年柱 | 乾命 |
|:---:|:---:|:---:|:---:|:---:|
| **壬** | **辛** | **戊** | **丙** | |
| **辰** | **未** | **戌** | **戌** | |
| 乙<br>癸<br>戊 | 丁<br>乙<br>己 | 辛<br>丁<br>戊 | 辛<br>丁<br>戊 | |

위 명조는 辛金 일간이, 月에 戊土가 自坐하여 월령을 얻었고 지지 전체에 통근하여 강한 정인격이다.

年에 丙火는 월령을 얻었고 年과 日에 통근하여 역시 왕한 정관 겸격으로, 잡기관인격이다.

時에 壬水는 時에 통근하였다.

일간은 月에 녹왕하고 年에 통근하여 왕하다.

잡기 정인과 정관이 官印雙全하고 상관으로 설기되니 선하게 되었고, 상관은 정인이 선하게 만들었기 때문에 정관의 칠살이 극제 되어 명조가 청하게 되었다. 따라서 正印用傷格으로 성격 되었다. 年에서부터 상생되어 그 복이 두텁고, 강왕한 관과 인과 일간이 있어 상관의 설기가 있으니 역시 선하게 되었다.

『자평진전』에는 위 주상서의 명조를 "그러나 또한 〈인수격이〉 식상을 지니면서도 귀하게 되는 것도 있다. 예컨대, 주성서의 명조는 壬水가 戊土에게 제복되어 정관을 해치지 않는다"[303]고 하였다.

---

303  沈孝瞻, 『子平眞詮』 「論印綬」: "然亦有帶傷食而貴者, 則如朱尙書命, …, 壬爲戊制, 不傷官也."

| 時柱 | 日柱 | 月柱 | 年柱 | 乾命 |
|:---:|:---:|:---:|:---:|:---:|
| 丙 | 乙 | 壬 | 丁 | |
| 子 | 未 | 子 | 未 | |
| 癸 | 丁<br>乙<br>己 | 壬<br>癸 | 丁<br>乙<br>己 | |

위 명조는 乙木 일간이, 月에 壬水가 월령을 얻어 自坐하였고 時에 통근한 정인격으로 보이나, 年과 日에 통근한 丁火와 合去 하였다.

時에 丙火는 日과 年에 통근하였고, 일간도 日과 年에 통근하였다.

정인과 식신은 合去 하였고, 한기가 가득한 동지 이후에 태어난 乙木에게 時에 상관이 조후가 된다. 그러나 상관의 쓰임에 있어 앞 명조와는 비교되는 명조이다. 조후의 역할을 하나 한기가 가득한 계절이므로 재차 한기가 가득한 水氣가 오면 매우 위험하게 된다.

중국 원(元)나라 마지막 황제 순제(順帝, 1320~1370)이다. 서락오는 "차가운 木이 동지 이후에 태어나 丙火를 얻어 사용하고 있다. 상관을 用하는데, 운이 서북으로 향하고 申 운에 水가 왕해지니 재위 35년 홍무 3년(1370)에 나라를 잃고 죽음에 이르게 되었다"[304]고 하였다.

---

304 徐樂吾, 『古今名人命鑑』 「卷一」: "寒木向陽, 生於冬至後, 一陽動而丙火得用, …, 西北運程, …, 在位三十五年, 終於洪武三年, 失國與死, 當同在申運之中, 水旺傷用故也."

| 時柱 | 日柱 | 月柱 | 年柱 | 乾命 |
|---|---|---|---|---|
| 戊 | 丙 | 乙 | 戊 | |
| 戌 | 子 | 卯 | 午 | |
| 辛<br>丁<br>戊 | 癸 | 甲<br>乙 | 己<br>丁 | |

위 명조는 丙火 일간이, 月에 乙木이 월령을 득하여 강한 정인격이다.

時에 戊土는 自坐하였고 年에 통근하였으며 年에 비견을 투출시켜 왕한 식신이 이루어져 있다.

일간은 時와 年에 통근하였다.

월령을 득한 정인과 식신의 관계를 보면, 비겁을 투출시키지 못한 상황에서 월령을 얻은 강한 정인이 년에 식신을 극제 하나, 식신 또한 강왕하여 서로 대립되는 형태를 취함으로써 선함을 완연하게 가지지는 못하게 되었다.

그러나 다행히 정인과 식신을 살릴 수 있어 좋고, 양인의 합과 卯·戌을 살려 기술을 겸하는 회사를 차려 운영하고 있다.

40대 초 己未 대운에 상관이 대두하였고, 庚子年(2020) 43세에는 용신인 인성이 合去하고 月支가 刑 되면서 子午가 沖이 되니 본인의 실수로 인해 辛丑年(2021)까지 관재로 큰 고생을 하게 된다.

인성이 용신이라 심성은 착하나, 식신이 극제 되고 양인이 合煞 되지 않으니, 본인의 행동을 제한하지 못하게 되고 술과 음식 등의 섭취에 있어 시비를 조심해야 한다. 같은 대운 乙未年(2015) 38세에는 친구와 술자리에서 옆 테이블 사람들과 시비가 붙어 큰 싸움이 벌어졌고, 직장·친구·재물까지 엄청난 희생을 치르게 된다. 향후에도 계속 음주 또는 음주를 겸한 식사 등의 자리에서는 마음을 다스려야 한다.

| 時柱 | 日柱 | 月柱 | 年柱 | 乾命 |
|------|------|------|------|------|
| 己 | 丙 | 乙 | 戊 | |
| 亥 | 午 | 卯 | 戌 | |
| 甲壬 | 己丁 | 甲乙 | 辛丁戊 | |

위 명조는 丙火 일간이, 月에 乙木이 월령을 득하고 時와 合局하여 강한 정인격이다.

年에 戊土는 自坐하고 日에 통근하였으며, 時에 겁재를 투출시킨 식상이 되었다.

일간은 自坐하였고 合局하여 왕하게 되었다.

강한 정인과 왕한 일간이 비견이 없으므로 식신보다는 상관으로 설기되는 형태가 되었다. 따라서 설기 시켜주는 상관을 用하여 正印用傷格으로 성격 되었다.

『자평진전』에는 위 이장원의 명조를 "인수격으로서 상관을 씀이 있는 것은, 身이 강하고 인수가 왕성하면, 그것이 너무 지나친 것을 두려워하니, 身을 설기하므로 빼어난 기가 된다. 만약 인수가 얕고 身이 가벼운데 식상을 쓴다면 빈한한 국이 된다"[305]고 하여, 인성과 일간이 강할 때는 흉성인 상관을 쓸 수 있다는 말이고, 인성과 일간이 약할 때 식상을 쓰면 빈한 형태가 된다는 말이다.

---

305 沈孝瞻, 『子平眞詮』 「論印綬」: "有印而用傷食者, 身强印旺, 恐其太過, 洩身以爲秀氣, …, 若印淺身輕, 而用層層傷食, 則寒貧之局矣."

| 時柱 | 日柱 | 月柱 | 年柱 | 乾命 |
|---|---|---|---|---|
| 庚 | 癸 | 癸 | 己 | |
| 申 | 未 | 酉 | 巳 | |
| 戊<br>壬<br>庚 | 丁<br>乙<br>己 | 庚<br>辛 | 戊<br>庚<br>丙 | |

위 명조는 癸水 일간이, 時에 庚金이 월령을 득하고 局을 이루었으며 自坐하여 강한 정인 변격이다.

年에 己土는 왕지에 좌하고 日과 時에 통근하여 왕한 편관이다.

일간은 時에 통근하고 월에 비견을 투출시켰다.

정인과 편관에 비해 다소 약한 일간이 정인의 生을 받으니 선하게 되었고, 왕한 편관은 정인에 설기되고 비견으로 설기시키니 역시 유정하게 되었다. 따라서 正印用煞格으로 성격 되었다.

편관 칠살과 정인격을 씀에 있어서 『자평진전』에는 다음과 같이 기술하고 있다. "〈인수격에〉 편관을 씀이 있는 것은, 편관은 본래 아름다운 물건이 아니지만, 그 인수를 生 하는 것에 의뢰하여 어쩔 수 없이 그것을 쓰는 것이다. 그러므로 반드시 身이 두텁고 인수가 가볍거나, 혹인 身이 가볍고 인수가 무거워 부족한 바가 있어야만 비로소 유정하게 된다"[306]고 하여, 인수격에서 일간이 쇠약하거나 인성이 쇠약할 때 편관이 있으면 유정하게 됨을 말하고 있고, 반대로 인수격에서 일간이 강하거나 인수가 강할 때는 무정하게 됨도 유추할 수 있다.

---

306  沈孝瞻, 『子平眞詮』「論印綬」: "有用偏官者, 有用偏官者, 偏官本非美物, 藉其生印, 不得已而用之. 故必身重印輕, 或身輕印重, 有所不足, 始為有情."

| 時柱 | 日柱 | 月柱 | 年柱 | 乾命 |
|---|---|---|---|---|
| **丙** | **癸** | **庚** | **戊** | |
| **辰** | **酉** | **申** | **申** | |
| 乙<br>癸<br>戊 | 辛 | 己戊<br>壬<br>庚 | 戊<br>壬<br>庚 | |

위 명조는 癸水 일간이, 月에 庚金이 局을 이루고 투출되어 강한 정인격이다.

年에 戊土는 월령을 득하고 年과 時에 통근하여 역시 왕한 정관 겸격이다.

時에 丙火는 통근한 것이 없고, 일간은 녹왕하고 年과 時에 통근하여 왕하게 되었다.

정관과 인성이 官印雙全하나 일간이 왕하니 재성 또는 비겁을 用해야 유정하게 된다. 따라서 時에 丙火를 用하여 正印用財格으로 성격 되었다.

중국 당대 정치가이며 시인, 문장가로 활약한 한유(韓愈, 768~824)의 명조이다. 辛酉 대운에 강한 인성으로 모와 부를 일찍 여의고(3세) 14세에는 형 한회(韓會) 또한 잃어 형수 밑에서 자랐다. 초년 인비 운에는 계속 운이 좋지 않아 세 번이나 낙방하였고, 30세 넘은 戊寅年(798) 31세에 진사과에 합격한다. 癸未年(803) 비견 운 36세에는 감찰어사가 되었으나 당시 수도 경조윤(京兆尹)[판윤(判尹)] 이실(李實)의 폭정을 공격하였다가 도리어 현령으로 좌천되었다. 식신 乙丑 대운 乙未年(815) 48세에 형부시랑이 되었으나, 己亥年(819) 52세에 다시 인성이 강해졌고, 당시 불교 신자였던 헌종에 반대해 사형까지 갈 위기에 처했으나 좌천으로 모면 되었다. 재성 丙寅 대운이 되어서야 목종이 즉위하고 복권되어 국자감(國子監)의 우두머리를 거쳐 이부시랑에 올랐으나, 甲辰年

(824) 57세에 병으로 사망하였다. 정인격이 성격 되었으나 정인이 강하고 일간이 강할 때 재성 또한 강해야 함을 말해 주는 좋은 예라 하겠다.

서락오는 위 명조를 "庚金이 강하고 날카롭다. 火가 드러남으로 인해 다듬으나 재성이 근기가 없으니 아깝게 되었다. 운이 비겁으로 나아가 이름은 높으나 지혜가 없어 곤궁함으로 가게 된다."[307]라고 하였다.

| 時柱 | 日柱 | 月柱 | 年柱 | 乾命 |
|---|---|---|---|---|
| 戊 | 辛 | 庚 | 丁 | |
| 戌 | 卯 | 戌 | 卯 | |
| 辛<br>丁<br>戊 | 乙 | 辛<br>丁<br>戊 | 乙 | |

위 명조는 辛金 일간이, 時에 戊土가 월령을 얻고 自坐하여 강한 정인격이다.

年에 丁火는 월령을 얻어 투출되었고, 지지에 局을 얻어 강한 편관 겸격이다.

일간은 가을에 生 하고 녹왕하였으며, 月에 월겁변격하여 투출시키니 강하게 되었다.

정인격에 살은 겁재에 설기되니 유정하게 되었다. 따라서 正印用煞格으로 성격 되었다.

편관과 정인을 사용하여 처음 군인으로 복무하다가 나중 정치인이 되었고 제32대 국무총리를 역임하였다.

---

307 徐樂吾,『古今名人命鑑』「卷一」: "庚金剛銳, 非火煉無由顯達, 運走劫鄉, 名高千古, 送窮無術." 참조.

戊申 대운 21세 丁亥年(1947)에 육군사관학교(당시 조선국방경비사관학교) 6기로 입교하여 戊子年(1948)에 소위로 임관하였다. 사관생도 시절 교관이었던 박정희 대위와 인연을 맺었다. 丙午 대운 辛丑年(1961)에 육군 소장으로 예편하였고, 乙巳年(1965)에 일본 정부에서 얻어낸 배상금 일부를 투입하여 당시 박정희 대통령의 지시를 받아 포항제철소를 추진하여 10년 만에 세계적 위상의 제철소로 성장시켰다. 乙巳 대운 己未年(1979)에 박정희 대통령이 서거하자 민주정의당 소속으로 제11대 국회의원에 당선되었고, 김대중 대통령 당시에는 국무총리를 지내게 되었다. 辛丑 대운 辛卯年(2011) 庚子月 壬寅日에 死한 명조이다.

| 時柱 | 日柱 | 月柱 | 年柱 | 乾命 |
|:---:|:---:|:---:|:---:|:---:|
| 庚 | 己 | 辛 | 乙 | |
| 午 | 巳 | 巳 | 丑 | |
| 己<br>丁 | 戊<br>庚<br>丙 | 戊<br>庚<br>丙 | 癸<br>辛<br>己 | |

위 명조는 己土 일간이, 月에 辛金과 時에 庚金이 월령을 득하고 日과 年에 통근하여 局을 이루고 있어 상관 변격이다. 지지에는 火局을 이루고 있어 정인격을 겸하고 있다.

年에 乙木은 통근한 것이 없다.

일간은 녹왕하고 왕지에 坐 하였으며 時에도 통근하여 강하다.

칠살은 투출되지 않은 인성을 설기하고, 辛金에 의해 制煞되어 유정하게 되었다. 그리고 강한 일간이 식상에 의해 설기되니 역시 선하게 되었다. 따라서 正印用傷格으로 성격 되었다.

『자평진전』에는 위 손포정의 명조를 "〈인수격에〉 칠살을 쓰는데 식상을 겸하여 지님이 있는 것은, 곧 칠살을 쓰지만 〈식상으로〉 제복함이 있고, 〈인수로〉身을 生 하는데 〈식상으로〉 설기함이 있으면, 身이 왕성함이나 인수의 重함을 논하지 않고, 모두 귀격이 된다"[308]고 하였다.

| 時柱 | 日柱 | 月柱 | 年柱 | 乾命 |
|------|------|------|------|------|
| 辛 | 壬 | 丙 | 辛 | |
| 亥 | 申 | 申 | 酉 | |
| 甲壬 | 戊壬庚 | 己戊壬庚 | 辛 | |

위 명조는 壬水 일간이, 年과 時에 辛金이 월령을 득하고 지지에 局을 이루어 투출된 강한 정인 변격이다.

月에 丙火는 통근한 것이 없다.

일간은 月과 日에 장생하고 時에 녹왕하여 강하게 되었다.

일간이 강한데 인성 또한 강하니 인성이 오히려 효신이 되는 형국이지만, 재성이 인성을 合去 해주니 인성 과다의 기운을 극제하여 선하게 하였다. 명조에서 재성과 인성이 合去 또는 극제 하게 되면 무정하게 되지만, 위 명조는 인성의 과다를 재성이 유정하게 만들게 된 것이다. 따라서 재성을 用하여 正印用財格으로 성격 되었다.

인성의 과다를 재성이 극제 하는 경우의 좋은 예라 하겠다. 『자평진전』에는 위 왕시랑의 명조를 "인수가 많은데 재성을 씀이 있는 것은 인수가 두텁고 身

308 沈孝瞻,『子平眞詮』「論印綬」: "有用煞而兼帶傷食者, 則用煞而有制, 生身而有泄, 不論身旺印重, 皆爲貴格."

이 강한 경우에, 재성이 투출하여 너무 지나친 〈인수를〉 억제하니, 방편으로 그것을 쓰는 것이고, 다만 〈인수의〉 뿌리가 깊기만 하면 재성의 파괴에 방해됨이 없다. 만약 인수가 가볍고 재성이 무거운데 또 겁재로써 구제함이 없다면, 재를 탐하여 인수를 파괴하는 것[貪財破印]이 되니 빈천한 국이 된다"[309]고 하여 인성 과다에서 재성의 쓰임을 기술하고 있으며, 반대로 인성이 쇠약하고 재성이 강왕한데 겁재로써 강왕한 재성을 극제 하지 않으면 빈천한 명이 된다 하였다.

| 時柱 | 日柱 | 月柱 | 年柱 | 坤命 |
|------|------|------|------|------|
| **丙** | **己** | **丙** | **甲** | |
| **寅** | **丑** | **寅** | **辰** | |
| 戊丙甲 | 癸辛己 | 戊丙甲 | 乙癸戊 | |

위 명조는 己土 일간이, 年에 甲木은 춘월에 월령을 득하고 백호에 坐하고 있으며, 時에 통근하여 강한 정관격이다.

月과 時에 丙火가 월령을 득하고 時에 통근하여 왕한 정인 겸격이다.

일간은 월에 녹근하였고 自坐하였으며, 다른 주에도 통근하여 역시 왕하게 되었다.

강한 정관이 강왕한 정인을 생부하고 역시 왕한 일간을 순차적으로 생부 하니, 아직 한기가 가득한 맹춘에 관성과 인성에 비해 재성 또는 비겁이 투출되지 않아 선하지 않게 되었다.

---

309 沈孝瞻, 『子平眞詮』「論印綬」: "有印多而用財者, 印重身强, 透財以抑太過, 權而用之, 只要根深, 無防財破, …, 若印輕財重, 又無劫財以求, 則爲貪財破印, 貧賤之局也."

앞 명조와 비교하면 인성이 많은데 재성의 쓰임이 없다. 결국 재성과 비겁 용신이 없어 파격된 명조이다.

20~30대 재성 壬癸水 운이 오긴 하였으나 오히려 관백호를 더 생부 해주니 결혼하였으나, 부군은 전혀 도움이 되지 않는 명조이며 빈한한 명조가 되었다.

| 時柱 | 日柱 | 月柱 | 年柱 | 乾命 |
|------|------|------|------|------|
| **庚** | **丁** | **甲** | **丁** | |
| **戌** | **巳** | **辰** | **酉** | |
| 辛<br>丁<br>戊 | 戊<br>庚<br>丙 | 乙<br>癸<br>戊 | 辛 | |

위 명조는 丁火 일간이, 月에 甲木이 월령을 득한 정인 변격이다.

時에 庚金은 時에 통근하였고 局을 이루고 있다.

일간은 自坐하였으며 時에 통근하고 年에 비견을 투출시켰다.

인성과 재성과 일간이 다 근기를 가지고 있고, 일간의 왕함으로 재성을 감당할 수 있으니 유정하게 되었으며, 庚金으로 劈甲引丁할 수 있어 더욱 선하게 되었다.

강한 인성과 왕한 일간이 왕한 재성으로 설기되니, 재성을 用하여 正印用財格으로 성격 되었다.

20대 辛丑 대운 辛酉年(1981) 25세에 사법시험에 합격하고, 癸亥年(1983) 27세에 청주지방검찰청 검사로 재직을 시작하면서, 50대 戊戌 대운 辛卯年(2011) 55세까지 검찰청에 근무하였다. 이후 변호사로 근무하다가 癸巳年(2013) 57세에 제63대 법무부장관을 역임하였고, 乙未年(2015) 59세에 제44대 국무총리가 되었다. 丙申年(2016)에는 대통령 권한대행을 하기도 하였다.

| 時柱 | 日柱 | 月柱 | 年柱 | 乾命 |
|---|---|---|---|---|
| 壬 | 乙 | 丙 | 己 | |
| 午 | 丑 | 子 | 亥 | |
| 己<br>丁 | 癸<br>辛<br>己 | 壬<br>癸 | 甲<br>壬 | |

위 명조는 乙木 일간이, 時에 壬水가 월령을 득하고 局을 이루고 있어 강한 정인 변격이다.

月에 丙火는 時에 통근하였고, 年에 己土는 日과 時에 통근하였으며, 일간은 年에 통근하였다.

강한 추위가 느껴지는 중동(仲冬)에 예쁜 꽃[겨울 乙木]이 조후로 따뜻한 태양을 만끽하려 하고 있으나, 눈과 우박이 내리는 꼴이니 생기가 없으며, 본인이 뿌리내리고 있는 전원은 좋으나 한기 가득한 눈보라까지 극제 해주지는 못한다.

인성이 강할 때 재성 또는 비겁으로 用하지 못하고, 조후까지 잃게 되니 직장도 없이 평생 빈한하게 살아가고 있는 명조이다.

| 時柱 | 日柱 | 月柱 | 年柱 | 乾命 |
|:---:|:---:|:---:|:---:|:---:|
| 乙 | 甲 | 庚 | 辛 | |
| 亥 | 辰 | 子 | 亥 | |
| 甲壬 | 乙癸戊 | 壬癸 | 甲壬 | |

위 명조는 甲木 일간이, 지지에 水局을 이루고 있어 인성격이 되었다.

月에 庚金은 辛金 겁재가 투출되어 있고, 일간은 年과 時에 장생하고 日에 통근하였으며 時에 겁재를 투출시켜 왕하게 되었다.

편관과 정관이 투출되어 혼잡에 이르렀으나, 겁재와 편관이 合煞되고 정관을 살리니 유정하게 되었다.

따라서 겁재를 用하여 正印用劫格으로 성격 되었다. 향후 식상 운인 丙丁 대운에는 정관을 살리지 못하니 파격되어 흉하게 된다.

『자평진전』에는 위 명조를 "인수격으로서 관살을 겸하여 투출함이 있는 것은, 혹 칠살을 合하거나 혹 제복되면 모두 귀격이 된다. 이것은 칠살을 合하고 정관을 보존하는 것이다"[310]고 하였다.

---

310  沈孝瞻, 『子平眞詮』, 「論印綬」: "又有印而兼透官煞者, 或合煞, 或有制, 皆爲貴格, …, 此合煞留官也."

## 4) 정인격의 성격

〈표 12〉 정인격의 성격 방법

| 격국 | 용신 | 간략 설명 |
|---|---|---|
| 정인격 | 정인용관격<br>(正印用官格) | · 일간이 강하고 상대적으로 정인격이 약할 때, 정관을 用하여 인성이 생부 되는 것[官印相生·官印雙全]을 말한다.<br>· 일간과 정인격이 같이 왕하다 하더라도, 정관을 用하게 되면 관인이 다 청수(淸秀)하게 된다. |
| | 정인용살격<br>(正印用煞格) | · 정인격이 약할 때, 살을 用하여 인성을 생부 해주면 化煞[煞印相生]이 될 뿐 아니라 인성도 청하게 된다. |
| | 정인용재격<br>(正印用財格) | · 일간과 정인이 강할 때에는 재성을 用하여 극제 해주는 것[財剋印]을 말하고, 이때 식신이 있다면 역시 보호해 준다. 단, 재성과 정인이 구별되어 있어야 한다. |
| | 정인용식격<br>(正印用食格) | · 일간과 정인이 같이 강할 때, 식신을 用하면 일간이 洩気되어 정인과 식신을 같이 쓸 수 있다. 官印相生으로 인해 정인이 너무 강할 때는 상관으로 洩気시켜 用할 때도 있다.<br>· 甲乙木이 冬節에 生 하고 식상을 用하여 조후로 활용되면 淸秀한 명이 된다. 단, 水는 반드시 필요하다. |
| | 정인용록격<br>(正印用祿格) | · 정인이 너무 강한데 상대적으로 일간이 무근할 때, 祿劫을 用하여 정인의 다함을 분산시키는 것을 말한다.<br>· 정인격이 약하고 재성이 강하게 되면 인성이 파괴될 수 있으나, 비겁을 用하여 재성을 극제 해주면 정인격을 성격 시킬 수 있다. |
| | 파격 | · 정인이 강한 재성을 만나면 파격이 된다. |
| | | · 일간과 인성이 강한데, 편관이 투출되면 인성이 효신이 되어 파격이 된다. |
| | | · 일간과 인성이 약한데, 식상이 강하면 인성의 설기가 심해 파격이 된다. |

## 2. 편인격(偏印格)

### 1) 편인의 기본 의미

『연해자평』에 "도식(倒食)이라는 것은 재신(財神)을 沖 하는 것을 말한다. 일명 탄함살(吞陷煞)이라고도 한다. 재신을 취용하는 것을 크게 꺼리며 식신을 취용함 또한 꺼린다. 도식이라는 것은 甲이 壬을 보는 것과 같다. 만약 甲이 丙火를 보면 식신이 되는데 능히 土財를 生 한다. 그러나 壬水는 丙火를 剋하므로 丙火가 능히 甲木의 土財를 生 하지 못한다. 이른바 甲木이 식신을 취용함에 壬水를 크게 꺼린다. 무릇 명조 가운데 이 두 가지를 대동하면 복이 적고 수명은 짧아진다. 또 庚金이 칠살이 되는데 丙丁火의 제복함을 얻어서 甲木을 보면 도리어 화가 될까 두렵다"[311]고 하여, 편인의 부정적인 내용을 기술하고 있다.

무릇 명조 가운데 이것을 범한 자는 존경하는 어른이 나를 제극 하는 것과 같아서 자유를 얻을 수가 없다. 일을 함에 있어 나아가고 물러남에 후회하고 게을러서 시작은 있고 끝은 없다. 재의 근원은 여러 번 성공하고 여러 번 패하며 용모도 기울어졌고 신체도 왜소하다. 담력은 겁쟁이고 마음만 다급해서 무릇 일의 성공이 없다[312]고 하여 역시 부정적인 내용에 대해 설명하고 있다.

효인이 당권하면, 마음에 계략이 있고, 처음에는 부지런하나 나중에는 게으르다. 학문과 예능을 좋아하여 많이 배우기는 하나 성취는 적다. 편인과 겁재와 양인은 고향을 떠나고 가족과 이별한다. 외관으로 보는 상은 겸손하고 온화하며, 의리를 숭상하는 것처럼 보이나 내심의 실제는 사납고 독함이 있다.

---

311 徐大升, 『淵海子平』 「論倒食」: "夫倒食者, 沖財神之謂也, 一名吞啗煞, 用財神大忌見之, 用食神亦忌見之, 倒食者, 如甲見壬之類, 如甲見丙爲食神, 能生土財, 然壬剋丙火, 丙火不能生甲木之土財, 所謂甲用食神, 大忌見之."

312 徐大升, 『淵海子平』 「論倒食」: "凡命中帶此二者, 主福淺壽薄, 又見庚爲七殺, 得丙丁火制之, 怕見水, 反爲禍矣, 凡命中犯此者, 猶尊長之制我身, 不得自由也, 作事進退悔懶, 有始無終, 財源屢成屢敗, 容貌敲斜, 身品矮小, 膽怯心慌, 凡事無成也."

각박한 뜻은 있으나 자애의 마음은 없다.[313]

『삼명통회』에는 "도식은 편인을 말하는 것이다. 탄담살(呑啗煞)이라고도 한다. 식신이 가장 꺼리는 것은 편인이다. 가령 甲이 丙火를 生 하니 식신이 되고, 火가 土를 生 하니 甲의 재가 되고, 재가 왕하면 金을 生 하는데 甲의 관이 된다. 그래서 식신이 生 하면 재와 관이 갖추어진다. 甲에 壬은 도식인데 壬이 왕하면 丙火를 剋 하여 깨어져 제거되니 土를 生 할 수 없어 甲에게 재가 없어지게 된다. 壬이 丙 식신을 剋 하여 제거시키면 庚金 칠살은 편안하게 되어 甲木을 손상시키니 甲에 재앙이 발생하게 된다. 식신을 사용하면 편인을 꺼린다는 것이 이것이다"[314]고 하여, 역시 편인이 도식하고, 도식함으로 인해 칠살의 칠살이 제어되니 일간이 위험해짐을 기술하고 있다.

무릇 명조에 도식을 차면 복이 박하고 수명이 짧다. 또 이르기를, 명조에 식신이 효신을 만나면 마치 존경하는 어른이 나를 제어하는 것과 같이 자유를 얻지 못하는 것과 같고, 일을 하는 데 과오를 많이 발생시키고, 시작은 하지만 마무리는 하지 못하고, 재물을 얻었다가 다시 잃게 되고, 용모가 단정하지 못하고, 체격이 아담하고, 소심하여 겁이 많고, 범사에 이룸이 적고, 육친을 해롭게 하고, 어릴 때 모친을 잃고, 장년에는 처와 자식이 손상된다[315]고 하여, 역시 부정적인 내용이 나타나고 있다.

부에 이르기를, 도식은 편인 또는 효신이라 하는데, 신왕하면 재물이 풍성하고, 복이 두텁고, 흉살을 만나면 요절하지 않으면 가난하고, 만약 재성이

---

313 徐大升, 『淵海子平』 「相心賦」: "梟印當權, 使心機而始勤終惰, 好學藝而多學少成, 偏印劫刃, 出祖離家, 外象謙和尚義, 內實狠毒無知, 有刻剝之意, 無慈惠之心."

314 萬民英, 『三命通會』 「論倒食」: "倒食即偏印之謂, 一名呑啗殺, 食神最忌見之, 如甲生丙火爲食, 火能生土, 爲甲之財, 財旺生金, 爲甲之官, 食神生旺, 財官備矣, 今甲見壬爲倒食者, 壬旺則剋了丙火, 丙被剋去, 不能生土, 甲無財矣, 壬合起丁, 傷甲之辛, 甲無官矣, 壬剋去丙, 庚殺得安, 來傷甲木, 甲生災矣, 所謂用食忌見者此也."

315 萬民英, 『三命通會』 「論倒食」: "凡命帶倒食, 福薄壽夭, …, 又曰, 凡命有食遇梟, 猶尊長之制我, 不得自由, 作事進退悔懶, 有始無終, 財源屢成屢敗, 容貌欹斜, 身品瑣小, 膽怯心虛, 凡事無成, 剋害六親, 幼時剋母, 長大傷妻子."

있으면 고달프게 되고, 살성이 만약 生 하면 책임감이 있고, 신약한데 편인을 많이 만나면 얼굴에 근심이 가득하고, 올바른 식신이 효신을 만나면 한신과 같은 재앙을 만나게 되고, 초에 만난 자는 버릇이 없고, 게으르고 중범한 자는 용모가 단정하지 못하다고 하였다.[316]

만기부에 이르기를, 효신이 관살을 보면 다성다패하고, 편인이 튼실한 재를 만나면 도리어 욕이 영화로 바뀌게 되고, 신왕하면 귀하게 되고, 신약하면 보통이 되고, 상관이 있으면 평생 부유하고, 식신이 剋 되면 처세가 고독하게 된다고 하였다.[317]

상심부에 이르기를, 효신은 권력을 장악하고, 성격이 처음에는 부지런하다 나중에는 게으르게 되고, 학문과 예술을 좋아하는데 학식은 높지만 이루는 것은 적다 하였다. 오지부에 이르기를 年時月에 편인이 있으면 흉하고, 길한 것이 명확하지 않고, 대운 초에 식신을 만나면 재앙이 발생하게 된다 하였다. 낙역부에 이르기를 효신이 年에 있게 되면 조상의 터전이 파괴된다 하였다. 고시에 이르기를, 현인은 효신인데 사주에서 재성이 있는 것이 가장 좋은데, 신왕하여 이것을 만나면 복이 되고, 身이 약하고 효신이 왕하면 무정하게 된다 하였다.[318]

효신을 제압하는 방법에 대해서도 기술되어 있다. "만약 억제하거나 合이 되면, 가령 甲日이 壬辰·壬戌을 보면 辰과 戌 중에 土가 있고 壬이 丁과 合하는 것으로 억제되고, 乙日이 癸未·癸丑을 보면 丑과 未 중에 己가 癸를 억

---

316 萬民英,「三命通會」「論倒食」: "賦云, 倒食者, 名爲偏印, 號曰梟神, 値身旺而財豊福厚, 遇刑殺則壽夭身貧, 財星若見, 披星帶月不停留, 殺星若生, 馳擔息肩無定日, 身弱重逢偏印, 須愁顔子之傷, 正食若遇梟神, 未免韓信之禍, 始遇者精神慵懶, 重犯者容貌欹斜."

317 萬民英,「三命通會」「論倒食」: "萬祺賦云, 梟神見官殺, 多成多敗, 偏印遇財曜, 反辱爲榮, 身旺爲貴, 身弱乃常, 有傷官而平生豊潤, 値食神則處世伶仃."

318 萬民英,「三命通會」「論倒食」: "相心賦云, 梟神當權使心機而始勤終怠, 好學藝而多學少成, 奧旨賦云, 年時月令有偏印, 凶吉未明, 大運歲君逢壽星災殃立至, 絡繹賦云, 梟居祖位破祖之基, 古詩云, 印星偏者是梟神, 柱內最喜見財星, 身旺遇此方爲福, 身衰梟旺更無情."

제하고, 丙日이 甲申, 丁日이 乙巳·乙酉, 戊日이 丙子·丙申·丙辰, 己日이
丁亥, 庚日이 戊寅·戊辰, 辛日이 己卯·己亥, 壬日이 庚午·庚戌, 癸日이
辛巳·辛未 등은 편인이 식신을 해칠 수 없는 것인데, 편인이 극제 되었기 때
문이다"[319]고 하였다.

『명리약언』에는 "편인은 음이 음을 生 하고 양이 양을 生 하는 것이니 이것
은 곧 치우친 기를 길러서 자라게 함이지, 정인의 자애롭고 상서로움과 같은
것이 아니다. 오직 편인은 식신을 剋 하여 가장 흉하므로 효신이라는 호칭이
있으나, 만일 身을 生 하는 데 쓸모가 있다면 역시 일주를 보좌하는 좋은 神
이 되니, 약한 칠살이 그것을 만나서 그 사나움을 막으며, 身이 왕하고 식신
이 가벼울 때 편인을 만나면 반드시 먹힘을 당하며, 모자랄 때 편인을 차용하
면 또한 영달함이 창성하기에 이르게 되니, 甲과 丙이 亥月과 寅月에 生 하
고, 庚과 壬이 巳月과 申月에 낳으면 이치가 장생으로 취하지 편으로 논하지
않으며, 근본이 참된 어미와 같은데 어찌 모두 다 효신처럼 살피겠는가? 일
간이 태왕할 때 효신이 있으면 더욱 사납고 화를 더하고, 비겁을 근심으로 여
길 때 효신을 만나면 더욱 그 미쳐 날뛰는 것을 돕는다"[320]고 하여, 효신의 부
정적 의미와 장생을 구별해야 함을 기술하고 있다.

효신을 억제하는 데에는 편재가 정재보다 나아서 비교적 힘이 있으며, 여
기에 의지하여 명조를 이루면 편인도 정인과 똑같으므로 손상당해서는 안 되
며, 식신이 격에 들었을 때 효신을 만나면 깊이 근심해야 하고 효신이 무리를

---

319 萬民英, 『三命通會』「論倒食」: "若有制合, 如甲日見壬辰壬戌, 辰戌中帶有土制丁合, 乙日見癸未
癸丑, 丑未中有己制癸, 丙日見甲申, 丁日見乙巳乙酉, 戊日見丙子丙申丙辰, 己日見丁亥, 庚日
見戊寅戊辰, 辛日見己卯己亥, 壬日見庚午庚戌, 癸日見辛巳辛未, 此等偏印不能爲食害, 有剋制
故也."

320 陳素庵, 『命理約言』「偏印賦」: "陰來生陰, 陽來生陽, 是乃偏氣之養育, 非同正印之慈祥, …, 惟剋
食最凶, 故有梟神之號, 倘生身有用, 亦爲佐主之良, 惡殺得之而化其暴悍, 傷官用之而禦其強梁,
身旺食輕, 逢之而必遭吞啖, 官多印缺, 借之而亦榮昌, 若甲丙生亥寅之月, 庚壬產巳申之方, 理
取長生, 不以偏論, 根同眞母, 豈作梟詳, 日干太旺兮, 有梟愈增其亢厲, 比劫爲歡兮, 得梟益助其
猖狂."

이루었을 때 식신을 만나면 곧바로 재앙을 만나는 것이니, 원국도 진실로 이와 같이 판단을 취하고 운에서도 역시 이와 같이 참작하여 헤아린다. [321]

편인의 심리적 특성은 일간이 정신적 자아 주체가 될 때 편인을 만나면 나를 生 해주지만 나는 배척하는[생아차아척(生我且我斥)] 관계가 된다. 생동감이 없으면서 없는 것에 대해 불만스럽게 생각하고, 분수를 지키고 만족할 줄 알면서도 강한 욕망을 가지며, 폐쇄적이면서도 표현하고 싶은 욕구를 가지며, 담백하면서도 명예를 생각하고, 관념을 단순화시키면서 오히려 번잡한 사례를 생각하고 고독하다. 타인이 자신을 침범하는 것을 원치 않고 자신도 타인을 침범하는 것을 원치 않으며, 타인에 대해 관심 갖기를 원치 않고 동시에 타인이 자신에 대해 관심 갖는 것도 원치 않는다. 비록 타인의 의사에 대해 반박을 하지 않지만 쉽게 받아들이지 않으며, 종교심은 있으나 늘 약간의 망상을 가지고 있다. 보기에 수양이 된 것 같으나 인정에 통달하지 못하고 있으며, 동정심이 부족하고 유유자적하지 못하며 말하길 좋아하지 않는다. 그리고 일간이 육체적 자아가 되면 편인은 육체적 자아를 생장하지만 나와의 관계는 친밀하지 못하다."[322]

편인에 대해 표현하면, 사치와 허례허식이 강하고, 인간관계가 불안하며, 기회주의자이며, 매사 용두사미가 되며, 계략을 잘 꾸미며, 남의 탓 하기를 좋아하며, 임기응변에 능하고 위선적이며, 간섭받고 지배받는 것을 싫어하며, 싫증을 자주 내고, 부부불화하고 변태성 욕구가 있으며, 즉흥적 일을 잘 꾸미며 타인을 희롱하길 좋아한다. 그러나 극제를 당하게 되어 일간에게 길

---

321  陳素庵, 『命理約言』 「偏印賦」: "求以制梟, 偏財勝於正財, 較爲有力, 依之爲命, 偏印勝於正印, 不可遭傷, 食神入格兮, 見梟深愁損害, 梟神結黨兮, 得食立見災殃, 原局固斯取斷, 運途亦如此酌量."

322  何建忠, 『八字心理推命學』 「十星的含義」: "日干爲精神主體我, 則偏印爲生我且我斥, 知足中帶些奢望, 封閉中帶些表達慾, 淡泊中稱想小名, 善於類化中卻想多擧事例, 孤獨, 不願被人侵犯, 也不願侵犯人, 不願關心人, 也不願被人關心, 雖不反駁別人的意見, 但也不隨意接納, 有宗敎心, 但常生小的妄想, 看來有修養, 但不通人情, 又因偏印尅食神故而有偏印的人, 不富同情心, 不能悠遊自然, 不喜言談, …, 生長肉體我, 但與我關係不親密."

한 작용을 하면, 한 분야에 독특한 재능을 가지고 있고, 재치가 있으며, 예능에 능력이 뛰어나고, 신앙심이 두텁고, 희생과 배려가 많으며, 헌신 봉사하고 잘 화합하고, 기술과 예술가 · 연예인 · 특수 의료인 분야에 두각을 나타내고, 외교수완이 뛰어나고, 주어진 상황에 대처하는 능력이 빠르며, 몇 가지 일을 동시에 할 수 있다.

### 2) 편인의 육친 의미

남자에게 편인의 육친은 조부, 계모, 의모(義母), 이모, 외숙, 증손녀, 외손자, 안사돈이 되고, 여자에게는 조부, 계모, 의모, 이모, 시조모, 사위, 손녀가 된다.

편인격이 성격 되면 해당하는 육친과의 관계에도 큰 영향을 받을 수 있으나, 파격 또는 刑沖破害를 만나게 되면 해당하는 육친의 나쁜 영향이 나타나기도 하고, 편인의 부정적인 성향이 나타난다.

현대적 의미에서는 남녀 모두 언변, 예능 등을 의미한다.

효신이 일찍 등극하면 도식하므로 가난, 질병이 있고, 모와 인연이 적어 젖이 부족하고, 거짓말을 잘하며, 신강 사주는 가문서가 되기 쉽고, 여자는 자식과 인연이 없거나 자식이 상할 수 있으며, 운에서 효신이 등극하면 건강, 실직, 문서변동, 자식 등에 각별히 조심하여야 한다.

## 3) 편인격의 성패(成敗)

| 時柱 | 日柱 | 月柱 | 年柱 | 乾命 |
|---|---|---|---|---|
| 丁 | 己 | 丁 | 丁 | |
| 卯 | 亥 | 未 | 未 | |
| 乙 | 甲<br>壬 | 丁<br>乙<br>己 | 丁<br>乙<br>己 | |

위 명조는 己土 일간이, 月과 年과 時에 丁火가 월령을 득하고 年에 통근하여 강한 편인 변격이다.

일간은 월령을 득하고 년에 통근하였지만, 지지는 局을 이루어 칠살 겸격을 이루고 있어 일간을 위협하고 있다.

칠살이 편인을 생부 하면서 당장은 문제가 없지만, 『연해자평』에는 乙巳 대운 癸亥年에 사망한 것으로 설명하고 있다. 乙木 칠살이 투출되었고, 癸亥가 칠살을 생부하고 인성이 무너짐으로 인한 것이다.

『연해자평』에 "이 명조는 己亥일이고 己가 亥 위에 임한 것이다. 土 身이 亥에 약하고 亥卯未 木局이 더해져 나를 剋 하고 年月時에 투출된 丁 3개가 己土의 도식이니, 어려서 南方 운으로 행하여 火에 의지하여 土 身을 生 하여 오히려 왕해지나 겨우 乙巳 대운에 己土의 칠살을 삼으며 亥卯未 木局이 나오니 癸亥 세운에 사망하였다. 이 명조는 도식뿐만 아니라 칠살 재앙이니 癸亥年에 칠살을 生 하고 인성을 무너뜨렸다는 말로 뜻이 같다"[323]고 하였다.

---

323  徐大升, 『淵海子平』「論倒食」: "此命己亥日, 己臨亥上, 身弱於亥, 加以亥卯未木局剋身, 年月時 透出三丁食己, 幼年行南方運, 賴火生土, 身猶旺, 纔交乙巳運, 爲己之七殺, 引出亥卯未木局, 歲 運癸亥, 所以死矣, 此命非但倒食七殺之禍, 而癸亥年與生殺壞印之說同義也."

| 時柱 | 日柱 | 月柱 | 年柱 | 乾命 |
|:---:|:---:|:---:|:---:|:---:|
| **壬** | **甲** | **丙** | **甲** | |
| **申** | **戌** | **寅** | **戌** | |
| 戊<br>壬<br>庚 | 辛<br>丁<br>戊 | 戊<br>丙<br>甲 | 辛<br>丁<br>戊 | |

위 명조는 甲木 일간이, 年에 甲木도 월령을 득하고 있어 녹겁격이다.

月에 丙火가 월령을 득해 투출되어 변격된 식신 겸격이다.

時에 壬水는 時에 통근하였고, 일간은 녹왕하고 비견이 투출되어 있어 강하게 되었다.

일간과 식신이 강하나 편인이 도식을 꾀하고 있는 명조이다. 다행히 식신이 강해 당장은 문제가 없으나, 강한 일간에게 壬水는 도움이 되지 않는다. 『연해자평』에서는 己巳 대운에 위험함을 경고했는데, 甲己 明合으로 도식하고 庚子年에 庚金 칠살이 투출되니 死하게 되는 명이라 하겠다.

『연해자평』에는 "甲戌 일생이 月에 丙火 식신을 보았음이니 정월에 태어나서 甲木이 왕하고 일간과 식신이 다 왕하니 본래 이것은 귀명이다. 時에 壬申이 合하지 못하고 壬水가 丙火를 상하게 하고, 申金이 寅木과 沖하고 또 申 중 庚金 칠살이 일주 甲을 剋 하므로 밝은 명조를 이룰 수 없다. 己巳 대운 庚子年에 庚金의 장생지가 되고 칠살이 되고, 子水를 보니 비명해 죽는다"[324]고 하였다.

---

324 徐大升, 『淵海子平』 「論倒食」: "此命甲戌日, 甲見丙食神, 生於正月, 甲木旺, 身與食神俱旺, 本是貴命, 不合時上壬申, 壬水傷其丙火, 申金沖其寅木, 又申中有庚七殺, 所以利名無成, 行己巳運金生之地, 見庚子年, 庚金爲七殺, 又見子水, 死於非命."

| 時柱 | 日柱 | 月柱 | 年柱 | 乾命 |
|---|---|---|---|---|
| 壬 | 甲 | 丙 | 丙 | |
| 申 | 戌 | 申 | 戌 | |
| 戊<br>壬<br>庚 | 辛<br>丁<br>戊 | 己戊<br>壬<br>庚 | 辛<br>丁<br>戊 | |

위 명조는 甲木 일간이, 時에 壬水가 월령을 득하고 時에 통근하여 편인 변격이다.

丙火는 月과 年에 양투되어 日과 年에 통근하였고, 일간은 통근한 것이 없다.

왕한 편인에 비해 식신이 약하고 일간 또한 약하기 때문에 효신이 되니 발복하지 못하게 된다.

『삼명통회』에는 위 명조를 "甲이 丙을 보니 식신이 되고, 壬을 보면 도식이 된다. 甲이 申月生으로 칠살에 제어를 당하고 있어 무기하다. 2개의 丙이 또 甲의 기운을 빼앗아 가는데 壬水가 丙을 제어하여 칠살이 발광하여 명리를 얻지 못하였다"[325]고 하였다.

---

325 萬民英, 『三命通會』 「論倒食」: "甲見丙食, 又見壬倒食, 甲生申月受殺制無氣, 二丙竊氣, 壬水制丙, 殺得施行, 故無名利."

| 時柱 | 日柱 | 月柱 | 年柱 | 乾命 |
|------|------|------|------|------|
| **丙** | **甲** | **壬** | **壬** | |
| **寅** | **戌** | **子** | **申** | |
| 戊<br>丙<br>甲 | 辛<br>丁<br>戊 | 壬<br><br>癸 | 戊<br>壬<br>庚 | |

위 명조는 甲木 일간이, 月과 年에 양투된 壬水가 월령을 얻어 自坐 하였고 局을 이루어 강한 편인 변격이다.

時에 丙火는 日과 時에 통근하였고, 일간은 時에 통근하였다.

앞 명조와 유사한 상황이 되었지만, 위 명조는 戌 중 丁火의 合, 丙火는 조후가 되어 목화통명이 되어 선하게 되었다. 따라서 조후 丙火를 用하여 偏印用食格으로 성격 되었다.

『삼명통회』에는 "인성이 모여 있고, 〈甲木이〉 귀록하였고, 水가 근원을 가지고 火神이 뛰어나니, 목화통명의 상이다"[326]고 하였다.

---

326  萬民英,『三命通會』「論倒食」: "會印歸祿, 水精火神之妙, 木火通明之象."

| 時柱 | 日柱 | 月柱 | 年柱 | 乾命 |
|---|---|---|---|---|
| 丙 | 甲 | 壬 | 己 | |
| 寅 | 子 | 申 | 未 | |
| 戊<br>丙<br>甲 | 癸 | 己戊<br>壬<br>庚 | 丁<br>乙<br>己 | |

위 명조는 甲木 일간이, 月에 壬水가 월령을 득하고 局을 이루어 편인 변격이다.

時에 丙火는 時와 年에 통근하였고, 年에 己土는 월령을 득하고 自坐 하였으며 時에 통근하였다.

일간은 時와 年에 통근하였다.

앞 명조와 같이, 위 명조도 칠살은 인성으로 化 하였고, 丙火가 칠살을 극제하고 있으며, 왕한 편인은 재성이 극제하고 있어 유정하게 되었다. 따라서 재성과 식신을 用하여 偏印用財格으로 성격 되었다.

『삼명통회』에는 "칠살이 인성으로 化 하고, 일간이 귀록하여 빼어나고, 목화통명이고, 水木이 맑고 뛰어나다. 위 두 명조는 크게 귀하게 되었는데, 그 앞 명조는 도식으로 꺼리지만, 〈아래〉 두 명조는 제어되고 合을 만나 도리어 귀하게 되었다. 바로 잡음이 있으면 무조건 도식으로 보아 흉하다고 하는 것은 옳지 않다"[327]고 하였다.

---

327 萬民英, 『三命通會』 「論倒食」: "以殺化印, 歸祿得秀, 木火通明, 水木淸奇, 二命俱大貴, 前忌倒食, 逢制合反貴, 切不可一見倒食, 便以凶論."

| 時柱 | 日柱 | 月柱 | 年柱 | 坤命 |
|:---:|:---:|:---:|:---:|:---:|
| 戊 | 庚 | 戊 | 壬 | |
| 寅 | 辰 | 申 | 子 | |
| 戊<br>丙<br>甲 | 乙<br>癸<br>戊 | 己戊<br>壬<br>庚 | 癸 | |

위 명조는 庚金 일간이, 戊土가 月과 時에 양투되어 월령을 득하고 日과 時에 통근하여 강한 편인 변격이다.

年에 壬水는 月에 장생하고 局을 이루고 있어 변격된 식신 겸격이다.

일간은 건록으로 월령을 득하였다.

月에 편인은 申金이 三合하여 식신으로 化 하였으나, 時에 편인은 식신과 대립되어 있다.

30대 甲辰 대운에 寅과 木局이 되면서 甲木이 투출되어 1개의 인성을 극제하면서, 남아 있는 인성과 강한 식신이 대립하게 되었고, 자식을 낳자마자 살고 있던 집의 전세금을 빼돌리고 주위 사람에게 빚을 지고 잠적한 명조이다. 남편 입장에는 아들을 얻고 부인은 보내게 되었다.

| 時柱 | 日柱 | 月柱 | 年柱 | 坤<br>命 |
|---|---|---|---|---|
| 己 | 辛 | 丁 | 甲 | |
| 丑 | 丑 | 丑 | 申 | |
| 癸<br>辛<br>己 | 癸<br>辛<br>己 | 癸<br>辛<br>己 | 戊<br>壬<br>庚 | |

위 명조는 辛金 일간이, 時에 己丑이 월령을 득하고 自坐하였으며, 다른 지지에도 통근하여 강한 편인격이다.

月에 丁火는 통근한 것이 없고, 年에 甲木 또한 통근한 것이 없다.

일간은 월령을 득하고 모든 지지에 통근하여 강하게 되었다.

인성도 강하고 일간도 강하니, 강한 재성 또는 비겁을 用해야 하나, 재성이 너무 약하고 관성을 생부 해주니 用하지 못한다. 관성으로 일간을 극제 해줌으로 일부 선하게 되었으나, 편인은 효신이 되어 무정하게 되었다.

여식은 3명을 얻었으나, 자식은 다 사망한 명조이다.

| 時柱 | 日柱 | 月柱 | 年柱 | 乾<br>命 |
|---|---|---|---|---|
| 癸 | 辛 | 甲 | 己 | |
| 巳 | 未 | 戌 | 未 | |
| 戊<br>庚<br>丙 | 丁<br>乙<br>己 | 辛<br>丁<br>戊 | 丁<br>乙<br>己 | |

위 명조는 辛金 일간이, 年에 己土가 월령을 득하고 自坐 하였으며, 나머지

지지에도 통근하여 강한 편인 변격이다.

月에 甲木은 日과 年에 통근하였고, 時에 癸水는 통근한 것이 없으며, 일간은 가을에 녹왕하고 時에 통근하였다.

일간이 왕하고 강한 편인이 효신이 되나, 재성이 合去 하여 식신이 온전하게 되니 명조가 선하게 되었다. 따라서 재성을 用하여 偏印用財格으로 성격 되었다.

『자평진전』에는 "재성으로 合하고 식상을 보존하는 것과 같은 경우에 또한 유추할 수 있다. 이것은 재성을 合하고 식상을 보존함에 의한 귀함이다"[328]고 하였다.

| 時柱 | 日柱 | 月柱 | 年柱 | 乾命 |
|---|---|---|---|---|
| 戊 | 庚 | 辛 | 丁 | |
| 寅 | 申 | 亥 | 巳 | |
| 戊<br>丙<br>甲 | 戊<br>壬<br>庚 | 戊<br>甲<br>壬 | 戊<br>庚<br>丙 | |

위 명조는 庚金 일간이, 時에 戊土가 월령을 득하고 모든 지지에 통근하여 강한 편인 변격이다.

年에 丁火는 自坐하였고 時에 통근하였다.

일간은 自坐하였고 年에 통근하였으며, 月에 겁재를 투출시켰다.

동절에 金은 火氣로 조후하고 土로 따뜻하게 해주는 것을 바란다. 위 명조는 왕한 편인이 겁재에 설기되고, 丁火가 조후되니 유정하게 되었다. 따라서 겁

---

328  沈孝瞻, 『子平眞詮』 「論印綬」: "若合財存食, 又可類推矣, …, 此合財存食之貴也."

재와 火氣를 用하여 偏印用官格으로 성격 되었다. 그러나 강왕한 명조에서 時에 편인은 노후(60대 이후)가 위태로울 수 있다.

己酉 대운 丁丑年(1937) 21세에 대구사범학교를 졸업하고 문경에서 3년간 교사로 근무하였다. 20대 戊申 대운 庚辰年(1940) 24세에 신경군관학교에 입학하였고, 壬午年(1942) 26세에 일본육군사관학교 3학년에 편입하여 2년 후 졸업하였다. 일본 패망 후 丙戌年(1946) 30세에 조선경비사관학교(육군사관학교)에 입학한 3개월 후 소위로 임관하였다. 40대 丙午 대운 辛丑年(1961) 45세까지 군인으로 있었고, 壬寅年(1962) 46세에 대통령권한대행을 역임했으며, 癸卯年(1963) 47세에 육군 대장으로 예편하였다. 60대 甲辰 대운 己未年(1979) 63세까지 대통령을 역임하였고, 甲戌月(10) 丙寅日(26) 저격당하였다.

| 時柱 | 日柱 | 月柱 | 年柱 | 乾命 |
|---|---|---|---|---|
| 丙 | 乙 | 癸 | 壬 | |
| 戌 | 亥 | 丑 | 辰 | |
| 辛<br>丁<br>戊 | 甲<br>壬 | 癸<br>辛<br>己 | 乙<br>癸<br>戊 | |

위 명조는 乙木 일간이, 月에 癸水가 월령을 득하고 日과 年에 통근하여 水氣가 빈번하고 年에 겁재를 투출시켜 편인 변격이다.

時에 丙火는 時에 통근하였고, 일간은 日과 年에 녹근하였다.

계동(季冬)에 핀 꽃[관동화]이 눈과 우박이 내려 위험하게 되었으나, 재성이 극제 해주고 있으며 조후인 태양이 비춰 주고 있어 시련을 면하고 있다. 따라서 조후와 재성을 用하여 偏印用傷格으로 성격 되었다. 그러나 하는 일에 항상 걸림돌이 생기는 명조로 볼 수 있다.

20대 丙辰 대운 庚申年(1980) 28세에 사법시험에 합격하였고, 壬戌年(1982)에 사법연수원 수료 후 노무현 대통령과 함께 변호사 생활을 하였다. 인권변호사로 계속 활약하였고, 40대 戊午 대운 壬午年(2002) 50세에 제16대 대통령 선거 노무현 후보의 선거대책본부장을 맡으면서 정계에 입문하게 된다. 癸未年(2003) 51세에 민정수석비서관, 甲申年(2004)에는 시민사회수석비서관, 己未 대운 乙酉年(2005)에는 민정수석비서관, 丙戌年(2006)에는 정무특별보좌관, 丁亥年(2007)에는 대통령비서실장을 역임하였다. 이후 민주당의 국회의원과 요직을 거치고, 庚申 대운 乙未年(2015) 63세에 더불어민주당 당 대표를 역임하였고, 丁酉年(2017) 65세에 제19대 대통령이 되었다.

| 時柱 | 日柱 | 月柱 | 年柱 | 乾命 |
|------|------|------|------|------|
| 丙 | 壬 | 甲 | 庚 | |
| 午 | 午 | 申 | 戌 | |
| 己丁 | 己丁 | 己戊壬庚 | 辛丁戊 | |

위 명조는 壬水 일간이, 年에 庚金이 월령을 득하고 年에 통근하여 강한 편인격이다.

月에 甲木은 통근한 것이 없고, 時에 丙火는 지지에 局을 이루고 있어 재성이 왕하게 되었다.

일간은 녹왕하다.

편인이 강하고 일간이 왕하니 식신으로 설기되어 선하게 되었고, 강한 편인은 재성이 財剋印하니 효신이 되지 않는다.

따라서 재성을 用하여 偏印用財格으로 성격 되었다. 일간이 왕하고 재성 또한 왕하며, 식신과 인성을 적절히 활용할 수 있어 노력의 산물로 수천 억대 부자가 되었다.

| 時柱 | 日柱 | 月柱 | 年柱 | 乾命 |
|---|---|---|---|---|
| **庚** | **壬** | **庚** | **乙** | |
| **戌** | **申** | **辰** | **酉** | |
| 辛<br>丁<br>戊 | 戊<br>壬<br>庚 | 乙<br>癸<br>戊 | 辛 | |

위 명조는 壬水 일간이, 年에 乙木은 월령을 득하였지만 合去 하였다.
月과 時에 양투된 庚金이 局을 이루어 강한 편인격이다.
일간은 月에 녹왕하고 日에 녹근하였다.
강한 편인 중 月은 상관이 合去하여 선하게 되었고, 時는 상대적으로 약한 일간으로 설기되니 선하게 되었다. 상관을 用하여 偏印用傷格으로 성격 되었으며, 교육감으로 재직하였다.

| 時柱 | 日柱 | 月柱 | 年柱 | 乾命 |
|---|---|---|---|---|
| **壬** | **壬** | **己** | **壬** | |
| **寅** | **申** | **酉** | **寅** | |
| 戊<br>丙<br>甲 | 戊<br>壬<br>庚 | 庚<br>辛 | 戊<br>丙<br>甲 | |

위 명조는 壬水 일간이, 월령을 얻어 투출된 천간은 없고 지지에 金局을 이

루고 있어 편인격이다.

月에 己土는 年과 日과 時에 통근하였고, 일간은 日에 장생하고 時와 年에 비견을 양투시켰다.

官印이 비견으로 설기되니, 偏印用劫格으로 성격 되었다.

중국 청나라 선종(宣宗, 1782~1850)의 명조로, 서락오는 다음과 같이 설명하고 있다. "辛金이 사령하였고, 정관은 청하고 인성은 바르다. 신왕한 사주가 재성은 없고, 인성이 용신이 되니 관성은 용신하지 않는다. 8세 대운인데, 癸 대운 辛巳年(1820) 39세에 즉위하였고, 癸丑 대운에 인성이 왕해지니 평온하게 되었으나, 甲 대운 이후에는 金과 木의 싸움으로 내란이 거듭 일어나 나라의 근본이 흔들렸고, 卯 대운에는 酉로 인해 깨어지니 재위 29년(1850) 68세에 수명을 다하였다."[329]

| 時柱 | 日柱 | 月柱 | 年柱 | 乾命 |
|---|---|---|---|---|
| 乙 | 戊 | 丁 | 丙 | |
| 卯 | 子 | 酉 | 午 | |
| 乙 | 癸 | 庚<br>辛 | 己<br>丁 | |

위 명조는 戊土 일간이, 월령을 얻어 투출된 천간은 없고, 지지에 子午卯酉 사정(四正)이 되었다. 사정이 뚜렷한 명조는 일간이 강함을 요한다.

年에 丙火는 自坐하였고, 月에 비겁을 투출하여 왕하다.

---

329  徐樂吾, 『古今名人命鑑』「卷一」: "辛金秉令, 官淸印正, 身旺四柱無才, 用印而不用官, 八歲起運, 癸運辛巳年登基, …, 正印當旺故也, 癸丑運, 尙平穩, 甲運之後, 金木尅戰, 內亂疊起, 國本動搖, …, 卯運破酉而終, 在位二十九年, 壽六十八." 참조.

時에 乙木도 自坐하였다.

일간은 年에 통근하였다. 일간이 酉月에 生 하여 상대적으로 쇠약하나, 관성과 인성이 생부 해주니 왕하게 되었다. 따라서 관성을 用하여 偏印用官格으로 성격 하였다.

중국 명대 재상이었던 마문승(馬文升, 1426~1510)의 명조이다. 대종, 영종, 헌종, 효종, 무종 등 오조를 섬겨 '오조원로마문승'이란 호칭을 얻었다. 서락오는 "子午卯酉 사정이 갖추어져 있다. 乙木 관성과 丙午와 丁이 戊土를 생조 하고, 酉·子 金水가 상생하고 乙卯 관성과 서로 沖하지 않고 상생하는 까닭으로 복이 있고 수명 또한 길었으며(85세 사망), 상서(尚書)[중앙 정부의 우두머리]의 자리에 올라 명성을 얻게 되었다."[330]라고 하였다.

| 時柱 | 日柱 | 月柱 | 年柱 | 乾命 |
|------|------|------|------|------|
| 丙 | 戊 | 甲 | 己 | |
| 辰 | 寅 | 戌 | 亥 | |
| 乙<br>癸<br>戊 | 戊<br>丙<br>甲 | 辛<br>丁<br>戊 | 甲<br>壬 | |

위 명조는 戊土 일간이, 年에 己土가 월령을 얻고 日과 時에 통근하여 월겁 변격이다.

時에 丙火가 월령을 득하고 日과 합하여 통근 변격된 편인 겸격이다.

月에 甲木은 日과 年과 時에 통근하였고, 일간은 녹왕하고 日에 장생하고 時에 통근하여 왕하게 되었다.

---

330 徐樂吾, 『古今名人命鑑』 「卷二」: "子午卯酉四正全備, 丙午丁生助戊土日元, 酉子金水相生, 反助乙木官星, 乙卯爲官星專爲, 不沖尅而相生, 所以福駢臻, 位至尚書, 爲一代名鄕也." 참조.

왕한 칠살은 겁재와 인성에 설기되어 유정하게 되었다. 따라서 偏印用劫格으로 성격 되었다.

중국 청나라 때 이부좌시랑(吏部左侍郎)까지 역임하였던 사용(謝墉, 1719~1795)의 명조이다. 서락오는 戊土가 겁재와 인성이 나란히 투출되었고, 寅戌이 회합하여 生을 하여 세력을 얻었다. 甲木 칠살이 亥에 장생하고 寅에 녹하고 辰이 木의 여기를 가지고 있고, 木이 火를 길러 설기하나, 사주에 金이 없어 제어하지 못하니 편관이 태왕하다. 다행히 己와 合煞하여 일간을 剋 하지 않는다. 운이 土와 金으로 가 마땅히 제어되고 化 하니, 문장이 뛰어나 이름을 높였다고 하였다.[331]

| 時柱 | 日柱 | 月柱 | 年柱 | 乾命 |
|---|---|---|---|---|
| 壬 | 癸 | 丙 | 庚 | |
| 戌 | 酉 | 戌 | 申 | |
| 辛<br>丁<br>戊 | <br><br>辛 | 辛<br>丁<br>戊 | 戊<br>壬<br>庚 | |

위 명조는 癸水 일간이, 年에 庚金이 월령을 득하고 自坐하였으며, 지지 전체 局을 이루고 있어 강한 정인 변격이다.

月에 丙火는 월령을 득하고 時에 통근한 변격된 정재 겸격이다.

일간은 年에 통근하였고 時에 겁재를 투출시켰다.

정인이 강하여 효신의 위기에 처했으나, 재성으로 財剋印하고 비겁으로 설기

---

331　徐樂吾, 『古今名人命鑑』 「卷二」: "戊土乘權, 劫印並透, 寅戌會局而生之, …, 但甲木煞逢進氣, 亥生寅祿, 又辰爲木之餘氣, 洩火養木, 四柱無金以制之, 偏官太旺, 幸得甲己合煞, 主不受剋, 運走土金, 制化各宜, 九掌文衡, 名高望重." 참조.

시키니 유정하게 되었다. 따라서 재성을 用하여 偏印用財格으로 성격 되었다.

月에 재성이 용신이니 부모의 공덕이 크고, 재성을 활용하니 본인도 재물을 크게 모으고, 법인을 운영하고 있는 명조이다.

| 時柱 | 日柱 | 月柱 | 年柱 | 坤命 |
|------|------|------|------|------|
| 辛 | 癸 | 癸 | 甲 | |
| 酉 | 酉 | 酉 | 寅 | |
| | | 庚 | 戊 丙 甲 | |
| 辛 | 辛 | 辛 | | |

위 명조는 癸水 일간이, 時에 辛金이 월령을 득하고 지지에 局을 이루고 있어 강한 편인격이다.

年에 甲木은 自坐하였고, 일간은 月에 비견을 투출시켰다.

편인이 비견과 식신에 설기되니, 비견과 식신을 用하여 偏印用食格으로 성격 되었다.

20대 후반 庚午 대운에 金이 더 왕성해졌으나, 乙酉年(2005)에 合煞 하였고, 寅木와 午火가 局을 이루어 食神制煞하여 사법시험에 합격한 명조이다.

| 時柱 | 日柱 | 月柱 | 年柱 | 乾命 |
|---|---|---|---|---|
| 己 | 辛 | 戊 | 戊 | |
| 丑 | 丑 | 午 | 午 | |
| 癸<br>辛<br>己 | 癸<br>辛<br>己 | 丙<br>己<br>丁 | 己<br>丁 | |

위 명조는 辛金 일간이, 月과 年과 時에 삼투된 戊己土가 월령을 득하고 모든 지지에 통근하여 강한 편인 변격이다.

일간은 日과 時에 통근하였으나, 비겁이 투출되어 있지 않다.

지지에 강한 火氣는 인성으로 설기 되었고, 조열함은 습토로 인해 면하게 되었다. 아랫사람의 도움이 있을 명조이다.

초년 己未 대운에는 午未 火局을 이루어 불우한 시절을 보내게 되었고, 庚申 대운부터 金水 운으로 흘러 강한 인성이 설기 되고 水氣를 얻어 어려운 시절에 편안하게 살았다고 할 수 있다. 제3대, 제6대 국회의원을 역임하였고, 55세 甲子 대운 들어오는 壬子年(1972)에 용신인 己土를 合去하고 월령을 沖 하였으며, 子丑合으로 뇌출혈로 사망하였다.

| 時柱 | 日柱 | 月柱 | 年柱 | 乾命 |
|:---:|:---:|:---:|:---:|:---:|
| 甲 | 己 | 壬 | 庚 | |
| 戌 | 卯 | 午 | 寅 | |
| 辛<br>丁<br>戊 | 乙 | 丙<br>己<br>丁 | 戊<br>丙<br>甲 | |

위 명조는 己土 일간이, 지지가 火局을 이루어 강한 인성격이 되었다.

月에 壬水는 통근한 것이 없고, 年에 庚金은 時에 통근하였다.

時에 甲木은 年과 日에 통근하였고, 일간은 녹왕하고 年과 時에 통근하였다.

정관이 일인(日刃)이 되고, 局을 이뤄 강한 인성을 더욱 생부 해주니 근기가 없는 재성으로는 財剋印이 버거운 상황이 되어 파격이다.

약한 재성을 상관이 생부해 주어야 하나, 근기가 없고 절지에 좌하고 있고 인성의 과다로 재성을 生財해 주지 못하고 있다.

丙戌 대운에 火氣가 더욱 강해지고, 상관과 재성이 순차적으로 숨을 쉴 수가 없으므로 더욱 약하게 되었다. 일인이 年과 時와 재차 合하고 있는데, 合과 沖 등이 오게 되면 본인 또는 다른 사람의 신변을 건드리게 되어 탁하게 된다. 재정적인 문제로 말다툼 끝에 결국 살인을 저지르게 되고 20년 넘게 복역하게 된 명조이다.

| 時柱 | 日柱 | 月柱 | 年柱 | 坤命 |
|:---:|:---:|:---:|:---:|:---:|
| 戊 | 丙 | 甲 | 戊 | |
| 戌 | 子 | 寅 | 寅 | |
| 辛<br>丁<br>戊 | 癸 | 戊<br>丙<br>甲 | 戊<br>丙<br>甲 | |

위 명조는 丙火 일간이, 月에 甲木이 월령을 얻어 自坐하였고, 年에도 통근하여 강한 편인격이다.

年과 時에 양투된 戊土는 월령을 득하고 年과 時에 통근하여 왕한 식신 겸격이다.

일간은 녹왕하고 年과 時에 통근하여 왕하게 되었으며, 비인(飛刃)이다.

편인이 강하고 일간이 왕하니 설기가 필요하다. 따라서 식신을 用하여 성격되어야 하나, 편인이 효신이 되어 도식되니 파격이 되었다. 인강일왕한 명조가 식신이 도식되면 대체로 4차원 인식을 하고 있을 때가 많으며, 심할 때는 정신이상자가 되기도 한다. 때로 자해 또는 자살을 시도하게 된다.

己酉 대운 丁卯年(1987) 50세에 酉가 모든 지지에 흉함을 주고, 卯로 인해 효신이 더욱 강해지니 도식되었으며, 火局의 인합(引合)과 도충(導沖)으로 인한 午火가 비인 子水와 문제가 생기니, 음독[식신과 子水]하여 사망한 명조이다.

| 時柱 | 日柱 | 月柱 | 年柱 | 乾命 |
|:---:|:---:|:---:|:---:|:---:|
| **甲** | **庚** | **庚** | **戊** | |
| **申** | **寅** | **申** | **寅** | |
| 戊<br>壬<br>庚 | 戊<br>丙<br>甲 | 己戊<br>壬<br>庚 | 戊<br>丙<br>甲 | |

위 명조는 庚金 일간이, 맹추(孟秋)에 녹왕하고 時에 통근하였으며, 月에 비견을 투출하여 녹겁격이다.

年에 戊土가 월령을 득하고 모든 지지에 통근하여 왕한 편인 겸격이다.

時에 甲木은 日과 年에 통근하여 근기를 가지고 있다.

인성과 일간이 강왕하니 효신이 되나, 재성이 인성을 財剋印하고 강왕한 일간이 설기되니, 재성을 用하여 偏印用財格으로 성격 되었다.

서울대 토목공학과를 졸업하고, 서울시청 7급 토목직 공무원으로 근무하였다. 노태우 정권 때 부산직할시장과 해운항만청장을 역임하였다. 50대 丙寅 대운 戊寅年(1998) 61세에 제31대 부산광역시장이 되었고, 60대 丁卯 대운 壬午年(2002) 65세에 제32대 부산광역시장을 연임하게 되었다. 그러나 癸未年(2003) 66세에 뇌물수수혐의로 구속되었고, 甲申年(2004) 乙丑月 67세에 부산구치소에서 자살하게 된다. 卯는 재성을 왕하게 만들고, 丁 관성이 오니 재성으로 인한 관재구설이 오게 된다. 그동안 寅申은 甲己合으로 沖 하지 않았으나, 대운 卯와 세운 未로 인해 寅卯合과 申未 우합(隅合)하니 甲己合이 풀려 寅申 沖이 일어나 用神이 무너지게 되었으며, 未와 寅이 귀문관살이 되어 심경에 괴로움이 생기게 된다. 卯로 인해 풀려있던 寅申이 결국 甲申年에 재차 沖 하게 된 것이다.

| 時柱 | 日柱 | 月柱 | 年柱 | 乾 |
|:---:|:---:|:---:|:---:|:---:|
| 乙 | 癸 | 辛 | 癸 | 命 |
| 卯 | 丑 | 酉 | 丑 | |
| 乙 | 癸<br>辛<br>己 | 庚<br>辛 | 癸<br>辛<br>己 | |

위 명조는 癸水 일간이, 月에 辛金이 월령을 득하고 局을 이루고 있어 강한 편인격이다.

時에 乙木은 自坐하였고, 일간은 백호로 年에 비견을 투출시켰다.

효신이 金旺으로 강왕하고 水氣가 약하게 되면 금다수탁(金多水濁)하므로 혈액이나 소뇌(小腦) 쪽에 문제가 생긴다. 편인은 비견으로 설기시키니 처음에는 안정되었으나, 초년 庚申 대운에 더욱 金氣가 강해져 식신이 도식되니 지적 장애인이 되었다.

## 4) 편인격의 성격

〈표 13〉 편인격의 성격 방법

| 격국 | 용신 | 간략 설명 |
|---|---|---|
| 편<br>인<br>격 | 편인용살격<br>(偏印用煞格) | · 일간과 편인이 서로 약할 때, 살을 用하여 편인을 생부 하여 일간도 같이 생부 되는 것을 말한다. 단 식신과는 구별되어 있어야 한다. |
| | 편인용재격<br>(偏印用財格) | · 편인이 강하여 식상이 극제 될 위기에 봉착했다면 梟神이 되니, 재성으로 극제 하여 편인으로 만들어야 한다. |
| | 편인용식격<br>(偏印用食格) | · 일간이 강한데 편인격이 될 때, 식신을 用하여 洩氣됨을 원한다. 단, 식신과 구별되어 있어야 한다.<br>· 편인격이 식신과 같이 있으면 효신이 되니[偏印倒食], 식신을 用하여 상대적으로 강하게 되는 것을 말한다. 단 편인의 근기가 강하게 되면 흉격으로 돌아간다. |
| | 편인용록격<br>(偏印用祿格) | · 편인이 너무 강하고 일간이 약할 때, 祿劫을 用하여 설기를 시켜 편인의 힘을 분산시킬 수 있다. |
| | 파격 | · 편인이 약한데 재성을 만나면 파격이 된다.<br>· 일간도 강하고 편인도 강한데, 칠살이 투출되면 편인이 효신이 되어 파격이 된다.<br>· 일간과 편인이 약한데, 식상이 강하면 편인의 설기가 심해 파격이 된다. |

# VII 녹겁격(祿劫格)과 양인격(羊刃格)

건록격과 겁재격, 그리고 양인격은 사주 내에서, 일간이 강한 세력을 가짐으로 인해 이루어진 격으로, 사주의 모든 부분을 일간이 주재하게 된다.

건록격과 겁재격은 녹겁격이라 칭하고, 녹겁격은 일간이 강한 상황이 되기 때문에, 설기 해주는 식상, 재성, 관성을 용신으로 사용하면 그 성향이 용신을 활용한 녹겁격의 성향으로 각각 나타나게 된다. 양인격은 일간이 강한 기운이 넘쳐 있기에 칠살로서 용신으로 사용하여야 하고, 그 성향이 편관을 활용한 양인격의 성향으로 나타나게 된다. 그러나 녹겁격과 양인격이라 하더라도 지나친 설기가 되어 쇠약할 때는 이 용신들을 두려워하게 된다.

현대 사회에서 녹겁격과 양인격은 각각 길신과 흉신이므로 서로 구별해야 한다. 녹겁격은 식재관을, 양인격은 칠살을 같이 활용하게 되면 그 성향이 더욱 다양하게 나타나게 된다. 녹겁격은 대인관계가 원만하고, 리더십이 있고 또는 자립심이 강하고, 새로운 일에 대한 의욕이 강하다.

녹겁격은 식상을 활용하려면 인성과 구별되어 있어야 하고, 재성을 활용하려면 비겁과 구별되어 있어야 하며, 관성을 활용하려면 상관과 구별되어 있어야 한다. 양인격은 반드시 칠살로서 合煞 되어야 하고, 상관과 구별되어 있어야 그 격이 유정하게 된다. 그렇지 않으면 성급함, 과단성, 총칼, 폭력성 등의 성향이 나타나게 된다.

『명리약언』에 "천간은 각각 비겁이 있고, 지지는 오직 戊己가 辰戌丑未를 만나야만 비겁이 되며, 甲乙이 寅卯를 만나고 丙丁이 巳午를 만나고 庚辛이 申酉를 만나고 壬癸가 亥子를 만나는 것 등은 다 녹인(祿刃)인데, 무릇 본 기가 순수하면 녹이 되고, 본 기가 강하고 사나우면 양인이 되는 것이다"[332]고

---

332 陳素庵, 『命理約言』 「看比劫祿刃法」: "天干各有比劫, 地支惟戊己遇辰戌丑未爲比劫, 甲乙遇寅卯, 丙丁遇巳午, 庚辛遇申酉, 壬癸遇亥子, 皆祿刃也, 蓋本氣純粹爲祿, 本氣剛暴爲刃."

하여 비겁과 녹인에 대해 기술하고 있다.

총괄하여 말하면, 비겁과 녹인은 그 성정은 다르나 부류는 같아서 모두 身을 돕는 神인데, 다만 비견은 순수하고 겁재는 뒤섞여서 순수하지 않으며, 건록은 온화하고, 양인은 사나울 뿐이다. 비견과 겁재는 일주가 쇠하고 살이 왕할 때 그것을 쓰고 身이 약하고 재성이 많을 때 그것을 쓰며, 양인은 그것을 취하여 일간을 돕고 살과 슴하는 데에 더욱 묘하니, 그것을 양인과 칠살이 모두 강하고 사나운 물건이므로 서로 슴하면 용맹한 장수나 사나운 병졸이 알맞게 일 처리가 되어 나를 위하여 위엄과 무력을 떨치는 것과 같은데, 명에서 그것을 만나면 귀하고 권세가 있으며, 녹은 일주를 도울 수 있고 또 여러 귀한 神을 도울 수 있다. 구서에 건록은 조상을 떠나고 전록은 처를 상하게 한다 했는데, 간혹 또한 증명됨도 있으나, 인과 재가 때를 만나고 세력을 얻으면 이 한 가지 단서가 곧바로 해가 되지는 않는다[333]고 하여, 비겁과 녹인에 대해 그 성향을 설명하고 있다.

이어 「녹인부」에는 "음양 모든 천간에서 건록과 양인을 서로 넘나들며 예로 드는데, 건록은 본 기이므로 명조에 들어가서 희신이 되지만, 양인은 뜻을 달리하여 재성을 위협하므로 살의 세력을 확장하여 마침내 이것은 좋아하고 저것은 꺼리게 되는 차이를 두며, 양인을 辰戌丑未와 겸하여 자세히 보라고 하는데, 이것은 음간은 뒤로 가고 양간은 앞으로 가는 뜻에 어둡기 때문이다"[334]고 하였다.

『자평수언』에는, "녹과 인은 동일하게 하나의 격이다. 월령인 건록이나 양인을 용신으로 하는 것은 일간이 때를 얻어 왕성한 것으로 그 용신은 반드시

---

333 陳素庵, 『命理約言』 「看比劫祿刃法」: "總之, 比劫祿刃, 異情而同類, 皆助身之神, 特比純而劫駁, 祿和而刃暴耳, 比與劫, 主衰煞旺則用之, 身弱財多則用之, 刃則取以助幹, 尤妙於合煞, 蓋刃煞皆剛暴之物, 相合則如猛將悍, 處置得宜, 為我宣威奮武, 人命值之, 貴而有權, 祿則能扶日主, 亦能助貴神, 舊謂建祿離租, 專祿傷妻, 間亦有驗, 然印財得時得勢, 此一端未便為害也."

334 陳素庵, 『命理約言』 「祿刃賦」: "陰陽諸干, 祿刃互例, 祿是本氣, 入命以爲喜神, 刃則異情, 劫財故張殺勢, 祿泥月日時支取格, 遂有此喜彼忌之殊, 刃兼戌辰丑未推詳, 蓋昧陰後陽前之義."

관살이나 식상에 있다. 관살을 당연히 재로 生 하고 식상도 당연히 재를 生 하는 것은 일정한 이치이다. 살과 인이 함께 있어 세력이 균등하다면 인성을 용신으로 풀어야 하기 때문에 녹인격은 간단한 것이다."[335]

또, 녹인으로 용신을 삼는 경우는 반드시 재가 왕성하기 때문이니, 녹인은 곧 비겁이다. 재성이 너무 왕성하면 인성은 힘을 쓸 수 없으니, 비겁을 용신으로 하지 않아서는 안 된다. 그렇지 않다면 이렇게 겁재를 쓰는 법이 없다[336]고 하여, 비겁으로 용신을 하는 경우는 대다수 재가 왕성하기 때문이고, 인성을 용신으로 하면 財剋印되어 용신으로 활용하지 못함을 부연하고 있다.

양인격을 따로 구분하고, 건록격과 월겁격은 통상적으로 녹겁격이라고 한다. 녹겁격은 통상적으로 칠살보다 정관을 용신으로 하되 신약할 때는 칠살은 合煞 또는 合去 해야 하고, 양인격은 칠살을 용신으로 사용하되 칠살을 상관으로부터 재성 또는 인성으로 보호해야 한다.

---

335  徐樂吾,『子平粹言』「論體性」: "祿與刃同爲一格, 用令建祿或陽刃, 日干得時乘旺, 其用必在官煞或食傷, 官煞宜才生, 食傷亦宜生財, 一定之理, 如煞刃相停, 勢均力敵, 則用印以解之, 故祿刃格最簡單也."

336  徐樂吾,『子平粹言』「論體性」: "復次以祿刃爲用者, 必因財旺, 祿刃卽比劫也, 財星太旺, 印無會爲力, 非用比劫不可, 否則, 無用此劫之法也."

## 1. 녹겁격(祿劫格)

### 1) 녹겁의 기본 의미

월겁격[비견 · 겁재]은 먼저 패재와 겁재에 대해 명확히 하고 가야 할 필요가 있다. 일간이 비겁의 도움을 요하지 않을 때 패재는 재물과 처첩까지 빼앗는 것을 말하고, 겁재는 재물을 빼앗는 것을 말한다. 다시 말해, 양간이 음간을 보는 것을 패재라 하고, 음간이 양간을 보는 것을 겁재라 한다.

『연해자평』에는 "일간 乙木이 甲木을 보면 겁재가 된다. 乙木은 庚金으로서 남편을 삼는데 丙火를 보면 庚金을 剋 하는 고로 남편을 剋 한다. 남자의 명은 처를 剋 한다. 다섯 양간이 다섯 음을 보면 패재가 되어 처를 剋 하여 자식을 해롭게 한다. 다섯 음간이 다섯 양을 보면 겁재가 되므로 재산을 파하여 소모하게 되니, 소인(小人)을 막아야 하는데 처를 剋 하지는 않는다. 〈예를 들어〉 乙木은 戊己로써 재를 삼는데, 甲木은 己土를 합하여 쟁탈하고 戊土는 무너뜨린다. 丁火는 庚辛金으로써 재를 삼는데 丙火가 능히 辛을 합하여 쟁탈하고 庚金을 하는 류의 이치가 이와 같다. 형이 아우를 보면 능히 형의 재물을 패(敗)하여 취하고 형의 처를 빼앗으나, 아우가 형을 보면 형은 능히 아우의 재물을 겁탈은 하나 감히 아우의 처를 취하지 않는다. 재물이라는 것은 사람이 가지고자 하는 바인데 바야흐로 지금 형제가 재물을 보니 쟁탈함이 많다. 백이와 숙제 같은 사람이 몇 사람인가? 남자의 명이 겁재를 보면 처를 剋 하고 여자의 명이 상관을 보면 남편을 剋 한다. 이것은 지극한 논리이다"[337]고 하여, 군겁쟁재[군비쟁재]에 대해 설명하고 있고, 겁재보다 패재가 더 흉함을 말하고 있다.

---

337  徐大升,『淵海子平』「論劫財」: "如乙見甲爲劫財, 乙以庚爲夫, 見丙剋庚, 故剋夫, 男命則剋妻, 五陽見五陰爲敗財, 主剋妻害子, 五陰見五陽爲劫財, 主破耗, 防小人, 不剋妻, 乙以戊己爲財, 甲見奪己壞戊, 丁以庚辛爲財, 丙能奪辛破庚, 類如此也, 兄見弟, 弟能敗兄之財, 奪兄之妻, 弟見兄, 兄能劫弟之財, 而不敢取弟之妻, 財者, 人之所欲, 方令弟兄見之, 多有爭競, 如夷, 齊能幾人, 男命見劫財多剋妻, 女命見傷官多剋夫, 此極論也."

『삼명통회』에는 건록에 대해 기술되어 있다. "건록은 甲일이 寅月, 乙일이 卯月, 오행의 임관(臨官)의 위치가 된다. 甲은 金이 관인데 金은 寅에서 절하고, 土는 재인데 土는 寅이 病이 되니, 즉 身이 과하게 왕하면 재관을 얻어 갖추기가 어렵다. 만약 다른 곳에 재관을 취할 곳이 없거나, 있어도 다시 겁재를 만나 빼앗기게 되면 재마(財馬)는 이미 관을 돕지 못하게 되니 복록도 길러지지 못하게 되어 일주는 빈천하다"[338]고 하여, 건록은 일간이 강함으로 인해 왕한 재와 관을 用해야 하고, 만약 재가 약할 때 다시 겁재를 보면 빈한하다고 설명하고 있다.

부에 이르기를, 뿌리가 있으면 먼저 싹이 있고, 열매는 꽃이 있고 난 후에 이루어진다고 하였다. 앞에 설명한 뿌리가 있은 연후에 싹이 나서 자라게 되고, 꽃이 핀 후에 결과가 있다는 것인데 만약 사주에 재관이 없으면 비록 운에서 재관을 만난다고 하더라도 발복이 크지 않다.[339]

예를 들면, 甲일 寅月에 주 중에 乙 卯 未가 많으면 조상의 재물이 없고, 처를 剋 하여 일생 고독 빈한하고, 하는 일마다 헛되게 되고, 신체는 큰 사람이다.[340]

乙일 卯月 生이 주에 庚 辛 巳 酉 丑 申 및 戊 己 巳 午 辰 戌 등이 있어 재관이 완성되면 귀하게 되고, 壬 癸 申 子 辰 亥水 인성이 局을 이루면 또한 아름다운데, 다시 운에서 만나게 되면 더욱 뛰어나고, 만약 주에 재관인식을 보지 못하면 甲일과 같이 추리한다.[341]

---

338 萬民英, 『三命通會』 「論建祿」: "建祿者, 乃甲日寅月, 乙日卯月, 五行臨官之位也, 甲用金爲官, 金絶在寅, 用土爲財, 土病於寅, 以身旺太過, 財官俱不得, 若別無財官可取, 再遇劫奪, 馬旣不扶, 祿又不養, 必主貧賤."

339 萬民英, 『三命通會』 「論建祿」: "賦云, 根在苗先, 實在花後, 言先有根然後長苗, 有花然後結果, 若當生歲元無財官, 雖遇財官吉運, 發福不大."

340 萬民英, 『三命通會』 「論建祿」: "假如甲日寅月, 柱中乙卯未字多, 主無祖財剋妻, 一世孤貧, 作事虛詐, 爲人大模樣."

341 萬民英, 『三命通會』 「論建祿」: "乙日生卯月, 柱有庚辛巳酉丑申及戊己巳午辰戌等字, 財官多則貴, 壬癸申子辰亥水印成局亦佳, 更運逢之尤妙, 若柱不見財官印食同前斷."

丙일 巳月 生에 時 간지에 水金이 局을 이루고 운에서 재관의 왕지가 들어오면 부귀하게 된다.[342]

丁일 午月 生은 金이 패가 되고 水는 절이 되니 재관이 모두 등진 것이 되는데, 순행 운은 처를 剋 했고, 역행 운도 3명의 처를 剋 하였다. 만약 주에 巳酉丑庚辛壬癸亥申子辰이 있고, 운이 재관의 왕지에 임하게 되면 효과가 나타나고, 살인을 사용하여도 왕성하면 귀하게 되고, 만약 건록이 머물러 있다면 앞에 논한 것과 같다.[343]

戊일 巳月 生에 年月時에 水가 없으면 처를 剋 하고, 조부에 업이 없고, 자식은 많지만 불량하고, 주중에 관이 많으면 또한 길하다. 가령 편관의 주체는 존귀한 것인데 月에 만약 火 인수가 많으면 비록 재관이 없어도 길하게 된다. 만약 주에 壬癸亥申子辰 水局이 나타나면 늦게 1~2명의 자식을 보고, 甲寅乙卯亥未 木局이 있고, 운이 재관 왕지를 만나면 또한 효과가 나타난다.[344]

己일 午月 生은 壬水 재가 휴수가 되어 조업이 없고, 처를 剋 하고, 자식도 많지 않다. 時에 寅甲 정관이 있으면 午月은 甲이 死하게 되어 벼슬이 반드시 낮고, 亥卯未 乙을 보면 좋다. 신왕한데 관살을 보면 뛰어나고, 편재도 또한 아름답다.[345]

庚일 申月 상순 生은 아직 木의 여기가 있어 조부의 재물이 약탈당하지 않는다. 비록 절기에 水가 절한 곳이 되지만 오히려 3~4분의 재고(財庫)가 남아 복이 있는데, 운이 丙戌에 이르게 되면 재물이 없어지게 된다. 만약 年日時에 재

342 萬民英, 『三命通會』 「論建祿」: "丙生巳月, 歲時干支水金成局, 運歷財官旺地, 亦主富貴."

343 萬民英, 『三命通會』 「論建祿」: "丁生午月, 金敗水絶, 財官俱背, 順運剋妻, 逆運剋三妻, 若柱有巳酉丑庚辛壬癸亥申子辰, 運臨財官旺地亦發, 用殺或印, 以多爲貴, 若止建祿, 亦同前斷."

344 萬民英, 『三命通會』 「論建祿」: "戊日巳月, 年日時無水, 主剋妻, 無祖業, 子多不肖, 柱中多有官則吉, 如見偏官主尊貴, 歲月若是火多及或印綬, 雖無財官主吉, 若柱內隱顯壬癸亥申子辰水局, 晚子一二, 有甲寅乙卯亥未木局, 運至財官旺地亦發."

345 萬民英, 『三命通會』 「論建祿」: "己生午月, 以壬水爲財, 五月水囚, 主無祖業剋妻, 子亦不多, 歲時透出寅甲爲正官, 五月甲死, 官必卑小, 喜見亥卯未乙, 身旺見官殺爲妙, 偏財亦美."

가 많으면 좋은 명이 되고, 丙 丁 巳 午 寅 戌 火局은 관으로 살도 관으로 변하게 된다. 관이 적으면 또한 벼슬이 되지 못하고, 壬 癸 亥 子는 관을 剋 하여 뜻을 이루지 못한다.[346]

辛일 酉月 生은 조부의 재물을 이어받지 못한다. 주 중에 건록이 왕성하면 분탈이 많이 발생하고, 가난하고, 처도 없고, 혹은 있어도 처를 剋 하고 재물도 없다. 만약 木火가 생왕 하다면 또한 부귀하게 되고, 재관이 주에 없는데 장생지로 나아가게 되면 재앙이 더욱 크게 된다. 혹 辛酉를 보면 전록인데 다시 재관인식이 있고, 다시 운에서 재관인식의 地를 만나면 더욱 좋고, 역행 운은 남방이 되니 길하고, 순행 운은 북방으로 모든 일이 이루어지기 힘들다. 만약 辛卯일, 辛未일, 身의 自坐에 재가 있어 의식주가 풍부하고, 辛巳일도 귀한데 관록 또한 크지 않다.[347]

壬일 亥月, 癸일 子月 生은 조부의 업이 없고, 주 중에 火土가 왕성하면 주는 자수성가하고, 水가 왕성하여 범람하면 이루지 못하고 처를 剋 하고 빈곤하다.[348]

또 말하기를, 甲일 寅月 壬申時, 乙일 卯月 辛巳時, 丙일 巳月 己亥時, 丁일 午月 庚子時, 戊일 巳月 甲寅時, 己일 午月 乙丑時, 庚일 申月 丙戌時, 辛일 酉月 甲午時, 壬일 亥月 乙巳時, 癸일 子月 己未時는 좋다.[349]

---

346 萬民英,『三命通會』「論建祿」: "庚日申月上旬生, 近木餘氣, 略無祖財, 雖節氣臨水絶之鄕, 尙有三四分庫財爲福, 運至丙戌財盡矣, 若年日時多帶財好命看, 見丙丁巳午寅戌火局則有官, 以殺化官也, 官小亦不淸顯, 怕壬癸亥子, 剋官不成."

347 萬民英,『三命通會』「論建祿」: "辛日酉月無祖財, 柱中多見分奪, 孤貧無妻, 或剋妻無財, 若帶木火生旺, 又當富貴, 原無財官, 又行生地, 其劫禍尤重, 或見辛酉則爲專祿, 更有財官印食之神歲運再逢尤好, 逆運南方則吉, 順運北方, 百事無成, 若辛卯, 辛未日身自坐財, 可許衣祿, 辛巳日有貴, 官祿亦輕."

348 萬民英,『三命通會』「論建祿」: "壬日亥月, 癸日子月, 俱無祖業, 柱中多見火土, 主自成立有官, 如見水多氾濫無成, 剋妻, 貧薄."

349 萬民英,『三命通會』「論建祿」: "又曰, 甲日寅月宜壬申時, 乙日卯月宜辛巳時, 丙日巳月宜己亥時, 丁日午月宜庚子時, 戊日巳月宜甲寅時, 己日午月宜乙丑時, 庚日申月宜丙戌時, 辛日酉月宜丁酉時, 壬日亥月宜戊申時, 癸日子月宜己未時."

『명리정종』에 "건록격이란 일주가 건록이 되는 것을 말하고, 관이 건록이 되는 것을 말하는 것이 아니다. 서에 이르기를, 월령의 건록을 보면 조실(祖室)이 없고 영달하지 못한다고 하는 그 이치를 말한 것이다. 甲일 生이 寅月에 生 하면 甲이 辛으로써 관을 삼고 己로써 재를 삼으니 재와 관이 사절이 된다. 원래 甲일이 寅月에 生 하면 寅은 甲木의 집이고, 재관은 넘어지는 것이므로 조업이 편안할 수가 없다"[350]고 하여, 건록격은 본인이 월령을 득하고 있으니 재와 관이 상대적으로 약해지므로 조업이 힘들어지는 것을 말하고 있다.

『명리약언』에는 "무릇 한 글자의 건록만을 격으로 말할 수 있다면 어떻게 사주의 神을 모두 한가한 폐품으로 놓아 두겠는가? 건록이 힘을 얻으면 일주를 돕는 데 공이 있는 것에 불과하며, 건록이 너무 많으면 또한 재성을 손상하여 불리할까 염려된다."[351]라고 하였다.

전록과 귀록은 관을 미워하고 상관을 좋아한다고 말하는 것은 진실로 잘못되고 허망한 말이며, 건록이나 전록격은 조상을 떠나고 처를 해친다고 말하는 것도 역시 얽매임에 관계된 의견이다[352]고 하여, 그 구성에 따라 달라짐이 있음을 말하고 있다.

정리하여 논하자면, 녹은 천간과 동일한 덕과 마음으로 모든 격을 도우니 모두 유익함이 된다.[353]

비견의 심리적 특성은 다음과 같다. "일간이 정신적 자아 주체가 되면 나를 돕지만 나를 배척하는[조아차아척(助我且我斥)] 관계도 된다. 강건하면서도 경

---

350  張神峯,「命理正宗」「比劫建祿格」: "建祿格者, 日主得主祿之地, 非官祿之祿也. 書云, 月令見祿多無祖室而不顯, 言其理, …, 假如甲日, 生寅月, 甲以辛爲官, 己土爲財, 財官到寅爲死絶地, …, 原甲日生寅, 然寅上乃甲木之廬舍, 財官空倒, 又安有祖屋也."

351  陳素庵,「命理約言」「祿刃賦」: "夫一字之祿, 可以格言, 豈四柱之神, 盡從閑廢. 祿得力兮, 不過扶日有功, 祿太多兮, 亦恐傷財不利."

352  陳素庵,「命理約言」「祿刃賦」: "謂日祿歸時, 憎官愛傷者, 固謬妄之談, 謂建祿專祿, 離祖刑妻者, 亦拘牽之議."

353  陳素庵,「命理約言」「祿刃賦」: "總之, 祿之與幹, 一德同心, 助諸格皆為有益."

290    정통 명리학 : 격국용신 ①

솔하지 않으며 일을 처리하는 능력이 풍부하나 급하지 않으며, 추진력이 풍부하나 그 행동이 비교적 느리며, 일을 대처함에 두려움이 없고 흉포하지 않으며, 침범당하지도 않고 또한 쉽게 침범하지도 않으며, 주동적이며 자주적이다. 자아를 도와주지만, 자아와의 관계는 양호치 못하다."[354]

비견을 표현하면, 자존심이 강하며 성취욕과 추진력이 강하며, 자기 주관이 뚜렷하며, 사람 상대하는 것을 좋아하고, 바른말 하는 것을 좋아하고, 인내심이 강하다. 그러나 비견이 중하거나 범하게 되면, 주위의 충고나 권유를 무시하고, 비밀이 없으며, 매사에 근심이 많고, 의심이 많으며, 고부 갈등이 심할수 있다.

겁재의 심리적 특성은, "나를 도와주면서 내가 흡수하는[조아차아흡(助我且我吸)] 관계가 된다. 무엇을 하겠다고 생각하면 곧바로 행동에 옮기고, 성격이 급하며 강렬한 조작 욕망을 가지고 있다. 충동적이나 육신의 욕망을 중시하지 않고, 피 흘리는 것을 두려워하지 않으며, 독립심이 있고 행동으로 해결하려 한다. 정관은 공법·사려 등인데 겁재는 정관에 대항하는 심리여서 사회공법을 중시하지 않는다. 일의 정황을 마음에 담아두지 않고 내면적으로 억압을 받지도 않으며 신중한 생각도 하지 않는다. 용맹하나 경솔하고 공격성이 있다. 또한, 일간이 육체적 자아가 되면 육체를 도우면서 자아와의 관계가 양호한 것이 된다."[355]

겁재를 표현하면, 성격이 급하며, 교만 불손하고, 배우자를 힘들게 하고, 형

354 何建忠, 『八字心理推命學』「十星的含義」: "當日干爲精神主體我時, 則比肩的含義爲, 助我且我斥, 剛健但不魯莽, 富於處事能力但不急切, 富操作性但行動較慢, 遇事不懼但不兇猛, 不可侵犯的但也不隨意侵犯, 主動, 自主, 如果日干爲肉體我時, 則比肩的含義爲, 幫助肉體我且與我關係不佳者."

355 何建忠, 『八字心理推命學』「十星的含義」: "則劫財的含義爲, 助我且我吸, 因此如, 想到什麼就作什麼, 急切的, 有強烈的操作慾望, 衝動, 不重肉身慾望, 不怕流血, 有獨立性, 以行動解抉事情, …, 皆指劫財, 又正官爲公法, 思慮, …, 而劫財抗挫正官, 故而劫財可爲, 不重社會公制, 常規, 不將事情掛在心上, 內心從不壓抑也不思索, 強悍, 魯莽, 有攻擊性. …, 可助肉體我, 且與我關係良好者."

제와 친구들과 불화하며, 시기 질투한다. 그러나 극제가 되면 측은지심이 있으며, 의학계로 나가는 수도 있으며, 불의를 싫어하며, 책임감이 강하며, 사리사욕이 없으며, 자존심이 강하고, 추진력이 강하다.

쇠약한 명조는 비견이 있으면 형제나 친구의 도움이 있고, 강왕한 명조는 비견이 있으면 형제나 친구와 경쟁할 수 있다.

여자 명조는 비견이 많으면 시댁과의 갈등이 있고, 결혼이 늦으며, 부모 형제와 인연이 적다.

남자 명조에 비겁이 많으면 부친과 인연이 적고, 형제간에도 쟁재(爭財)가 일어날 수 있다.

간지동체(干支同體) 일주가 타주에 다시 비겁을 보고 재성이 쇠약하면 극부와 극처한다. 甲寅, 乙卯, 庚申, 辛酉, 丙午, 壬子 등.

### 2) 녹겁의 육친 의미

남자에게 비견의 육친은 형제, 친구, 처남의 아들이 되고, 여자에게는 자매, 친구, 남편의 처, 시 백숙부가 된다. 남자에게 겁재의 육친은 남매, 며느리[자부], 친구가 되고, 여자에게는 남매, 시아버지, 바깥사돈, 남편의 첩이 된다.

비견격 또는 겁재격으로 성격 되면 해당하는 육친과의 관계에도 큰 영향을 받을 수 있으나, 파격 또는 刑沖破害를 접하게 되면 해당하는 육친의 나쁜 영향이 나타나기도 하고 부정적으로 작용하는 수가 많다.

현대적 의미에서는 동업자, 경쟁자 등을 의미하기도 한다.

### 3) 녹겁격의 성패(成敗)

『자평진전』에는 "건록이란 월건(月建)이 녹을 만나는 것이다. 녹은 곧 비겁이니, 혹 녹이 투출함으로써 곧 의지할 만하여 용신으로 삼는 것은 옳지 않다. 그러므로 건록과 월겁은 격을 동일하게 할 수 있고 따로 나눌 필요가 없으니,

〈건록과 월겁〉모두 천간에 투출하고 지지에 회합한 것으로서 달리 재성, 관성, 칠살, 식신을 취하여 용신으로 삼는다"[356]고 하였다.

이어 "건록격이 정관을 쓰는 것은, 천간에 투출하면 뛰어나게 되고, 또 재성과 인수가 서로 따라야 한다. 외로운 정관에 보좌가 없어서는 안 된다"[357]라고 하였다.

| 時柱 | 日柱 | 月柱 | 年柱 | 乾命 |
|------|------|------|------|------|
| 丁 | 癸 | 戊 | 庚 | |
| 巳 | 卯 | 子 | 午 | |
| 戊<br>庚<br>丙 | 乙 | 壬<br>癸 | 己<br>丁 | |

위 명조는 癸水 일간이, 월령을 받아 투출한 것은 없고, 월령과 합도 이루지도 않아, 월령 자체를 격으로 삼은 녹겁격이다.

月에 戊土는 年과 時에 통근하였고, 年에 庚金은 時에 통근하였으며, 時에 丁火는 年에 통근하였고 自坐하였다.

재성의 생부를 받은 약한 정관이 인성을 다시 생부 해주고 있다. 따라서 상대적으로 일간에 비해 약한 정관을 생부 해주는 재성을 用하여 祿劫用財格으로 성격 되었다.

이러한 관계를『자평진전』에서는 정관이 재성과 인성을 겸하여 쓴다고 한 것이다. 좀 더 나아가, "정관이 재성과 인수를 겸해서 지님이 있는 것은, 이른바

---

356 沈孝瞻,『子平眞詮』「論建祿月劫」: "建祿者, 月建逢祿堂也, 祿即是劫, 或以祿堂透出, 即可依以用者, 非也, 故建祿與月劫, 可同一格, 不必另分, 皆以透干會支, 別取財官煞食爲用."

357 沈孝瞻,『子平眞詮』「論建祿月劫」: "祿格用官, 干頭透出爲奇, 又要財印相隨, 不可孤官無輔."

身이 강하고 삼기(三奇)를 가진 것으로, 더욱 귀한 기가 된다. 삼기란 재와 관과 인이다. 다만 정관으로써 재성과 인성을 가로막아서, 재성과 인수로 하여금 둘이 서로 상하지 않게 하기만 하면 그 격은 곧 크다"[358]고 위 왕소사의 명을 설명하였다.

| 時柱 | 日柱 | 月柱 | 年柱 | 乾命 |
|---|---|---|---|---|
| 丁 | 戊 | 戊 | 甲 | |
| 巳 | 申 | 辰 | 午 | |
| 戊庚丙 | 戊壬庚 | 乙癸戊 | 己丁 | |

위 명조는 戊土 일간이, 녹왕하고, 年과 時에 각각 왕지를 가지고 있고, 日에도 통근하였으며, 月에 비견을 투출하여 강한 녹겁격이다.

年에 甲木은 월령을 얻어 투출하여 편관 겸격이다.

時에 丁火는 自坐하였고, 年에 통근하였다.

강한 비견을 편관으로 설하고 비겁으로 설하니 칠살을 두려워하지 않는다. 따라서 편관을 用하여 祿劫用煞格으로 성격 되었다.

중국 청성조(淸聖祖, 1654~1722) 강희(康熙)의 명조로, 8살에 즉위한 청나라 4대 황제이다. 청나라(1616~1912) 297년의 역사에서 1/5에 해당하는 61년간을 제위 하여 중국 역사상 가장 길게 통치하였다.

서락오는 이 명조에 대해 "부와 귀와 수명을 얻었다. 1로 운이 시작해서 9세에 운이 일어났고, 재위 61년 亥 대운 칠순에 수명을 굽혔다."[359]라고 하였다.

---

358  沈孝瞻,「子平眞詮」「論建祿月劫」: "有官而兼帶財印者, 所謂身強値三奇, 尤爲貴氣, 三奇者, 財官印也, 只要以官隔之, 使財印兩不相傷, 其格便大, …, 王少師命是也."

| 時柱 | 日柱 | 月柱 | 年柱 | 乾命 |
|---|---|---|---|---|
| 壬 | 丁 | 丙 | 丁 | |
| 寅 | 巳 | 午 | 酉 | |
| 戊<br>丙<br>甲 | 戊<br>庚<br>丙 | 丙<br>己<br>丁 | 辛 | |

위 명조는 丁火 일간이, 녹왕하고 自坐하였고, 月과 年에 비겁을 투출시켜 강한 녹겁격이다. 時에 壬水는 통근한 것이 없다.

강한 녹겁격을 정관을 用하여 성격 하여야 하나, 정관이 근기가 없어 약한 것을 『자평진전』에서는 "정관을 쓰는 데 재성의 도움이 있는 이지부의 명이다"[360]고 소개하였고, 재성으로 생부 받는 것으로 설명하고 있다. 그러나 年에 재성은 강한 火氣에 의해 분산되어 있고, 巳酉合도 방해받고 있어 재성의 생부 또한 약하다. 따라서 재성의 생부와 관성의 강왕이 아쉬운 명조이다.

---

359  徐樂吾, 『古今名人命鑑』 「卷一」: "爲富貴壽考之徵, …, 一歲起運, 九歲登基, 在位六十一年, 壽屈 七旬, 終於亥運." 참조.

360  沈孝瞻, 『子平眞詮』 「論建祿月劫」: "有用官而財助者, …, 李知府命是也."

| 時柱 | 日柱 | 月柱 | 年柱 | 乾命 |
|---|---|---|---|---|
| 己 | 丁 | 丁 | 丁 | |
| 酉 | 卯 | 未 | 亥 | |
| 辛 | 乙 | 丁<br>乙<br>己 | 甲<br>壬 | |

위 명조는 丁火 일간이, 時에 己土가 월령을 얻어 투출된 식신격이다. 일간
은 녹왕하고, 月과 年에 비견을 투출시킨 강한 녹겁 겸격이다.

지지는 木局을 이루고 있어 왕한 인성격 겸격이기도 하다.

인성의 생부를 받아 더욱 강한 비견이, 식신과 장생이 동주하여 설기되니 명
조가 선하게 되었다. 따라서 식신을 用하여 祿劫用食格으로 성격 되었다.

중국 송대 무관이었던 양영공(楊令公)의 명조이다.

서락오는 이 명조에 대해 "천간이 삼붕(三朋)이고, 하지 이후에 천을귀인 酉
가 있어 귀하고, 인성의 귀함이 있으니, 흔히 말하는 항상 백전백승을 다스리
는 명조이다."[361]라고 하였다.

---

361  徐樂吾, 『古今名人命鑑』 「卷一」: "天干三朋, 集貴於酉, 夏至後天乙在酉, …, 印貴居之, 所以武略
非常百戰百勝." 참조.

| 時柱 | 日柱 | 月柱 | 年柱 | 乾命 |
|:---:|:---:|:---:|:---:|:---:|
| 壬 | 癸 | 丙 | 甲 | |
| 辰 | 丑 | 子 | 子 | |
| 乙<br>癸<br>戊 | 癸<br>辛<br>己 | 壬<br>癸 | 子 | |

위 명조는 癸水 일간이, 녹왕하고 局을 이루어 時에 겁재를 투출시키니 강한 녹겁격으로, 장도통의 명이다.

月에 丙火는 통근한 것이 없고, 年에 甲木은 時에 통근하였다.

강한 비겁이 상관의 생부를 받은 재성으로 설기되니, 재성을 用하여 祿劫用財格으로 성격 되었다.

위 예시들과 같이 녹겁격이 식신 또는 상관을 있어야 함에 대해, 『자평진전』에는 "건록격과 월겁격이 재성을 쓰는 것은, 반드시 식상을 지녀야 한다. 대개 월령이 비겁이 되는데 재성으로써 용신을 삼으면, 비겁과 재성이 서로 剋 하므로, 반드시 식상으로 그것을 변화시켜야, 비로소 비겁을 바꾸어 재성을 生 할 수 있다"[362]라고 기술하며 위 장도통의 명조를 소개하고 있다.

또 "비겁을 변화시켜 재성이 되는 것과 비겁을 변화시켜 生財가 되는 경우는, 더욱 빼어난 기가 된다. 비겁의 火로써 金局의 재성으로 삼으니, 어찌 대귀하지 않을 수 있는가? 이른바 비겁을 변화시켜 재성이 되는 것이다"[363]고 하

---

362  沈孝瞻, 『子平眞詮』 「論建祿月劫」: "祿劫用財, 須帶食傷, 蓋月令爲劫而以財作用, 二者相剋, 必以傷食化之, 始可轉劫生財."

363  沈孝瞻, 『子平眞詮』 「論建祿月劫」: "至於化劫爲財, 與化劫爲生, 尤爲秀氣, …, 丑與巳會, 即以劫財之火, 爲金局之財, 安得不爲大貴, 所謂化劫爲財也, 如高尚書命."

여, 아래 명조를 소개하였다.

| 時柱 | 日柱 | 月柱 | 年柱 | 乾命 |
|---|---|---|---|---|
| 辛 | 丁 | 己 | 己 | |
| 丑 | 未 | 巳 | 未 | |
| 癸<br>辛<br>己 | 丁<br>乙<br>己 | 戊<br>庚<br>丙 | 丁<br>乙<br>己 | |

위 명조는 丁火 일간이, 月과 年에 양투된 己土는 월령을 득하고 지지 전체에 통근한 강한 식신 변격이다.

時에 辛金은 월령을 득하고 時와 합되어 편재 겸격이 되었다.

일간은 녹왕하고 局을 이루고 있어 강한 녹겁격이다.

강한 녹겁을 식신과 재성으로 설하니 명조가 선하게 되었다. 따라서 食神生財를 用하여 祿劫用財格으로 성격 되었다.

| 時柱 | 日柱 | 月柱 | 年柱 | 乾命 |
|---|---|---|---|---|
| 甲 | 庚 | 甲 | 庚 | |
| 申 | 子 | 申 | 子 | |
| 戊<br>壬<br>庚 | 癸 | 己戊<br>壬<br>庚 | 癸 | |

위 명조는 庚金 일간이, 월령을 득하고 年에 비견을 투출시켜 강한 녹겁격이다.

지지는 水局을 이루고 있어 식신이 왕하다.

月과 時에 양투된 甲木은 통근한 것이 없다. 근기가 없는 재성이지만, 食神生財되어 비견의 설기를 담당하게 되니 선하게 되었다. 따라서 食神生財를 用하여 祿劫用財格으로 성격 되었다.

『자평진전』에 위 명조를 "비겁의 金이 변화함으로써 재성을 生 하는 水가 되니, 이른바 비겁을 변화시켜 生財가 되는 것이다"[364]고 소개하였다.

| 時柱 | 日柱 | 月柱 | 年柱 | 乾命 |
|------|------|------|------|------|
| **庚** | **戊** | **戊** | **丙** | |
| **申** | **辰** | **戌** | **戌** | |
| 戊<br>壬<br>庚 | 乙<br>癸<br>戊 | 辛<br>丁<br>戊 | 辛<br>丁<br>戊 | |

위 명조는 戊土 일간이, 녹왕하고 지지 전체에 통근하였으며, 月에 비견을 투출시켜 강한 녹겁격이다.

年에 丙火는 월령을 득하고 年에 통근하여 변격된 편인 겸격이다.

時에 庚金은 역시 월령을 득하고 年에 통근하였으며, 가을에 自坐하여 강하게 변격된 식신 겸격이다.

편인과 식신이 구별되어 있고 비겁으로 설하니 효신을 면하였다. 강한 일간이 편인을 꺼리게 되니 초년 운에는 고생이 있었고, 중년 이후 삶이 편하게 되었다.

일간의 강함을 식신으로 설하니, 식신을 用하여 祿劫用食格으로 성격 되었다.

---

364 沈孝瞻, 『子平眞詮』 「論建祿月劫」: "即以劫財之金, 化爲生財之水, 所謂化劫爲生也."

| 時柱 | 日柱 | 月柱 | 年柱 | 坤命 |
|---|---|---|---|---|
| 己 | 戊 | 己 | 癸 | |
| 未 | 子 | 未 | 未 | |
| 丁<br>乙<br>己 | 癸 | 丁<br>乙<br>己 | 丁<br>乙<br>己 | |

위 명조는 戊土 일간이, 녹왕하고 月과 時에 양투된 己土가 각각 自坐하고 年에 통근한 강한 녹겁격이다.

年에 癸水는 日에 통근하였다.

극 신강한 비견들을 상대적으로 약한 재성으로 설하기에는 너무 힘들다. 따라서 파격되었다. 이럴 때는 차라리 戊癸合하여 종으로 따라가는 것이 바람직하다. 土가 중함으로 인해 水에 이상이 생기니 정신이상자가 된다.

| 時柱 | 日柱 | 月柱 | 年柱 | 乾命 |
|---|---|---|---|---|
| 己 | 癸 | 壬 | 丁 | |
| 未 | 卯 | 子 | 巳 | |
| 丁<br>乙<br>己 | 乙 | 壬<br>癸 | 戊<br>庚<br>丙 | |

위 명조는 癸水 일간이, 녹왕하고 月에 겁재를 투출한 녹겁격이다.

年에 丁火는 自坐하였고 時에 통근하였다. 時에 己土 역시 自坐하였고 年에 통근하였다.

편관과 재성이 財生官으로 녹겁에 비해 왕하니 살이 되는 것을 살펴야 한다. 녹겁격은 상대적으로 강한 살을 극제 하여야 하기 때문이다.

편관을 돕는 재성은 겁재가 合去 하였고, 편관은 卯未 合으로 극제 하니 살을 면하게 되었으며, 이로 인해 명조가 선하게 되었다. 따라서 겁재와 식신을 겸하고 편관을 用하여 祿劫用煞格으로 성격 되었다.

『자평진전』에서는 "건록격과 월겁격이 칠살을 쓸 때는 반드시 제복 되어야 한다. 루참정의 명은 壬水가 丁火 재성을 합하여 그 칠살을 돕는 것을 제거하고, 卯未가 局으로 회합하여 제복하니 이것이다"[365]고 하였다.

| 時柱 | 日柱 | 月柱 | 年柱 | 乾命 |
|:---:|:---:|:---:|:---:|:---:|
| 丙 | 壬 | 癸 | 戊 | |
| 午 | 午 | 亥 | 辰 | |
| 己<br>丁 | 己<br>丁 | 戊<br>甲<br>壬 | 乙<br>癸<br>戊 | |

위 명조는 壬水 일간이, 녹왕하고, 月에 癸水 겁재가 월령을 얻고 年에 통근하여 투출된 녹겁격이다.

年에 戊土는 월령을 득하고 지지에 모두 통근하여 강한 편관 겸격이다.

時에 丙火는 自坐하였고 日에 통근하였다.

녹겁격에 상대적으로 강한 편관이 있어서는 안 되는데, 겁재가 편관을 合去 해줌으로 인해 재성을 온전하게 지닐 수 있어 명조가 선하게 되었다. 따라서 겁재와 재성을 用하여 祿劫用財格으로 성격 되었다.

---

365  沈孝瞻, 『子平眞詮』「論建祿月劫」: "祿劫用煞, 必須制伏, 如婁參政命, …, 壬合丁財以去其黨煞, 卯未會局以制伏, 是也."

『자평진전』에는 "〈녹겁격은〉 칠살을 쓰는데 또 재성을 지닐 때는 본래 아름답지 않은 것이 된다. 그러나 칠살을 제거하고 재성을 보존할 수 있다면 또한 귀격을 이룬다. 원내각의 명조가 이것이다"[366]고 하였다.

또, "재성을 쓰는데 식상이 투출하지 않은 것은, 곧 실마리[재성]를 드러내기 어렵다. 그러나 천간에 한 자리가 투출하여 혼잡하지 않고, 지지에 뿌리가 많으면 또한 귀를 취할 수 있으나, 다만 귀하게 되지 않을 뿐이다"[367]고 하여, 재성을 쓰는데 칠살의 칠살이 있어야 녹겁격이 성격 되나, 식상이 투출되지 않은 재성이 강왕하면 귀함은 없지만 부함은 있다고 기술하고 있다.

| 時柱 | 日柱 | 月柱 | 年柱 | 乾命 |
|---|---|---|---|---|
| **丙** | **甲** | **丙** | **甲** | |
| **寅** | **子** | **寅** | **子** | |
| 戊丙甲 | 癸 | 戊丙甲 | 癸 | |

위 명조는 甲木 일간이, 월령을 득하고 時에 통근한 비견이 年에 투출하여 강한 녹겁격이다.

日과 時에 양투된 丙火는 월령을 득하고 時에 통근하여 강한 식신 겸격이다.

강한 甲木이 식신으로 설기되니 木火通明한 명조로 유정하게 되었다. 따라서 식신을 用하여 祿劫用食格으로 성격 되었다.

『자평진전』에는 "녹겁격에 재관이 없고 식상을 써서 너무 지나침을 설기하

---

366　沈孝瞻, 『子平眞詮』 「論建祿月劫」: "至用煞而又帶財, 本爲不美, 然能去煞存財, 又成貴格, …, 合煞存財, 袁內閣命是也."

367　沈孝瞻, 『子平眞詮』 「論建祿月劫」: "用財而不透傷食, 便難於發端, 然干頭透一位而不雜, 地支根多, 亦可取富, 但不貴耳."

여도 또한 빼어난 기가 된다. 오직 봄의 木과 가을의 金이 식상을 쓰면 귀하게 되니, 대개 木이 火를 만나면 밝아지고, 金이 水를 生 하면 신령스러워지기 때문이다. 장장원의 명조가 木火通明한 것이다. 또, 금수상함(金水相涵)한 것이다"[368]고 하여, 아래 명조를 이어 소개하였다.

| 時柱 | 日柱 | 月柱 | 年柱 | 乾命 |
|---|---|---|---|---|
| 庚 | 庚 | 庚 | 癸 | |
| 辰 | 子 | 申 | 卯 | |
| 乙癸戊 | 癸 | 己戊壬庚 | 乙 | |

위 명조는 庚金 일간이, 月과 時에 비견이 월령을 받아 양투되어 강한 녹겁격이다.

年에 癸水는 월령을 득하고 局을 이룬 상관 변격이다.

가을에 金이 水局이 된 水를 用하여 유정하게 되니, 祿劫用傷格으로 성격 되었다. 가을에 金水가 뛰어나 귀격[金水相涵] 됨을 설명하고 있다.

---

368 沈孝瞻, 『子平眞詮』 「論建祿月劫」: "其祿劫之格, 無財官而用傷食, 洩其太過, 亦爲秀氣, 唯春木秋金, 用之則貴, 蓋木逢火則明, 金生水則靈, 如張狀元命, …, 木火通明也, 又, …, 金水相涵也."

| 時柱 | 日柱 | 月柱 | 年柱 | 乾命 |
|---|---|---|---|---|
| 壬 | 庚 | 丙 | 庚 | |
| 午 | 子 | 戌 | 辰 | |
| 丙<br>己<br>丁 | <br><br>癸 | 辛<br>丁<br>戊 | 乙<br>癸<br>戊 | |

위 명조는 庚金 일간이, 月에 丙火가 월령을 얻었고 時에 통근하고 합한 편관 변격이다.

일간은 가을에 월령을 득하고 年에 비견을 투출시켜 월겁 변격이 되었다.

時에 壬水는 日과 年에 합하고 통근하였다.

왕한 칠살을 비견의 생부를 받은 왕한 식신이 制煞하니 유정하게 되었다. 따라서 식신을 用하여 祿劫用食格으로 성격 되었다. 그러나 지나친 食神制煞로 인해 먼저 자식이 흉하게 되었다.

1940년생으로 가천대학교 경영대학원을 졸업하였다. 1960년 군대에서 문선대에 뽑히면서 처음 코미디를 시작하였고, 30대 중반 庚寅 대운 己未年(1979) 40세에 하춘화의 쇼 MC를 맡고 있다가, 추천으로 '웃으면 복이 와요'에 출연하면서 스타가 되었다. 40대 중반 辛卯 대운 丙寅年(1986) 47세에는 14대 국회의원을 하였고, 辛未年(1991)에는 6대 독자 아들이 교통사고로 사망하였다. 50대 壬辰 대운 壬午年(2002) 63세에는 본인도 폐암으로 사망한 명조이다.

| 時柱 | 日柱 | 月柱 | 年柱 | 乾命 |
|---|---|---|---|---|
| 乙 | 辛 | 丁 | 丙 | |
| 未 | 酉 | 酉 | 戌 | |
| 丁<br>乙<br>己 | 辛 | 庚<br>辛 | 辛<br>丁<br>戊 | |

위 명조는 辛金 일간이, 酉月과 酉日에 투출한 천간 없이 녹왕하여 강한 건록격이다. 『삼명통회』에는 "살을 보면 귀하게 되는데 그러나 과한 것은 불가하여 운에서 다시 살지를 만나면 요절한다"[369] 하였고, 위 명조에 대해서는 "월령에 건록이 있고, 日에도 좌해 건록이다. 48세 壬寅운 壬申年에 사망하였다. 운이 沖하고 또 상관과 살이 함께 있다. 건록에 재관을 사용하는데 상관이 丙火를 제거하여 요절하게 된 것이다"[370]고 하였다.

---

369  萬民英, 『三命通會』 「論建祿」: "是見殺取貴, 然亦不可太多, 歲運再逢殺地主夭折."

370  萬民英, 『三命通會』 「論建祿」: "如一命, 月令建祿又是專祿, 日主壽止四十八壬寅運, 壬申年不祿, 歲運衝且會傷官殺也, 建祿用財官傷去丙火故夭."

| 時柱 | 日柱 | 月柱 | 年柱 | 乾命 |
|------|------|------|------|------|
| 乙 | 甲 | 庚 | 辛 | |
| 亥 | 辰 | 寅 | 丑 | |
| 甲壬 | 乙癸戊 | 戊丙甲 | 癸辛己 | |

위 명조는 甲木 일간이, 월령을 득해 時에 乙木을 투출시킨 녹겁격이다.

月과 年에 庚辛金은 年에 통근하여 관살혼잡이 되었다.

겁재가 칠살과 合去 하니 살이 제어되었고, 정관을 쓸 수 있게 되어 유정하게 되었다. 따라서 겁재와 정관을 用하여 祿劫用官格으로 성격 되었다.

『자평진전』에는 위 명조를 "녹겁격으로서 정관과 칠살이 다투어 나옴이 있는 것은, 반드시 취하여 맑게 해야 귀격이 된다. 예컨대 어느 평장의 명조는 칠살을 合去하고 정관을 보존한다[合煞留官]. 또, 혹시 정관 두 개가 다투어 나오면, 또한 반드시 제복되어야 하니, 이른바 정관을 다툼에 상함이 없어서는 안 된다는 것이다"[371]고 하여, 정관이 두 개 이상 나올 때는 한 개의 정관을 살려야 함을 기술하고 있다.

또, "〈재성을 쓰는 데〉 정관과 칠살이 중한데 제복이 없는 것은, 제복 운으로 가게 되면 또한 재로써 일어선다. 다만 정관과 칠살이 너무 중하면 안 되니, 身을 위태롭게 하는 데 이른다"[372]고 하여, 관살혼잡에서 일간이 위태롭지 않을 때, 살이 제어되는 운이 오게 되면 재가 일어난다고 하고 있다.

---

371 沈孝瞻,『子平眞詮』「論建祿月劫」: "更有祿劫而官煞競出, 必取淸, 方爲貴格, 如一平章命, …, 合煞留官也, 倘或兩官競出, 亦須制伏, 所謂爭正官不可無傷也."

372 沈孝瞻,『子平眞詮』「論建祿月劫」: "用官煞重而無制伏, 運行制伏, 亦可發財, 但不可官煞太重, 致令身危也, 論建祿月劫取運."

| 丙 | 甲 | 癸 | 丙 |
|---|---|---|---|
| 寅 | 子 | 巳 | 午 |
| 戊丙甲 | 癸 | 戊庚丙 | 己丁 |

| 己 | 乙 | 甲 | 戊 |
|---|---|---|---|
| 卯 | 亥 | 寅 | 子 |
| 乙 | 甲壬 | 戊丙甲 | 癸 |

| 丙 | 丁 | 甲 | 甲 |
|---|---|---|---|
| 午 | 未 | 戌 | 午 |
| 己丁 | 乙丁己 | 辛丁戊 | 己丁 |

위 명조는 『연해자평』에서 소개되고 있는 귀록격(貴祿格)이다. "이 격은 가령 六甲 일생이 寅時를 얻으면 귀록격이라 이른다. 甲의 록은 寅에 있다. 나머지도 이와 같다. 다만 사주에 온전히 관살을 보지 않아야 하고, 혹 관살을 보면 귀록격이 어렵다. 신왕 운으로 행함을 기뻐하고 겸하여 식신 상관 재성 운에도 역시 발복을 하고 沖破를 두려워한다"[373]고 하여, 귀록격의 특징을 설명하고 있다.

---

373 徐大升, 『淵海子平』 「貴祿格」: "此格假令六甲日生人得寅時, 謂之歸祿, 蓋日祿在寅, 餘皆倣此, 但四柱全不見官殺, 見之則難歸矣, 喜行身旺運, 兼行食神傷官財運, 亦可發福, 怕沖破."

## 4) 녹겁격의 성격

〈표 14〉 녹겁격의 성격 방법

| 격국 | 용신 | 간략 설명 |
|------|------|-----------|
| 녹겁격 | 녹겁용살격<br>(祿劫用煞格) | · 녹겁격이 강왕할 때는 살로써 用하여야 한다. |
| | 녹겁용관격<br>(祿劫用官格) | · 녹겁격이 정관을 用하여 성격 되는 것을 말한다.<br>· 녹겁격이 관살이 혼잡될 때 겁재가 合去하고 정관을 유지하게 된다. |
| | 녹겁용재격<br>(祿劫用財格) | · 강한 녹겁격이 재성을 用하는 것을 말한다.<br>· 녹겁격에 재차 비겁이 있으면, 재성을 用하여 財祿하게 만든다. 이때 식상으로 재성을 도와주게 되면 녹겁의 힘을 설기시키는 효과와 재성을 도와주는 효과를 같이 가지게 된다. |
| | 녹겁용식격<br>(祿劫用食格) | · 녹겁격이 재관이 없을 때는 식신으로 설기해야 하고, 칠살의 칠살 역할을 하게 된다.<br>· 春節의 甲乙木은 식신을 用해야 잘 자랄 수 있으며 귀하게 된다 [木火通明].<br>· 秋節의 庚辛金은 水를 用해야 빼어난 기를 얻어 귀하게 된다[金水相涵]. |
| | 녹겁용상격<br>(祿劫用傷格) | · 녹겁격이 재관이 없을 때는 상관으로 설기해야 하고, 칠살의 칠살 역할을 하게 된다.<br>· 春節의 甲乙木이 상관을 用하여 귀하게 된다는 것이다[木火通明].<br>· 秋節의 庚辛金이 상관을 用하여 강한 금기를 설기시키면서 귀하게 된다는 것이다[金水相涵]. |
| | 파격 | · 강한 녹겁이 재관이 없으면 파격이 된다.<br>· 녹겁이 칠살과 인성이 같이 투출되면 파격이 된다.<br>· 녹겁격이 재성을 用할 때, 식상이 없으면 군겁쟁재가 되어 파격이 된다. |

## 2. 양인격(羊刃格)

### 1) 양인의 기본 의미

개론에 언급되어 있지만, "양인(陽刃)이라는 것은 천상(天上)의 흉성이라 부른다. 인간에서 악살이 되는 것이다. 건록 앞의 한 자리가 이것이다. 만약 甲의 祿은 寅에 있는데, 卯가 양인이 된다. 편관 칠살을 좋아하고 인수를 좋아하며 반음(反吟)과 복음(伏吟)을 꺼리고, 괴강을 꺼리고, 三合을 꺼린다. 어찌 陽刃이라 이르는가? 甲丙戊庚壬 다섯 양에 刃이 있고, 乙丁己辛癸 다섯 음에는 刃이 없기에, 양인(陽刃)이라 명칭한다."[374]

명조 가운데 刃이 있으면 두루 흉하다고 할 수는 없다. 대개 칠살과 더불어 서로 같다. 무릇 양인이 있는 사람은 당주가 귀가 있는 사람이며 도리어 편재와 칠살을 좋아하나, 살은 있고 인이 없으면 현달할 수가 없고, 양인이 있고 칠살이 없으면 위엄이 없다. 양인과 칠살이 다 온전하면 비상한 사람이다. 크게는 身이 왕함을 요하는데 운이 신왕으로 행하면 상관운과 양인이 왕한 운도 요하지 않는다. 명조 가운데 원래 칠살과 刃이 있고 세운에서 또 만나면 그 화가 보통이 아니다. 만약 명조에 양인이 있고 칠살이 없고 대운과 세운에서 칠살이 왕향 운을 만나면 이내 삶이 굴러서 도리어 후한 복을 이룰 것이다. 만약 상관이 왕하면 신약한데 칠살이 왕함을 가장 꺼린다[375]고 하였다.

양인을 양인(羊刃), 비인(飛刃), 日刃(일인)으로 나누어 설명하기도 한다. "음비인은 양의 반대되는 궁이 곧 비인이다. 甲생은 卯에 양인(羊刃)이 있고 酉가

---

374 徐大升, 『淵海子平』「論羊刃」: "夫陽刃者, 號天上之凶星, 作人間之惡殺, 以祿前一位是也, 如甲祿在寅, 卯爲陽刃, 喜偏官七殺, 喜印綬, 忌反吟伏吟, 忌魁罡, 忌三合, 何謂陽刃, 甲丙戊庚壬五陽有刃, 乙丁己辛癸五陰無刃, 故名陽刃."

375 徐大升, 『淵海子平』「論羊刃」: "如命中有刃, 不可便言凶, 大率與七殺相似, 凡有刃者, 多主富貴人, 卻喜偏財七殺, 然殺無刃不顯, 刃無殺不威, 刃殺俱全, 非常人有之, 大要身旺, 運行身旺之鄉, 不要見傷官, 刃旺運, 若命中元有殺刃, 歲運又逢之, 其禍非常, 若命有刃無殺, 歲運逢殺旺之鄉, 乃轉生而反成厚福, 如傷官財旺, 身弱殺旺, 最可忌也."

비인이다. 丙생은 午에 양인이 있고 子가 비인이다. 丁생은 未에 양인이 있고 丑은 비인이다. 戊생은 午에 양인이 있고 子가 비인이다. 己생은 未에 양인이 있고 丑은 비인이다. 庚생은 酉에 양인이 있고 卯는 비인이다. 辛생은 戌에 양인이 있고 辰이 비인이다. 壬생은 子에 양인이 있고 午는 비인이다. 癸생은 丑에 양인이 있고 未에 비인이다. 양인은 강하다. 刃은 刑을 주관한다. 녹이 지나치면 刃이 발생하고, 공(功)을 이루면 마땅히 물러나야 함에도 이리처럼 나아간다. 말하자면 나아가서 관을 상함이 있고, 양인은 응당 건록 앞 일위에 거해야 하는데 이를 '길함이 끝나면 나빠지는 법이다[吉極則否].'라고 한다."[376]

일인(日刃)에 대해서, "일인은 양인과 더불어 같다. 일인에는 戊午 丙午 壬子가 있다. 양인과 더불어 법이 같다. 刑沖破害를 좋아하지 않고 회합을 기뻐하지 않는다. 칠살을 겸하여 받고 관운으로 향하면 문득 귀한 명이 된다. 만약 사주 중에 한 번 회합이 오면 반드시 당주는 기이한 재앙을 만날 것이다. 그 사람은 눈이 크고 수염이 길고 성격이 강하고 과감하고 굳세다. 측은지심이 없고 각박하고 힘든 사람을 구제하는 뜻이 없다. 삼형과 자형과 괴강이 온전하게 있으면 자취가 발하여 출세할 것이다"[377]고 하여, 일인 네 종류에 대한 설명과 흉함과 구제하는 방법에 대해 설명하고 있다.

『삼명통회』에는 양인(陽刃)에 대해 "양(陽)은 음양의 양이고, 인(刃)은 칼날의 刃이다. 건록 앞 1위는 왕함을 넘어서 선 연유로 험준하여 위태롭고, 甲인이 卯를 보면 남김없이 절취해 간다. 卯 중에 乙木이 있고, 乙은 甲의 아우가 되

376 徐大升,『淵海子平』「論羊刃」: "陰飛刃羊刃對宮卽飛刃, 甲生人羊刃在卯, 酉飛刃, 乙生人羊刃在辰, 戌飛刃, 丙生人羊刃在午, 子飛刃, 丁生人羊刃在未, 丑飛刃, 戊生人羊刃在午, 子飛刃, 己生人羊刃在未, 丑飛刃, 庚生人羊刃在酉, 卯飛刃, 辛生人羊刃在戌, 辰飛刃, 壬生人羊刃在子, 午飛刃, 癸生人羊刃在丑, 未飛刃, 羊, 詳剛也, 刃者, 主刑也, 祿過則刃生, 功成當退不退, 乃狼而進也, 言進而有傷官, 羊刃當居祿前一辰, 謂吉極則否."

377 徐大升,『淵海子平』「論日刃」: "日刃與陽刃同, 日刃有, 戊午, 丙午, 壬子也, 與陽刃同法, 不喜刑沖破害, 不喜會合, 兼受七殺, 要行官鄕, 便爲貴命, 若四柱中一來會合, 必主奇禍, 其人眼大鬚長, 性剛果毅, 無惻隱惠慈之心, 有刻剝不恤之意, 三刑自刑魁罡全, 發跡疆場, 如或無情, 或財旺, 則主其凶, 或有救神, 要先審察."

는데 형의 재물을 겁탈해 가고, 酉 중의 辛은 甲의 관인데 卯와 沖하고, 庚을 합하여 庚의 처가 되니, 庚은 甲의 칠살인데 겁재 乙은 관을 沖하고 살을 합하여 가니 흉하다"[378]고 하여, 지지 제왕 중 겁재가 양인이 되고, 그 흉함을 설명하고 있다.

또, 삼거일람에 이르기를, 양(羊)이란 동물은 강하고 굳센 것을 말한다. 刃이라는 것은 취해서 쪼개는 것을 말하는 뜻이니, 건록이 지나쳐 刃이 된다. 공로를 이루면 마땅히 물러나야 옳은 일인데, 물러나지 않는 것을 지나치다 하는 것이다. 그 분수를 초월해서 양의 뿔처럼 자라나는 것 같다 해서 刃이라 하는 것이다. 손상함이 있는 것을 말한다. 그러므로 양인은 항상 건록 앞에 일지에 있다[379]고 하여, 羊刃에서 羊의 의미와 刃의 의미를 기술하고 있다.

양인의 기질에 대해서는 "동현경에 이르기를, 만일 오로지 양인이면 주로 눈알이 튀어나왔고, 성질이 급하고 흉폭하여 사물을 해롭게 한다. 그 근처에 있는 친한 사람들은 전부 다 악당의 무리이다. 생왕하면 날카롭고 死絶되면 더욱 심하다. 오행의 패자를 만나는 사람은 많은 문둥병과 옴병, 염병, 풍토병, 창질(瘡疾) 이런 것을 근심해야 한다"[380]고 하였다.

오직 甲丙戊庚壬의 다섯 양간에는 刃이 있고, 乙丁己辛癸의 다섯 음간에는 刃이 없다. 그래서 陽子를 사용하여 양인이라 한다. 또 상관과 양인은 그 재화가 동등하다고 보아서 乙이 丙을 보면 刃이라 한다. 丙은 乙의 관인 庚을 손상시키고, 辛 칠살이 乙木을 剋 하는데 陰金이 陰木을 剋 하는 것은 독이 되어 소위 그 흉이 양인과 동등하다. 양인은 세 개가 있는데, 겁재인(劫財刃)은 甲이

---

378 萬民英, 『三命通會』「論陽刃」: "陽者, 陰陽之陽, 刃者, 刀刃之刃, 即祿前一位, 言旺越其分, 故險, 竊詳甲人見卯, 卯中有乙木, 乙爲甲弟, 能劫其兄之財, 衝去酉中辛官, 合其庚妻, 庚乃甲之七殺, 劫財衝官合殺, 所以至凶."

379 萬民英, 『三命通會』「論羊刃」: "三車云, 羊言剛也, 刃者取宰割之義, 祿過則刃生, 功成當退不退則過, 越其分如羊之在刃, 言有傷也, 故羊刃常居祿前一辰."

380 萬民英, 『三命通會』「論羊刃」: "洞玄經雲, …, 如專羊刃, 主眼露性急, 兇暴害物, 親近惡黨, 生旺稍可, 死絶尤甚, 在五行敗者逢之, 多患癩癘."

乙을 본 것인데 재관격에 불리하고, 호록인(護祿刃)은 甲이 卯를 본 것으로 귀록격에 크게 이롭고, 배록인(背祿刃)이 있는데 乙이 丙을 본 것으로 거관류살격(去官留殺格)에 크게 이롭다. 희기편에 이르기를, 겁재, 양인을 시에서 만나는 것을 꺼리는데, 운에서 아울러 임하면 재앙이 있게 된다 하였다.[381]

또 자인(自刃)은 삼일이 있는데, 癸丑, 丁未, 己未이다. 이들은 앉아 있는 아래에 비견으로 양인이다[382]고 하여, 음인 일인에 대해서도 설명하고 있다.

일인은 삼일이 있는데, 戊午, 丙午, 壬子로 양인과 동일한 법이 된다. 경에 이르기를, 적색(赤色)과 황색(黃色) 말은 홀로 자고, 검은 쥐는 공방(空房)을 지키고, 남자는 처를 방해 놓고, 여자는 남편을 방해 놓는다고 한 것이 이 삼일이다. 刑沖破害, 三合, 六合은 좋지 않고, 칠살이 제하기를 요하고, 다시 관과 인향으로 나아가면 좋은 명이다. 부에 이르기를, 일인은 合沖을 크게 꺼리고 관살이 제하기를 원하고, 合刑하는 자는 흉하고, 인성을 만나는 자는 길하고, 살은 있고 刃은 없으면 용감하지만 위엄이 없고, 刃이 있고 살은 없으면 하는 일이 탁하여 지위가 높지 못하고, 살이 사주에 없는데 살을 만나면 도둑이 두렵고, 재난이 침범하게 된다. 사주에 刃이 있는데 운에서 다시 刃을 만나면 재앙이 있게 되고, 재가 왕하고 관이 손상되는 年은 흉으로 단정하지 않는다. 비인은 사일이 丙子, 丁丑, 戊子, 己丑으로 아래에서 沖이 일어나는 연유로 양인이 된다. 앞의 일인과 희기가 크게는 같다[383]고 하여, 일인과 비인에 대해 설명

---

381 萬民英,『三命通會』「論陽刃」: "惟甲丙戊庚壬五陽干有刃, 乙丁己辛癸五陰干無刃, 故曰陽刃, 惟見傷官與陽刃同禍, 故乙見丙亦謂之刃, 以丙傷其庚官, 合辛殺, 剋其乙木, 陰金剋陰木至毒, 所以凶與陽刃同, 陽刃有三, 有劫財刃, 甲見乙是也, 不利財官格, 有護祿刃, 甲見卯是也, 大利歸祿格, 有背祿刃, 乙丙是也, 大利去官留殺局, 喜忌篇云, 劫財陽刃, 切忌時逢, 歲運並臨, 災殃立至."

382 萬民英,『三命通會』「論陽刃」: "又自刃有三日, 癸丑丁未己未, 爲坐下比肩陽刃."

383 萬民英,『三命通會』「論陽刃」: "日刃止有三日, 戊午丙午壬子, 與陽刃同法, 經曰, 赤黃馬獨臥, 黑鼠守空房, 男妨妻, 女妨夫, 指此三日也, 不喜刑衝破害三會六合, 要有七殺相制, 再行官印鄕, 便爲好命, 賦云, 日刃大忌衝合, 喜官殺相制, 合刑者凶, 遇印者吉, 有殺無刃, 施爲有勇無威, 有刃無殺, 作事濁而不顯, 無殺遇殺, 竊恐禍患相侵, 有刃遇刃, 須忌災危相犯, 刃生身死, 其年難作吉推, 財旺官傷, 此歲不作凶斷, 飛刃有四日, 丙子丁丑戊子己丑, 因作下衝出陽刃, 與前日刃喜忌大同."

하고 있다.

甲이 庚, 辛, 酉, 申을 만나면 庚에 乙을 처가 되어 가정을 이루니 庚이 甲의 매제가 되니 칠살의 효과가 없게 되고, 辛은 甲을 돕는 귀함으로, 즉 己 처의 칠살 乙을 극파 하게 되어 흉이 길하게 된다. 경에 이르기를, 甲에 乙은 누이가 되고 庚의 처가 되니 흉이 도리어 길하게 된다고 한 것이 이것이다. 남은 천간도 이에 준한다. 또 여섯 甲일의 乙卯는 흉하고 辛卯는 길하고, 甲申에 丁卯는 刃이 되지 않는데, 申 중 庚이 卯 중 乙木 재성과 합하기 때문이다. 만약 재성이 노출되어 있다면 흉한데, 丁火는 상관이 되어 관을 剋 하여 관이 재를 지키지 못하니 乙木이 재를 빼앗아가게 되고 대세운에서 아울러 임하게 되면 재앙을 면하기 어렵다. 乙酉일이 庚辰時를 보면 刃이 아닌데, 酉 중 辛金이 辰 중 乙木을 剋 하기 때문이다. 丙子일에 甲午時는 刃이 아닌데, 子 중 癸水가 午 중 丁火를 剋 하기 때문이다. 丁亥일에 丁未時는 刃이 아닌데, 丁壬이 합되기 때문이다. 庚午일에 乙酉時는 刃이 아닌데, 午 중 丁火가 辛을 剋 하기 때문이다. 壬午일에 庚子時는 刃이 아닌데, 午 중 己土가 癸를 剋 하기 때문이다. 辛巳일에 戊戌時는 刃이 아닌데, 巳 중 丙火가 辛을 합하기 때문이다. 癸巳일에 癸丑時는 刃이 아닌데, 巳 중 戊土가 癸와 합하기 때문이다. 이상의 모든 일주에 만난 사람은 刑沖破害를 보는 것은 마땅하지 않고, 없으면 좋은 명으로 판단한다.[384] 양인과 음인이 刃이 되지 않는 것에 대해 구체적으로 기술되어 있고, 정확하게 판단하여 간명하여야 한다.

『명리정종』에 "양인격(陽刃格)은 다섯 개의 양 일간의 양인을 말하고, 다섯 개

---

384 萬民英, 『三命通會』 「論陽刃」: "甲以, …, 如別位逢庚辛酉申, 庚能邀乙爲妻, 即成眷屬, 不爲甲之七殺, 辛輔甲爲貴, 能剋破乙殺, 反凶爲吉, 經云, 甲以乙妹妻庚, 凶爲吉兆是也, 餘干例此, 又曰, 六甲日逢乙卯凶, 辛卯吉, 甲申丁卯不爲刃, 申中有庚合卯中乙木爲財, 若有財露亦凶, 丁火傷官, 乙木奪財, 歲運並臨, 災禍不免, 乙酉日見庚辰時非刃, 乙坐庚下酉中辛金, 制辰中乙木, 丙子日見甲午時非刃, 子中癸水剋午中丁火, 丁亥日見丁未時非刃, 亥中午水合丁, 庚午日見乙酉時非刃, 午中丁火制辛, 壬午日見庚子時非刃, 午中己土制癸, 辛巳日見戊戌時非刃, 巳中丙火合辛, 癸巳日見癸丑時非刃, 巳中戊土合癸, 以上諸日, 遇者不宜見刑衝破害, 無則以好命斷之."

의 음 일간의 刃은 일컫지 않는다. 단 〈음 일간의〉刃은 있으나 그 이치를 확실히 알지 못하기 때문이다. 서에 이르기를 양인이 沖이 없으면 극품(極品)이라고 하나, 甲일이 卯月에 生 하여 甲이 卯 중 乙木을 보는 것으로, 마치 형이 아우가 있으면 조상의 재산을 빼앗아가는 것과 같은데, 다시 年月日時에 木의 기운이 있을 때는 乙木 刃이 무슨 도움이 있겠는가? 이럴 때는 〈乙木〉刃을 사용하지 않고, 刃을 병(病)으로 보고 庚金 칠살로 양인을 合去 함이 좋고, 酉 중 관성이 그 刃을 沖 함으로 두려워하지 않는다"[385]고 하여, 군겁쟁재하는 刃이 반드시 극제 되어야 함을 설명하고 있다.

또, 甲木이 卯月에 生 하고 月時 중에 재관과 칠살이 중첩하였다면, 일간이 비록 왕하지만 약한 것으로 변한 것이다. 이럴 때는 인성을 용신으로 취해야 하는데, 만일 酉 대운으로 나아가면 양인을 제거함이 불가하다. 마치 사람이 쇠약하여 힘이 없으면 오로지 형제[비겁]에 의지하고 있는데 酉金이 와서 형제를 살로써 죽이면 나는 어디에 의지하겠는가? 곧 일주가 흉하게 되니 뱀이나 호랑이에게 살상을 당하는 것과 같아서 화액을 말할 수 없다. 이때는 반드시 인성이나 비견 운을 만나서 양인성이 일어나는 것을 구원해야 하는 것이 필요하다[386]고 하여, 숙살의 기운을 가진 양인이라도 재관이 중첩되면 약해지고, 재관이 왕함으로 인해 일간이 약할 때는 인성으로 용신 해야 하고, 酉 대운이 오면 재관이 강해지므로 칠살이 되니 비겁이 있어야 함을 강조하고 있고, 인성 또는 비견으로 칠살을 化煞되게 해야 한다고 하였다.

『명리약언』에 "무릇 음양의 녹인은 서로 번갈아 상대를 취하니, 乙丁己辛癸

---

385  張神峯, 『命理正宗』「陽刃格」: "陽刃格, 五陽日干, 謂之陽刃理也, 陰日干, 不謂之刃, 但用刃之說, 未究其理則冥然不知也, 書云, 陽刃無沖可極品, 甲日生臨卯月, 甲見卯中乙木, 如兄見弟則能分我之祖財, 奪我之祖業, 再加歲月日時中木又有氣, 何用乙木之刃, 再來助我乎, 如是則不用刃而以刃爲病也, 則用庚金七殺, 合去其刃, 雖酉中官星, 沖去其刃, 赤不畏也."

386  張神峯, 『命理正宗』「陽刃格」: "又或, 甲生卯日, 勢月時中, 疊疊財官七煞, 則日干雖旺, 則變爲弱, 比則甲刃爲用神, 若行酉運, 沖去刃星, 猶如人衰弱無力, 全賴弟來扶持, 今被酉金殺死我弟也, 則我何靠乎, 則主有極凶, 殺傷蛇虎之禍矣, 弱如比等, 必順要印綬之運, 生起我刃星比肩運, 以助其刃星."

의 양인은 확실히 寅申巳亥에 있는데, 이제까지는 다만 건록 앞의 일위가 양인이 되는 것만 알고, 양간은 앞을 시작으로 삼고 음간은 뒤를 시작으로 삼음을 알지 못하며, 함부로 辰戌丑未가 음간이 양인이 된 것이니, 우선 음양동생동사(陰陽同生同死)의 법으로 이것을 추리해 보면 네 가지[辰戌丑未]가 모두 쇠약한데 어찌 양인이 있을 수 있겠으며, 가령 양생음사(陽生陰死)의 법으로 이것을 추리하더라도 네 가지가 모두 관대인데 어떻게 양인이 되겠는가? 또 양간은 양인이 있으나 음간은 양인이 없다고 말하는 자가 있는데 이미 두루 통하는 이치가 아니며, 심하게는 그릇되게 양간을 羊(양)으로 여겨 칼로 羊(양)을 찌르는 것과 같다고 말하는 자도 있는데, 더욱 잘못된 말에 속한다"[387]고 하여, 양간과 음간의 양인이 각각 존재하면서 서로 다름까지 설명하고 있다.

"지지에 양인이 있으면서 천간에 비겁을 만남에 이르러서 그것을 양인이 투출했다고 말하며, 왕왕 지지에 양인이 없으면 천간의 비겁으로 그것을 담당케 한다고 여기니, 그렇다면 녹이 없을 때 천간의 비겁으로 그것을 담당하게 할 수 있겠는가?"[388] 이것은 양인의 정확한 형식을 설명하는 것으로, 양인은 지지에 있고 천간에 투출되어야 올바른 양인이라 하고, 지지에 없고 천간에 있으면 그것은 비겁으로 본다고 설명하고 있다.

양인(陽刃)에 이르러서는 子午卯酉에 있고, 음인은 巳亥寅申에 있는데, 다 재성을 겁탈하는 악성이며 진실로 남을 해치는 흉신이지만, 오직 음 일간은 이것을 취하여 身을 돕고 쇠함을 변화시켜 왕함을 이루며, 양 일간은 이것을 써서 살을 합하고 해로움을 변화시켜 은혜로움이 되게 하며, 살과 인은 서로를 필요로 하니 한쪽이 결핍되면 권위를 떨치지 못하며, 살과 인은 서로 구제하니

---

387 陳素庵,『命理約言』「看比劫祿刃法」: "凡陰陽之祿刃, 交互取之, 乙丁己辛癸之刃, 確在寅申巳亥, 向來但知祿前一位爲刃, 而不知陽以前爲前, 陰以後爲前, 妄爲辰戌丑未爲陰刃, 試以陰陽同生同死之法推之, 四者皆衰地, 何得有刃, 則以陽生陰死之法推之, 四者皆冠帶, 何以成刃, 又有爲陽有刃, 陰無刃者, 既非通理, 甚有訛陽謂羊, 謂如以刃劃羊者, 尤屬謬談."

388 陳素庵,『命理約言』「看比劫祿刃法」: "至於支有刃, 而幹見刃, 謂之刃透, 往往以支無劫, 以幹劫當之, 然則支無祿, 可以以幹比當之耶."

양쪽이 머물러 자리 잡으면 위세가 더욱 높아진다[389]고 하였다.

음인은 잘못 전해진 말이니 화와 복의 연고에 확실하게 증명됨이 없고 陽刃으로 판단을 취해야 하며, 양인에 대한 희기 역시 망령되게 분별함이 많으니 모든 지지를 똑같이 만나지 말아야 한다고 할 것이지, 어째서 유독 시에서 만나는 것만을 심하게 꺼리며 사주 국에서 이미 합을 좋아한다고 말했는데 어찌 유년 태세와 합하는 것만 치우치게 책망을 해야 하는가? 많이 만나면 반드시 재앙이 될 수 있고 沖을 만나면 반드시 머뭇거림을 당하기에 이른다[390]고 하여 양인은 지지 어디에든 만나는 것을 꺼려야 하고, 합과 沖을 만나면 반드시 화가 있음을 말하고 있다.

정리하여 논하자면, 刃이란 것은 흉함은 많고 길함이 적으니 반드시 일주가 약한 경우에만 비로소 서로 가까이함을 좋아한다[391]고 하여, 양인은 일주가 약하거나 合煞되어야 함을 기술하고 있다.

『자평진전』에 "양인(陽刃)은 나의 정재를 겁탈하는 神이니 곧 정재의 칠살이 된다. 녹 앞의 첫 번째 자리인데, 단지 다섯 양간에게만 그것이 있다. 그러므로 양인이라고 한다. 劫이라고 하지 않고 刃이라고 하는 것은 겁탈이 심하기 때문이다. 양인은 마땅히 제복해야 하므로 정관과 칠살이 모두 마땅하며, 재성과 인수가 〈관살을〉 서로 따르면 더욱 귀하게 드러나게 된다. 대개 정관에 재성과 인수가 서로 따르면 아름다우니, 칠살이 그것을 얻으면 대개 곧 심하겠는가? 다른 격에서는 칠살이 身을 손상할 수 있음으로써, 그러므로 제복을 좋아하고 재성과 인수를 꺼리지만, 양인격이 칠살을 用으로 쓰면 〈칠살에〉 의지하여 양

---

389  陳素庵, 『命理約言』 「祿刃賦」: "至陽刃在子午卯酉, 陰刃在寅申巳亥, 皆劫財之惡曜, 誠害物之凶神, 惟陰日取以幫身, 變衰成旺, 而陽日用之合殺, 轉害爲恩, 殺刃相須兮, 一缺而威權不振, 殺刃相濟兮, 兩停而勢位彌尊."

390  陳素庵, 『命理約言』 「祿刃賦」: "陰刃傳訛, 禍福故無確驗, 陽刃取斷, 喜忌亦多妄分, 凡支均不宜逢, 何獨時逢切忌, 在局旣云喜合, 豈應歲合偏嗔, 多見兮, 定能爲禍, 遇沖兮, 必致遭屯."

391  陳素庵, 『命理約言』 「祿刃賦」: "總之, 刃之爲物, 多凶少吉, 必弱主方喜相親."

인을 제복하고 身을 손상함을 두려워하지 않기 때문에, 도리어 재성과 인수를 좋아하고 제복을 꺼리는 것을 어찌 알겠는가!"[392]라고 하여, 양인의 흉함과 흉함을 없애려면 정관과 칠살을 써야 함을 말하고 있고, 재성과 인수가 양인에 비해 상대적으로 약한 정관과 칠살을 따르게 되면 귀하게 됨 또한 설명하고 있다.

『자평수언』에 "살인격에는 두 가지 종류가 있다. 월령이 양인인데 다른 곳에 관살이 있으면, 재를 용신으로 하여 관살을 生 해주어야 하니, 일간이 왕성하면 관살은 반드시 휴수(休囚)이기 때문이다. 월령이 칠살이고 일시에 양인이 있으면 인성으로 용신으로 하여 풀어주어야 하니, 칠살이 왕성하면 반드시 일간이 휴수이기 때문이다. 앞의 경우는 양인격에 칠살이 있어 재를 용신으로 한 것이고, 뒤의 경우는 칠살격에 양인이 있어 인성을 용신으로 한 것이다"[393]고 하여, 양인일 때 관살이 약하게 되면 財生煞하여야 하고, 양인이 쇠약하고 칠살이 강하게 되면 인성으로 生我者해야 하는 것에 대해 기술하고 있다.

결국, 양인격은 관살을 용신으로 해야 하고, 관살이 투출되면 재성이나 인성의 생부가 있어야 한다.

양인이 오는 운에서 子午卯酉는 自刑으로 일어나고, 寅申巳亥는 타인에 의해 일어나는 교통사고와 수술 등을 잘 간명하여야 한다.

양인이 연이어 있는 것을 연주양인이라 하고, 刑沖破害가 되면 단명 또는 불구자가 되는 수가 많다.

양인이 合去 또는 극제 되지 않으면 그 기술성의 고저 또는 길흉으로 보아야 한다.

---

392  沈孝瞻,『子平眞詮』「論陽刃」: "陽刃者, 劫我正財之神, 乃正財之七煞也, 祿前一位, 惟五陽有之, 故爲陽刃, 不曰劫而曰刃, 劫之甚也, 刃宜伏制, 官煞皆宜, 財印相隨, 尤爲貴顯, 夫正官而財印相隨美矣, 七煞得之, 夫乃甚乎, 豈知他格以煞能傷身, 故喜制伏, 忌財印, 陽刃用之, 則賴以制刃, 不怕傷身, 故反喜財印, 忌制伏也."

393  徐樂吾,『子平粹言』「論體性」: "煞刃格有二, 月令陽刃而別柱見官煞, 則宜用才以生煞, 蓋日元乘旺官煞必値休囚也, 若月令七煞日時見刃, 則宜用刃以解之, 七煞當旺, 日元必休囚也, 上爲陽刃格見煞用才, 下爲七煞格見刃用刃."

남자가 時에 양인이 있으면 처가 순산하기 어렵고, 여자가 양인이 도화가 되면 성의 정체성이 없게 된다.


### 2) 양인의 육친 의미

양인격에서 육친 의미는 겁재와 동일하게 보면 된다.
현대적 의미의 양인성은 기술성을 의미한다.


### 3) 양인격의 성패(成敗)

| 時柱 | 日柱 | 月柱 | 年柱 | 乾命 |
|------|------|------|------|------|
| 甲 | 戊 | 戊 | 戊 | |
| 寅 | 午 | 午 | 午 | |
| 戊<br>丙<br>甲 | 己<br>丁 | 丙<br>己<br>丁 | 己<br>丁 | |

위 명조는 戊土 일간이, 午月에 生 하고 日과 年에도 刃이 있는 양인격이다. 月과 年에 비견을 투출시켰고, 時에는 편관이 自坐하였다.

지지에 火局을 이루어 양인이 인성으로 化 하고, 편관이 自坐하여 온전하게 보존되어 강한 일간을 극제 시켜주니 명조가 선하게 되었다.

『연해자평』에 "이 명은 양인과 칠살이 온전하고 또 午火로써 인성을 삼으니 귀하게 되는 까닭이다. 그러므로 희기편에 이르기를, 戊日 午月은 양인이라 볼 수가 없으니, 월령에 이어 火가 많으면 도리어 인수가 된다고 한 것이다"[394]

---

394  徐大升, 『淵海子平』 「論羊刃」: "此命刃殺全, 而又以午火爲印, 所以爲貴, 故, 喜忌篇云, 戊日午月, 勿作刃看, 歲時火多, 卻爲印綬."

고 기술하고 있다.

| 時柱 | 日柱 | 月柱 | 年柱 | 乾命 |
|------|------|------|------|------|
| **甲** | **戊** | **甲** | **辛** | |
| **寅** | **午** | **午** | **酉** | |
| 戊<br>丙<br>甲 | 己<br>丁 | 丙<br>己<br>丁 | 辛 | |

　위 명조 또한 戊土가 午月과 午日에 生 하여 양인격이다. 時에 편관은 自坐
하였고, 月에 비견을 투출시켰다. 칠살이 月과 時에 양투되어 앞 명조와는 비
교된다.

　지지에 火局을 이루어 양인이 인성으로 化 되었다. 편관의 투출이 과하게 되
었으나, 時에 칠살은 인성으로 化 하였고, 月에 칠살은 年에 自坐하고 있는 편
관의 칠살인 상관이 극제 해주고 있다.

　『연해자평』에는 이 명을 "칠살과 양인이 온전하고, 인수가 있고, 년간에 상관
이 투출하여 합하지 않았다. 辛卯 대운에 상관이 원국을 해치지 않았으나, 壬
辰 세운에 壬水 재성으로 인해 흉한 일이 생겨 물에 투신하여 죽었다. 壬水가
火 인성을 剋 하고 時에 칠살 甲을 生 하였다. 이것을 생살괴인(生殺壞印, 살을
生 하고 인을 무너뜨렸다.)이라 한다. 즉, 이 명은 상관 辛이 다스리는데 대운이 〈
재차〉 辛卯로 가니 관성 보는 것을 꺼리고, 상관과 재성이 서로 〈傷官生財〉로
午 중 丁火 인성을 보니 꺼리게 된다. 水生木[財生煞]으로 인해 身을 剋 한 것
이다."[395]라고 하였다.

---

395　徐大升, 『淵海子平』 「論羊刃」: "此命殺刃全, 而有印綬, 不合年干傷官透出, 運行辛卯, 犯傷官元
　　有之辰, 壬爲財, 是壬辰歲凶事投水而死, 壬水剋火印, 時坐甲之七殺, 謂之生殺壞印, 即此命見
　　辛爲傷官, 運行辛卯, 忌見官, 午中丁火爲印綬, 最忌傷官與財相見, 緣水生木剋身也."

| 時柱 | 日柱 | 月柱 | 年柱 | 乾命 |
|---|---|---|---|---|
| 己 | 甲 | 乙 | 癸 | |
| 巳 | 子 | 卯 | 未 | |
| 戊庚丙 | 癸 | 甲乙 | 丁乙己 | |

위 명조는 甲木 일간이, 卯月에 生 하고 月에 乙木이 투출되었고, 지지에는 卯未로 合하고 있어 양인성이 드러난 강한 양인격이다.

年에 癸水는 日에 통근하여 양인의 용신 칠살의 칠살을 경계하고 있어 양인격의 완벽성을 추구하고 있으나, 정작 양인성을 合去 해줄 칠살이 존재하지 않아 명조가 선하지 않게 되었다.

이 명은 卯가 양인이고 癸가 인성인데, 時에 己巳가 인성을 깨뜨렸다. 辛亥 대운에 亥卯未가 合하여 양인성이 일어나고, 辛酉年에 왕한 辛金과 酉金이〈三合하고 있는〉양인 卯를 沖하고 2개의 태과한 金이 甲을 보면 자신을 비록 귀하게 하나 또한 형벌을 만난다. 비록 辛을 보고 귀를 삼으나, 한번 合하고 한번 沖 하는 양인은 불가하니 꺼린다.[396]

다음은『삼명통회』에서 맹인으로 소개된 명조이다.

---

396  徐大升,『淵海子平』「論羊刃」: "此命卯刃癸印, 不合時上己巳破印, 運行辛亥, 亥卯未合起陽刃, 辛酉年, 辛金又旺於酉, 沖起卯刃二辛, 則太過, 金多見甲, 身雖貴, 亦遭刑也, 然雖見辛爲貴, 所忌陽刃, 不可一合一沖也."

| 時柱 | 日柱 | 月柱 | 年柱 | 乾命 |
|------|------|------|------|------|
| **癸** | **戊** | **戊** | **癸** | |
| **丑** | **寅** | **午** | **酉** | |
| 癸辛己 | 戊丙甲 | 丙己丁 | 辛 | |

위 명조는 일간 戊土가 午月에 生 하여 양인이 되었고, 月에 戊土도 이어 양인이 되었으며, 時에 癸水도 양인이 되었다. 양인이 서로 合하여 해치게[犯]되니 맹인이 되었다.

| 時柱 | 日柱 | 月柱 | 年柱 | 乾命 |
|------|------|------|------|------|
| **乙** | **丙** | **庚** | **丙** | |
| **未** | **午** | **寅** | **寅** | |
| 丁乙己 | 己丁 | 戊丙甲 | 戊丙甲 | |

위 명조는 丙午 양인과 乙未 양인이 合으로 양인성을 범하니 맹인이 되었다.

| 時柱 | 日柱 | 月柱 | 年柱 | 乾命 |
|---|---|---|---|---|
| 乙 | 甲 | 癸 | 丁 | |
| 亥 | 子 | 卯 | 卯 | |
| 甲<br>壬 | 癸 | 甲<br>乙 | 乙 | |

위 명조는 甲木 일간이, 卯月 卯年에 生 하고 乙木이 투출되어 양인격이다. 양인이 合과 刑을 연이어 하니 맹인이 되었다.

『삼명통회』에는 양인이 3~4개 많이 있으면 눈과 귀에 질병이 있다[맹인, 농아] 하였다. 삼거일람에 이르기를, 양인이 현침이 되면 얼굴에 도적이라는 문신 표시가 있다고 하였다. 경신부에 이르기를, 소반에 가득한 양인은 반드시 시신이 분리된다 하였다. 정진편에 이르기를 양인이 만약 인수를 만나면 설령 부유하다고 하더라도, 질병이 몸에 있다 하였다. 조미론에 이르기를, 양인이 오귀를 만나면 형벌을 당한다고 하였다. 위 3개의 명은 맹인이다.[397]

또, 수가에 이르기를, 어쩌다가 태(胎)에 刃이 감추어져 있고, 日刃이 혹시 일찍 들어오게 되고, 다시 간지에 상극이 있다면 처가 괴롭게 되고, 처가 산액으로 근심하는 재앙이 있게 된다. 지아비의 명이 이러하다면 처가 있어도 산액이 있게 된다. 명조가 이와 같다면 산액으로 인한 근심이 있고, 다시 재앙이 클 것이다.[398]

---

397 萬民英,『三命通會』「論陽刃」: "陽刃重重三四, 必須患疾盲聾, 三車云, 陽刃持針雕面賊, 驚神賦云, 滿盤陽刃必定分屍, 通明賦云, 印生兩刃終被刑, 定真篇云, 陽刃若逢印綬, 縱富而殘疾在身, 造微論云, 陽刃逢於五鬼, 定要重犯徒流, 余見犯羊刃殺者多瞽, 如癸酉戊午戊寅癸丑, 丙寅庚寅丙午乙未, 丁卯癸卯甲子乙亥, 三命皆無目."

398 萬民英,『三命通會』「招嫁不定」: "髓歌云, 或時藏刃入於胎, 日刃或朝時上來, 更若支干相剋剝妻, 身當產妊憂災此, 言夫命犯之當主, 妻有產厄婦人之, 命若如此敢斷定, 憂生產厄更加."

또, 연주양인에 대해 기술하고 있다.

| 己 戊 | 辛 庚 | 乙 甲 | 丁 丙 | 壬 癸 |
|---|---|---|---|---|
| 未 午 | 酉 戌 | 卯 辰 | 未 午 | 子 丑 |

모두 흉한 상이 된다.[399]

『자평진전』에 다음과 같이 설명하고 있다. "丙火가 壬午月에 生 하고 時에 양인이 투출하였을 때, 壬水 칠살이 丁火를 合去하고 난 후 강한 일간을 극제 해야 하나, 약하여 극제 하지 못하니 공로가 없다. 양인격이 정관을 쓰는 것은 양인이 투출하지 않고, 양인격에 칠살이 드러나는 것은 양인이 투출하면 〈공을〉 이룰 수 없다. 대개 정관은 양인을 제복할 수 있으므로 〈양인이〉 투출해도 해가 되지 않고, 양인은 칠살을 合去 할 수 있느니 곧 무슨 공로가 있겠는가? 〈壬水〉 칠살은 합을 탐하여 剋을 잊어버리는 뜻이 있느니, 어떻게 양인을 제복하겠는가? 그러므로 공로가 없다."[400]

---

399 萬民英,「三命通會」「論羊刃」: "又連珠刃, 如庚戌辛酉, 戊午己未, 丙午丁未, 甲辰乙卯, 壬子癸丑, 皆凶象也."

400 沈孝瞻,「子平眞詮」「論陽刃」: "陽刃用官, 透刃不慮, 陽刃露煞, 透刃無成, 蓋官能制刃, 透而不為害, 刃能合煞, 則有何功, …, 丁與壬合, 則七煞有貪合忘剋之意, 如何制刃, 故無功也." 참조.

| 時柱 | 日柱 | 月柱 | 年柱 | 乾 命 |
|---|---|---|---|---|
| 丙 | 壬 | 丙 | 己 | |
| 午 | 寅 | 子 | 酉 | |
| 己<br>丁 | 戊<br>丙<br>甲 | 壬<br>癸 | 辛 | |

위 명조는 壬水 일간이, 子月에 生 하여 양인격이다.

月과 時에 양투된 丙火는 日과 時에 局을 이루어 통근하였다.

年에 己土는 日과 時에 통근하였다.

왕한 재성이 財生官하고 관성이 녹왕하니 양인을 극제 할 수 있게 되어 유정하게 되었다. 따라서 재성으로 희용하여 羊刃用官格으로 성격 되었다.

『자평진전』에 앞에서 공로가 없다 하였다. "그러나 관살이 양인을 제복하여도[官煞制刃], 격에도 높고 낮음이 있다. 관살이 드러나고 뿌리가 깊으면 그 귀함이 크다. 관살이 암장되어 드러나지 않거나, 혹은 드러나더라도 뿌리가 얕으면 그 귀함이 작다. 〈이 명조는〉 정관이 투출하고 힘이 있고, 왕성한 재성이 그것을 生 하니, 승상의 명이다"[401]고 하여, 강왕한 관성이 양인을 극제하니 그 격이 높음으로 설명하고 있다.

---

401  沈孝瞻, 『子平眞詮』 「論陽刃」: "然同是官煞制刃, 而格亦有高低, 如官煞露而根深, 其貴也大, 官煞藏而不露, 或露而根淺, 其貴也小, 官透有力, 旺財生之, 丞相命也."

| 時柱 | 日柱 | 月柱 | 年柱 | 乾命 |
|---|---|---|---|---|
| 丙 | 庚 | 辛 | 戊 | |
| 戌 | 辰 | 酉 | 午 | |
| 辛<br>丁<br>戊 | 乙<br>癸<br>戊 | 庚<br>辛 | 己<br>丁 | |

위 명조는 庚金 일간이, 酉月에 生 하고 月에 辛金이 투출되었으며, 局을 이루고 있는 양인격이다.

時에 丙火는 年과 時에 局을 이루어 통근되었다.

年에 戊土는 年과 日과 時에 통근하였다.

칠살이 겁재를 合去 하였고, 인성이 生 하니 유정하게 되었다. 따라서 羊刃用煞格으로 성격 되었고, 당시 대검찰청 검사로 재직 중이었다.

| 時柱 | 日柱 | 月柱 | 年柱 | 乾命 |
|---|---|---|---|---|
| 戊 | 庚 | 癸 | 甲 | |
| 寅 | 寅 | 酉 | 午 | |
| 戊<br>丙<br>甲 | 戊<br>丙<br>甲 | 庚<br>辛 | 己<br>丁 | |

위 명조는 庚金 일간이, 酉月에 生 하여 양인격이다.

月에 癸水는 통근한 것이 없다.

時에 戊土는 年과 日과 時에 통근하였고, 年에 甲木은 日과 時에 통근하였다.

칠살인 寅과 午가 양인성을 극제 해주고 있으나, 상관이 칠살을 制煞하려 하니 위험하게 되었다. 그러나 편인으로 상관을 合去 하니 칠살의 칠살을 제거하게 되었고, 왕성한 재성 또한 활용할 수 있게 되어 명조가 유정하게 되었다. 따라서 羊刃用印格으로 성격 되었다.

『자평진전』에는 "그러나 또한 관살이 양인을 제복하는데, 식상을 지녀도 귀한 것이 있으니, 어떠한 것인가? 혹 인수가 〈관살을〉 보호하거나, 혹은 칠살이 너무 무거운데 〈식상이〉 그것을 억제하여 줄이거나, 관살이 다투는데 그것을 취하여 맑게 하는 경우이다. 목동지의 명조는 癸水가 寅午의 정관을 해치는데, 戊土로 〈癸水를〉 合去 하니, 이른바 인수가 보호하는 것이다"[402]고 하였고, 이어 아래 명조가 설명하고 있다.

| 時柱 | 日柱 | 月柱 | 年柱 | 乾命 |
|---|---|---|---|---|
| 壬 | 庚 | 丁 | 丙 | |
| 午 | 申 | 酉 | 戌 | |
| 己<br>丁 | 戊<br>壬<br>庚 | 庚<br>辛 | 辛<br>丁<br>戊 | |

위 명조는 庚金 일간이, 酉月에 生 하고 局을 이룬 양인격이다.

年과 月에 양투된 丙火와 丁火는 局을 이루어 통근하였다.

時에 壬水는 日에 통근하였고, 金局의 生을 받고 있다.

강한 양인격을 극제 해줄 관살이 양투하니 혼잡하여 무정하게 되었으나, 식신이 정관을 合去 해줌으로써 유정하게 되었고, 양인에게는 칠살의 더 맑음

---

402  沈孝瞻,『子平眞詮』,「論陽刃」: "然亦有官煞制刃帶傷食而貴者, 何也, 或是印護, 或是煞太重而裁損之, 官煞輕而取淸之, 如穆同知命, 癸水傷寅午之官, 而戊以合之, 所謂印護也."

또한 유지하게 되었다. 따라서 羊刃用食格으로 성격 되었다. 이 명조는 "관살이 다투어 나왔으나, 壬水 식신이 丁火 정관을 合去 하여, 칠살이 순수하고 혼잡하지 않고, 더군다나 양인격은 칠살을 보존함을 이롭게 여기니, 이른바 취하여 말게 하는 것이다"[403]고 하였다.

| 時柱 | 日柱 | 月柱 | 年柱 | 乾命 |
|---|---|---|---|---|
| 己 | 甲 | 乙 | 癸 | |
| 巳 | 子 | 卯 | 未 | |
| 戊<br>庚<br>丙 | 癸 | 甲<br><br>乙 | 丁<br>乙<br>己 | |

위 명조는 甲木이 卯月에 生 하고 겁재가 투출되었으며, 지지가 局을 이루고 있어 양인격이다.

年에 癸水는 日에 통근하였고, 時에 己土는 왕지에 좌하고 年에 통근하였다.

인성이 일간과 겁재가 局에 이루고 있는 것을 生 하고, 재성이 인성에 좌하고 통근하고 있으니 더욱 쇠하게 되었다.

양인성이 투출되어 관살의 투출을 요하나 없고, 다행히 巳 중 庚金으로 당장은 양인성이 해소되었다. 그러나 양인이 合과 刑이 번갈아 있고, 이때 三合하게 되면 크게 문제가 생긴다.

중국 송대 무장이자 학자였던 악비(岳飛, 1103~1141)의 명조로, 북송이 멸망할 무렵 전공을 많이 쌓음으로 인해 남송 때 군부의 중심이 되었으나, 무능한 고종과 진회에 의해 살해되었다.

---

403  沈孝瞻, 『子平眞詮』, 「論陽刃」: "官煞競出, 而壬合丁官, 煞純不雜, 況陽刃之格, 利於留煞, 所謂取清也."

서락오는 "양인이 사령하였고, 癸水 인성은 身을 상생하고, 刃이 왕하다. 〈巳 중〉庚金 칠살은 암장되어 있고 己土를 生 하고 있고, 칠살과 인성이 서로 구제하고 있다. 亥 대운에 刃이 合하고 칠살이 沖 하였는데, 辛酉 세운에 칠살이 合하고 刃이 沖 함으로 煞刃이 크게 싸우니 좋지 않다. 이것으로 갑자기 참혹한 일을 만나게 된 것이다"[404]고 하였다.

『자평진전』에 "丙火가 午月에 生 한 경우, 안에 己土를 암장하여 水를 剋 할 수 있으니, 마땅히 재성을 지니고 인수를 차고 있어야 한다"[405]고 하여, 丙火 午月 生은 칠살 水가 상대적으로 쇠약해지므로 재성 金으로 財生煞하여 칠살을 보존해야 함을 말하고 있다.

또, 만약 戊土가 午月에 生 한 경우, 천간에 丙丁火가 투출하고, 지지에 火局으로 회합하면, 양인을 변화시켜 인수가 된다. 정관이 혹은 칠살이 투출하면, 양인을 제거하고 인수를 보존하여 그 격이 더욱 맑아진다.[406] 戊土 午月 生이 인성이 투출되고 局을 이루면 양인이 제거되고 인성이 되며, 관살 木이 투출되어도 양인을 제거하고 인성은 그대로 보존됨을 말하고 있다. 또, "만약 재성과 칠살이 함께 투출하고 드러난다면, 인수를 제거하고 칠살을 보존하는 꺼림을 범하고, 칠살을 生 하고 칠살을 제복하는 예로 여기지 않으니, 부귀 둘다 공허하다."[407] 이것은 역시 戊土가 午月에 生 할 때 재성 水와 칠살 木이 투출하면, 재성이 인수 午火를 剋 하고 칠살을 生 하니 인수가 보존되지 못하고 戊土가 무너지게 된다는 것을 설명하고 있다.

---

404 徐樂吾, 『古今名人命鑑』 「卷一」: "陽刃司令, 癸印貼身相生, 刃旺極矣, 庚煞藏己逢生, 成煞刃相濟之局, 亥運合刃沖煞, 年逢辛酉, 合煞沖刃, 煞刃相戰而不隆, 此所以慘遭奇禍歟."

405 沈孝瞻, 『子平眞詮』 「論陽刃」: "其於丙生午月, 內藏己土, 可以剋水, 尤宜帶財佩印."

406 沈孝瞻, 『子平眞詮』 「論陽刃」: "若戊生午月, 干透丙火, 支會火乙, 則化刃為印, 或官或煞, 透則去刃存印其格愈清."

407 沈孝瞻, 『子平眞詮』 「論陽刃」: "倘或財煞並透露, 則犯去印存煞之忌, 不作生煞制煞之例, 富貴兩空矣."

| 時柱 | 日柱 | 月柱 | 年柱 | 乾命 |
|---|---|---|---|---|
| 辛 | 丙 | 壬 | 乙 | |
| 卯 | 寅 | 午 | 未 | |
| 乙 | 戊<br>丙<br>甲 | 丙<br>己<br>丁 | 丁<br>乙<br>己 | |

위 명조는 丙火 일간이, 午月에 生 하고, 局을 이루고 있어 양인격이다.

月에 壬水와 時에 辛金은 통근한 것이 없고, 年에 乙木은 局을 이루어 통근하고 있으니 왕하다.

약한 재성이 약한 칠살을 돕고 있으나, 왕한 인성의 생부를 받아 더욱 강해진 양인을 제어해 주지 못하고 있어 파격이 되었다. 현재의 양인은 기술성으로 봐야 하는데 올바른 기술이 아니므로 빈한하게 살아가고 있다.

인성이 투출되고 木局 인성을 合去 해오니 모친이 두 명이고, 火局 비겁이 合去 해오니 배다른 형제가 있게 된다. 인성 친모는 양인성을 범하니 맹인이다. 처는 도화에 좌하고 있어 행실이 올바르지 못하고, 자식 또한 사절에 좌하고 있어 온전치 못하게 되었다.

## 4) 양인격의 성격

〈표 15〉 양인격의 성격 방법

| 격국 | 용신 | 간략 설명 |
|---|---|---|
| 양인격 | 양인용살격<br>(羊刃用煞格) | · 양인격을 살을 用하여 合煞하니[羊刃露煞] 성격 된다. |
| | 양인용관격<br>(羊刃用官格) | · 양인격을 관을 用하여 제어하고, 관이 약할 때는 재성으로 관을 生 해 주어야 하며, 식상이 있을 때는 인성으로서 관을 보호해 주어야 성격이 된다. |
| | 양인용재격<br>(羊刃用財格) | · 양인격을 合煞 또는 제어시켜 주는 관이 약할 때는 재성으로 煞 또는 관을 生 해주어야 성격이 된다. |
| | 양인용인격<br>(羊刃用印格) | · 양인격을 合煞 또는 제어시켜 주어야 하는데, 식상이 있을 때에는 인성으로서 煞 또는 관을 보호해 주어야 한다. |
| | 파격 | · 양인격에 관살이 약할 때, 재성이나 인성이 없으며 파격이다. |
| | | · 양인격에 관살이 혼잡할 때, 한 개가 合煞되지 않으면 파격이다. |
| | | · 양인격에 재성으로 用할 때 식상이 없으면 파격이 된다. |
| | | · 丙일 午月 양인이 관 또는 煞이 용신일 때, 午 중 己土 상관을 극제 할 인성이 없으면 파격이 된다. |

# 정통명리학: 격국용신 ❶

**초판 1쇄 인쇄** 2021년 06월 07일
**초판 1쇄 발행** 2021년 06월 14일
**지은이** 김형근

**펴낸이** 김양수
**책임편집** 이정은
**교정교열** 이봄이

**펴낸곳** 도서출판 맑은샘
**출판등록** 제2012-000035
**주소** 경기도 고양시 일산서구 중앙로 1456 서현프라자 604호
**전화** 031) 906-5006
**팩스** 031) 906-5079
**홈페이지** www.booksam.kr
**블로그** http://blog.naver.com/okbook1234
**이메일** okbook1234@naver.com

ISBN 979-11-5778-493-6 (04180)
ISBN 979-11-5778-492-9 (SET)